THÉATRE CLASSIQUE
DES FRANÇAIS.

TOME V.

ŒUVRES
DE MOLIÈRE.

TOME CINQUIÈME.

OEUVRES DE MOLIÈRE.

TOME CINQUIÈME.

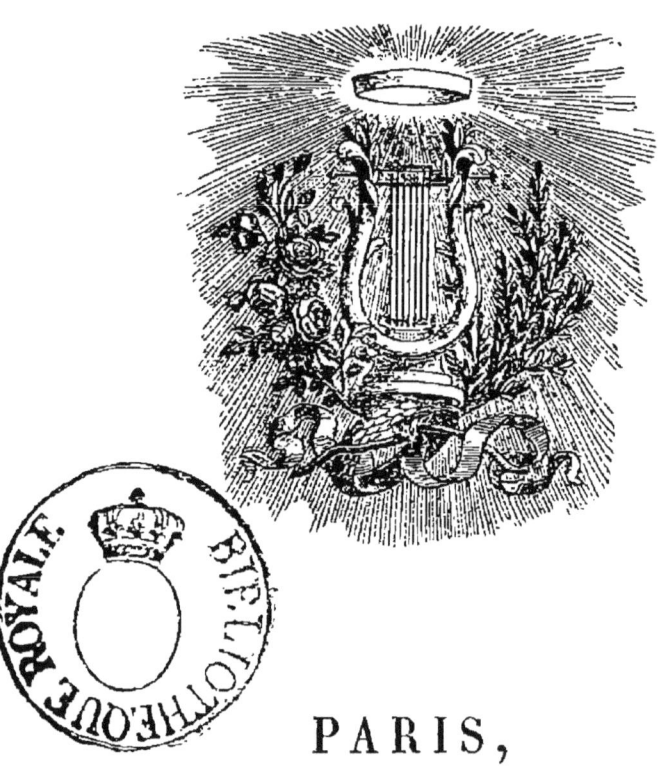

PARIS,

CHEZ TREUTTEL ET WÜRTZ, RUE DE LILLE, N° 17;

ET MÊME MAISON DE COMMERCE,

A STRASBOURG, GRAND'RUE, N° 15.—LONDRES, 30, SOHO-SQUARE.

1831.

AMPHITRYON,

COMÉDIE EN TROIS ACTES.

1668.

A SON ALTESSE SÉRÉNISSIME

MONSEIGNEUR

LE PRINCE.

Monseigneur,

N'en déplaise à nos beaux-esprits, je ne vois rien de plus ennuyeux que les épîtres dédicatoires; et Votre Altesse Sérénissime trouvera bon, s'il lui plaît, que je ne suive point ici le style de ces messieurs-là, et refuse de me servir de deux ou trois misérables pensées qui ont été tournées et retournées tant de fois, qu'elles sont usées de tous les côtés. Le nom du Grand CONDÉ est un nom trop glorieux pour le traiter comme on fait tous les autres noms. Il ne faut l'appliquer, ce nom illustre, qu'à des emplois qui soient dignes de lui; et, pour dire de belles choses, je voudrois parler de le mettre à la tête d'une armée plutôt qu'à la tête d'un livre; et je conçois bien mieux ce qu'il est capable de faire en l'opposant aux forces des ennemis de cet Etat, qu'en l'opposant à la critique des ennemis d'une comédie.

Ce n'est pas, MONSEIGNEUR, que la glorieuse approbation de VOTRE ALTESSE SÉRÉNISSIME ne fût une puissante protection pour toutes ces sortes d'ouvrages, et qu'on ne soit persuadé des lumières de votre esprit autant que de l'intrépidité de votre cœur et de la grandeur de votre ame. On sait, par toute la terre, que l'éclat de votre mérite n'est point renfermé dans les bornes de cette valeur indomptable, qui se fait des adorateurs chez ceux mêmes qu'elle surmonte; qu'il s'étend, ce mérite, jusqu'aux connoissances les plus fines et les plus relevées; et que les décisions de votre jugement sur tous les ouvrages d'esprit ne manquent point d'être suivies par le sentiment des plus délicats. Mais on sait aussi, MONSEIGNEUR, que toutes ces glorieuses approbations dont nous nous vantons au public, ne nous coûtent rien à faire imprimer, et que ce sont des choses dont nous disposons comme nous voulons. On sait, dis-je, qu'une épître dédicatoire dit tout ce qu'il lui plaît, et qu'un auteur est en pouvoir d'aller saisir les personnes les plus augustes, et de parer de leurs grands noms les premiers feuillets de son livre; qu'il a la liberté de s'y donner, autant qu'il veut, l'honneur de leur estime, et se faire des protecteurs qui n'ont jamais songé à l'être.

ÉPITRE DÉDICATOIRE.

Je n'abuserai jamais, MONSEIGNEUR, ni de votre nom, ni de vos bontés, pour combattre les censeurs de l'Amphitryon, et m'attribuer une gloire que je n'ai pas peut-être méritée; et je ne prends la liberté de vous offrir ma comédie, que pour avoir lieu de vous dire que je regarde incessamment avec une profonde vénération les grandes qualités que vous joignez au sang auguste dont vous tenez le jour, et que je suis, MONSEIGNEUR, avec tout le respect possible et tout le zèle imaginable,

DE VOTRE ALTESSE SÉRÉNISSIME,

le très-humble, très-obéissant
et très-obligé serviteur,

MOLIÈRE.

PERSONNAGES DU PROLOGUE.

MERCURE.
LA NUIT.

PERSONNAGES DE LA COMÉDIE.

JUPITER, sous la forme d'Amphitryon.
MERCURE, sous la forme de Sosie.
AMPHITRYON, général des Thébains.
ALCMÈNE, femme d'Amphitryon.
CLÉANTHIS, suivante d'Alcmène, et femme de Sosie.
ARGATIPHONTIDAS,
NAUCRATÈS,
POLIDAS,
PAUSICLÈS,
} capitaines thébains.
SOSIE, valet d'Amphitryon.

La scène est à Thèbes, devant la maison d'Amphitryon.

PROLOGUE.

MERCURE, *sur un nuage;* LA NUIT, *dans un char traîné dans l'air par deux chevaux.*

MERCURE.

Tout beau, charmante Nuit, daignez vous arrêter.
Il est certain secours que de vous on desire;
  Et j'ai deux mots à vous dire
  De la part de Jupiter.

LA NUIT.

  Ah! ah! c'est vous, seigneur Mercure!
Qui vous eût deviné là dans cette posture?

MERCURE.

Ma foi, me trouvant las pour ne pouvoir fournir
Aux différents emplois où Jupiter m'engage,
Je me suis doucement assis sur ce nuage,
  Pour vous attendre venir.

LA NUIT.

Vous vous moquez, Mercure, et vous n'y songez pas :
Sied-il bien à des dieux de dire qu'ils sont las?

MERCURE.

Les dieux sont-ils de fer?

LA NUIT.

      Non ; mais il faut sans cesse
Garder le décorum de la divinité.
Il est de certains mots dont l'usage rabaisse
  Cette sublime qualité,

Et que, pour leur indignité,
Il est bon qu'aux hommes on laisse.

MERCURE.

A votre aise, vous en parlez,
Et vous avez, la belle, une chaise roulante,
Où, par deux bons chevaux, en dame nonchalante,
Vous vous faites traîner partout où vous voulez.
Mais de moi ce n'est pas de même :
Et je ne puis vouloir, dans mon destin fatal,
Aux poètes assez de mal
De leur impertinence extrême,
D'avoir, par une injuste loi
Dont on veut maintenir l'usage,
A chaque dieu, dans son emploi,
Donné quelque allure en partage,
Et de me laisser à pied, moi,
Comme un messager de village;
Moi qui suis, comme on sait, en terre et dans les cieux,
Le fameux messager du souverain des dieux;
Et qui, sans rien exagérer,
Par tous les emplois qu'il me donne,
Aurois besoin plus que personne
D'avoir de quoi me voiturer.

LA NUIT.

Que voulez-vous faire à cela?
Les poètes font à leur guise.
Ce n'est pas la seule sottise
Qu'on voit faire à ces messieurs-là.
Mais contre eux toutefois votre ame à tort s'irrite;
Et vos ailes aux pieds sont un don de leurs soins.

PROLOGUE.

MERCURE.

Oui; mais, pour aller plus vite,
Est-ce qu'on s'en lasse moins?

LA NUIT.

Laissons cela, seigneur Mercure,
Et sachons ce dont il s'agit.

MERCURE.

C'est Jupiter, comme je vous l'ai dit,
Qui de votre manteau veut la faveur obscure,
Pour certaine douce aventure
Qu'un nouvel amour lui fournit.
Ses pratiques, je crois, ne vous sont pas nouvelles :
Bien souvent pour la terre il néglige les cieux;
Et vous n'ignorez pas que ce maître des dieux
Aime à s'humaniser pour des beautés mortelles,
Et sait cent tours ingénieux
Pour mettre à bout les plus cruelles.
Des yeux d'Alcmène il a senti les coups;
Et tandis qu'au milieu des béotiques plaines,
Amphitryon, son époux,
Commande aux troupes thébaines,
Il en a pris la forme, et reçoit là-dessous
Un soulagement à ses peines
Dans la possession des plaisirs les plus doux.
L'état des mariés à ses feux est propice :
L'hymen ne les a joints que depuis quelques jours;
Et la jeune chaleur de leurs tendres amours
A fait que Jupiter à ce bel artifice
S'est avisé d'avoir recours.
Son stratagème ici se trouve salutaire :

Mais près de maint objet chéri
Pareil déguisement seroit pour ne rien faire;
Et ce n'est pas partout un bon moyen de plaire,
 Que la figure d'un mari.

LA NUIT.

J'admire Jupiter, et je ne comprends pas
Tous les déguisements qui lui viennent en tête.

MERCURE.

Il veut goûter par-là toutes sortes d'états;
 Et c'est agir en dieu qui n'est pas bête.
Dans quelque rang qu'il soit des mortels regardé,
 Je le tiendrois fort misérable
S'il ne quittoit jamais sa mine redoutable,
Et qu'au faîte des cieux il fût toujours guindé.
Il n'est point à mon gré de plus sotte méthode
Que d'être emprisonné toujours dans sa grandeur;
Et surtout, aux transports de l'amoureuse ardeur,
La haute qualité devient fort incommode.
Jupiter, qui, sans doute, en plaisirs se connoît,
Sait descendre du haut de sa gloire suprême;
 Et, pour entrer dans tout ce qu'il lui plaît,
 Il sort tout-à-fait de lui-même,
Et ce n'est plus alors Jupiter qui paroît.

LA NUIT.

Passe encor de le voir, de ce sublime étage,
 Dans celui des hommes venir,
Prendre tous les transports que leur cœur peut fournir,
 Et se faire à leur badinage,
Si, dans les changements où son humeur l'engage,
A la nature humaine il s'en vouloit tenir.

PROLOGUE.

Mais de voir Jupiter taureau,
Serpent, cygne, ou quelque autre chose,
Je ne trouve point cela beau,
Et ne m'étonne pas si parfois on en cause.

MERCURE.

Laissons dire tous les censeurs :
Tels changements ont leurs douceurs
Qui passent leur intelligence.
Ce dieu sait ce qu'il fait aussi bien là qu'ailleurs;
Et dans les mouvements de leurs tendres ardeurs
Les bêtes ne sont pas si bêtes que l'on pense.

LA NUIT.

Revenons à l'objet dont il a les faveurs.
Si par son stratagème il voit sa flamme heureuse,
Que peut-il souhaiter, et qu'est-ce que je puis?

MERCURE.

Que vos chevaux par vous au petit pas réduits,
Pour satisfaire aux vœux de son ame amoureuse,
D'une nuit si délicieuse
Fassent la plus longue des nuits;
Qu'à ses transports vous donniez plus d'espace,
Et retardiez la naissance du jour
Qui doit avancer le retour
De celui dont il tient la place.

LA NUIT.

Voilà sans doute un bel emploi
Que le grand Jupiter m'apprête!
Et l'on donne un nom fort honnête
Au service qu'il veut de moi!

MERCURE.

Pour une jeune déesse,
Vous êtes bien du bon temps!
Un tel emploi n'est bassesse
Que chez les petites gens.
Lorsque dans un haut rang on a l'heur de paroître,
Tout ce qu'on fait est toujours bel et bon;
Et, suivant ce qu'on peut être,
Les choses changent de nom.

LA NUIT.

Sur de pareilles matières
Vous en savez plus que moi;
Et, pour accepter l'emploi,
J'en veux croire vos lumières.

MERCURE.

Hé! là, là, madame la Nuit,
Un peu doucement, je vous prie;
Vous avez dans le monde un bruit
De n'être pas si renchérie.
On vous fait confidente, en cent climats divers,
De beaucoup de bonnes affaires;
Et je crois, à parler à sentiments ouverts,
Que nous ne nous en devons guères.

LA NUIT.

Laissons ces contrariétés,
Et demeurons ce que nous sommes.
N'apprêtons point à rire aux hommes
En nous disant nos vérités.

MERCURE.

Adieu. Je vais là-bas, dans ma commission,

PROLOGUE.

Dépouiller promptement la forme de Mercure,
Pour y vêtir la figure
Du valet d'Amphitryon.

LA NUIT.

Moi, dans cet hémisphère, avec ma suite obscure,
Je vais faire une station.

MERCURE.

Bonjour, la Nuit.

LA NUIT.

Adieu, Mercure.

(*Mercure descend de son nuage, et la Nuit traverse le théâtre.*)

FIN DU PROLOGUE.

AMPHITRYON,

COMÉDIE.

ACTE PREMIER.

SCÈNE I.

SOSIE.

Qui va là? Hé! ma peur à chaque pas s'accroît!
    Messieurs, ami de tout le monde.
    Ah! quelle audace sans seconde
    De marcher à l'heure qu'il est!
    Que mon maître, couvert de gloire,
    Me joue ici d'un vilain tour!
Quoi! si pour son prochain il avoit quelque amour,
M'auroit-il fait partir par une nuit si noire?
Et, pour me renvoyer annoncer son retour
    Et le détail de sa victoire,
Ne pouvoit-il pas bien attendre qu'il fût jour?
    Sosie, à quelle servitude
    Tes jours sont-ils assujettis?
    Notre sort est beaucoup plus rude
    Chez les grands que chez les petits.
Ils veulent que pour eux tout soit, dans la nature,
    Obligé de s'immoler.

Jour et nuit, grêle, vent, péril, chaleur, froidure,
    Dès qu'ils parlent, il faut voler.
       Vingt ans d'assidu service
       N'en obtiennent rien pour nous :
       Le moindre petit caprice
       Nous attire leur courroux.
    Cependant notre ame insensée
S'acharne au vain honneur de demeurer près d'eux,
Et s'y veut contenter de la fausse pensée
Qu'ont tous les autres gens, que nous sommes heureux.
Vers la retraite en vain la raison nous appelle,
En vain notre dépit quelquefois y consent;
       Leur vue a sur notre zèle
       Un ascendant trop puissant;
Et la moindre faveur d'un coup-d'œil caressant
       Nous rengage de plus belle.
    Mais enfin, dans l'obscurité,
Je vois notre maison, et ma frayeur s'évade.
       Il me faudroit, pour l'ambassade,
       Quelque discours prémédité.
Je dois aux yeux d'Alcmène un portrait militaire
Du grand combat qui met nos ennemis à bas;
       Mais comment diantre le faire,
       Si je ne m'y trouvai pas?
N'importe, parlons-en et d'estoc et de taille,
       Comme oculaire témoin.
Combien de gens font-ils des récits de bataille
       Dont ils se sont tenus loin!
       Pour jouer mon rôle sans peine,
       Je le veux un peu repasser.

Voici la chambre où j'entre en courrier que l'on mène;
  Et cette lanterne est Alcmène,
  A qui je me dois adresser.
(Sosie pose sa lanterne à terre.)

Madame, Amphitryon, mon maître et votre époux...
(Bon! beau début!) l'esprit toujours plein de vos charmes,
  M'a voulu choisir entre tous
Pour vous donner avis du succès de ses armes,
Et du desir qu'il a de se voir près de vous.
  « Ah! vraiment, mon pauvre Sosie,
 « A te revoir j'ai de la joie au cœur. »
  Madame, ce m'est trop d'honneur,
  Et mon destin doit faire envie.
(Bien répondu!) « Comment se porte Amphitryon? »
  Madame, en homme de courage,
Dans les occasions où la gloire l'engage.
  (Fort bien! belle conception!)
« Quand viendra-t-il, par son retour charmant,
 « Rendre mon ame satisfaite? »
Le plus tôt qu'il pourra, madame, assurément,
 Mais bien plus tard que son cœur ne souhaite.
(Ah!) « Mais quel est l'état où la guerre l'a mis?
« Que dit-il? que fait-il? Contente un peu mon ame. »
  Il dit moins qu'il ne fait, madame,
  Et fait trembler les ennemis.
(Peste! où prend mon esprit toutes ces gentillesses?)
« Que font les révoltés? dis-moi, quel est leur sort? »
Il n'ont pu résister, madame, à notre effort;
  Nous les avons taillés en pièces,

  Mis Ptéléras leur chef à mort,
Pris Télèbe d'assaut; et déjà dans le port
  Tout retentit de nos prouesses.
« Ah! quel succès! ô dieux! Qui l'eût pu jamais croire!
« Raconte-moi, Sosie, un tel événement. »
Je le veux bien, madame; et, sans m'enfler de gloire,
  Du détail de cette victoire
  Je puis parler très-savamment.
  Figurez-vous donc que Télèbe,
  Madame, est de ce côté;

  (*Sosie marque les lieux sur sa main.*)

  C'est une ville, en vérité,
  Aussi grande quasi que Thèbe.
  La rivière est comme là.
  Ici nos gens se campèrent;
  Et l'espace que voilà,
  Nos ennemis l'occupèrent.
  Sur un haut, vers cet endroit,
  Etoit leur infanterie;
  Et plus bas, du côté droit,
  Etoit la cavalerie.
Après avoir aux dieux adressé les prières,
Tous les ordres donnés, on donne le signal :
Les ennemis, pensant nous tailler des croupières,
Firent trois pelotons de leurs gens à cheval;
Mais leur chaleur par nous fut bientôt réprimée,
  Et vous allez voir comme quoi.
Voilà notre avant-garde à bien faire animée;
  Là, les archers de Créon, notre roi;
  Et voici le corps d'armée,

(*On fait un peu de bruit.*)
Qui d'abord... Attendez, le corps d'armée a peur ;
J'entends quelque bruit, ce me semble.

SCÈNE II.

MERCURE, SOSIE.

MERCURE, *sous la figure de Sosie, sortant de la maison d'Amphitryon.*

Sous ce minois qui lui ressemble,
Chassons de ces lieux ce causeur,
Dont l'abord importun troubleroit la douceur
Que nos amants goûtent ensemble.

SOSIE, *sans voir Mercure.*

Mon cœur tant soit peu se rassure,
Et je pense que ce n'est rien.
Crainte pourtant de sinistre aventure,
Allons chez nous achever l'entretien.

MERCURE, *à part.*

Tu seras plus fort que Mercure,
Ou je t'en empêcherai bien.

SOSIE, *sans voir Mercure.*

Cette nuit en longueur me semble sans pareille.
Il faut, depuis le temps que je suis en chemin,
Ou que mon maître ait pris le soir pour le matin,
Ou que trop tard au lit le blond Phébus sommeille,
Pour avoir trop pris de son vin.

MERCURE, *à part.*

Comme avec irrévérence
Parle des dieux ce maraud !

Mon bras saura bien tantôt
Châtier cette insolence;
Et je vais m'égayer avec lui comme il faut,
En lui volant son nom avec sa ressemblance.

SOSIE, *apercevant Mercure d'un peu loin.*
Ah! par ma foi, j'avois raison :
C'est fait de moi, chétive créature!
Je vois devant notre maison
Certain homme dont l'encolure
Ne me présage rien de bon.
Pour faire semblant d'assurance,
Je veux chanter un peu d'ici.

(*Il chante.*)

MERCURE.
Qui donc est ce coquin qui prend tant de licence
Que de chanter et m'étourdir ainsi?

(*A mesure que Mercure parle, la voix de Sosie s'affoiblit peu-à-peu.*)

Veut-il qu'à l'étriller ma main un peu s'applique?

SOSIE, *à part.*
Cet homme assurément n'aime pas la musique.

MERCURE.
Depuis plus d'une semaine
Je n'ai trouvé personne à qui rompre les os;
La vigueur de mon bras se perd dans le repos;
Et je cherche quelque dos
Pour me remettre en haleine.

SOSIE, *à part.*
Quel diable d'homme est-ce ci!
De mortelles frayeurs je sens mon ame atteinte.

ACTE I, SCÈNE II.

Mais pourquoi trembler tant aussi?
Peut-être a-t-il dans l'ame autant que moi de crainte,
   Et que le drôle parle ainsi
Pour me cacher sa peur sous une audace feinte.
Oui, oui, ne souffrons point qu'on nous croie un oison :
Si je ne suis hardi, tâchons de le paroître.
   Faisons-nous du cœur par raison :
Il est seul, comme moi; je suis fort; j'ai bon maître;
   Et voilà notre maison.

MERCURE.

Qui va là?

SOSIE.

Moi.

MERCURE.

Qui moi?

SOSIE.

(à part.)

Moi. Courage, Sosie.

MERCURE.

Quel est ton sort? dis-moi.

SOSIE.

D'être homme et de parler.

MERCURE.

Es-tu maître ou valet?

SOSIE.

Comme il me prend envie.

MERCURE.

Où s'adressent tes pas?

SOSIE.

Où j'ai dessein d'aller.

MERCURE.

Ah! ceci me déplaît.

SOSIE.

J'en ai l'ame ravie.

MERCURE.

Résolument, par force ou par amour,
Je veux savoir de toi, traître,
Ce que tu fais, d'où tu viens avant jour,
Où tu vas, à qui tu peux être.

SOSIE.

Je fais le bien et le mal tour-à-tour;
Je viens de là, vais là; j'appartiens à mon maître.

MERCURE.

Tu montres de l'esprit, et je te vois en train
De trancher avec moi de l'homme d'importance.
Il me prend un desir, pour faire connoissance,
De te donner un soufflet de ma main.

SOSIE.

A moi-même?

MERCURE.

A toi-même, et t'en voilà certain.

(*Mercure donne un soufflet à Sosie.*)

SOSIE.

Ah! ah! c'est tout de bon.

MERCURE.

Non, ce n'est que pour rire.
Et répondre à tes quolibets.

SOSIE.

Tudieu! l'ami, sans vous rien dire,
Comme vous baillez des soufflets!

ACTE I, SCÈNE II.

MERCURE.

Ce sont là de mes moindres coups,
De petits soufflets ordinaires.

SOSIE.

Si j'étois aussi prompt que vous,
Nous ferions de belles affaires.

MERCURE.

Tout cela n'est encor rien.
Nous verrons bien autre chose;
Pour y faire quelque pause,
Poursuivons notre entretien.

SOSIE.

Je quitte la partie.
(Sosie veut s'en aller.)

MERCURE, *arrêtant Sosie.*
Où vas-tu?

SOSIE.

Que t'importe?

MERCURE.

Je veux savoir où tu vas.

SOSIE.

Me faire ouvrir cette porte.
Pourquoi retiens-tu mes pas?

MERCURE.

Si jusqu'à l'approcher tu pousses ton audace,
Je fais sur toi pleuvoir un orage de coups.

SOSIE.

Quoi! tu veux, par ta menace,
M'empêcher d'entrer chez nous?

AMPHITRYON.

MERCURE.

Comment! chez nous?

SOSIE.

Oui, chez nous.

MERCURE.

O le traître!
Tu te dis de cette maison?

SOSIE.

Fort bien. Amphitryon n'en est-il pas le maître?

MERCURE.

Eh bien! que fait cette raison?

SOSIE.

Je suis son valet.

MERCURE.

Toi?

SOSIE.

Moi.

MERCURE.

Son valet?

SOSIE.

Sans doute.

MERCURE.

Valet d'Amphitryon?

SOSIE.

D'Amphitryon, de lui.

MERCURE.

Ton nom est?...

SOSIE.

Sosie.

MERCURE.

  Hé! comment?

SOSIE.

    Sosie.

MERCURE.

      Ecoute.
Sais-tu que de ma main je t'assomme aujourd'hui?

SOSIE.

Pourquoi? de quelle rage est ton ame saisie?

MERCURE.

Qui te donne, dis-moi, cette témérité
 De prendre le nom de Sosie?

SOSIE.

Moi, je ne le prends point; je l'ai toujours porté.

MERCURE.

O le mensonge horrible, et l'impudence extrême!
Tu m'oses soutenir que Sosie est ton nom?

SOSIE.

Fort bien, je le soutiens; par la grande raison
Qu'ainsi l'a fait des dieux la puissance suprême;
Et qu'il n'est pas en moi de pouvoir dire non,
 Et d'être un autre que moi-même.

MERCURE.

Mille coups de bâton doivent être le prix
 D'une pareille effronterie.

SOSIE, *battu par Mercure.*

Justice, citoyens! Au secours! je vous prie.

MERCURE.

Comment! bourreau, tu fais des cris!

SOSIE.

De mille coups tu me meurtris,
Et tu ne veux pas que je crie?

MERCURE.

C'est ainsi que mon bras...

SOSIE.

L'action ne vaut rien.
Tu triomphes de l'avantage
Que te donne sur moi mon manque de courage;
Et ce n'est pas en user bien.
C'est pure fanfaronnerie
De vouloir profiter de la poltronnerie
De ceux qu'attaque notre bras.
Battre un homme à jeu sûr n'est pas d'une belle ame;
Et le cœur est digne de blâme
Contre les gens qui n'en ont pas.

MERCURE.

Hé bien! es-tu Sosie à présent? qu'en dis-tu?

SOSIE.

Tes coups n'ont point en moi fait de métamorphose;
Et tout le changement que je trouve à la chose,
C'est d'être Sosie battu.

MERCURE, *menaçant Sosie.*

Encor! cent autres coups pour cette autre impudence.

SOSIE.

De grâce, fais trêve à tes coups.

MERCURE.

Fais donc trêve à ton insolence.

ACTE I, SCÈNE II.

SOSIE.

Tout ce qu'il te plaira; je garde le silence.
La dispute est par trop inégale entre nous.

MERCURE.

Es-tu Sosie encor? dis, traître!

SOSIE.

Hélas! je suis ce que tu veux :
Dispose de mon sort tout au gré de tes vœux;
Ton bras t'en a fait le maître.

MERCURE.

Ton nom étoit Sosie, à ce que tu disois?

SOSIE.

Il est vrai, jusqu'ici j'ai cru la chose claire;
Mais ton bâton, sur cette affaire,
M'a fait voir que je m'abusois.

MERCURE.

C'est moi qui suis Sosie, et tout Thèbes l'avoue :
Amphitryon jamais n'en eut d'autre que moi.

SOSIE.

Toi, Sosie?

MERCURE.

Oui, Sosie; et si quelqu'un s'y joue,
Il peut bien prendre garde à soi.

SOSIE, *à part.*

Ciel! me faut-il ainsi renoncer à moi-même,
Et par un imposteur me voir voler mon nom?
Que son bonheur est extrême
De ce que je suis poltron!
Sans cela, par la mort...

AMPHITRYON.

MERCURE.
Entre tes dents, je pense,
Tu murmures je ne sais quoi.

SOSIE.
Non. Mais, au nom des dieux, donne-moi la licence
De parler un moment à toi.

MERCURE.
Parle.

SOSIE.
Mais promets-moi, de grâce,
Que les coups n'en seront point.
Signons une trêve.

MERCURE.
Passe :
Va, je t'accorde ce point.

SOSIE.
Qui te jette, dis-moi, dans cette fantaisie?
Que te reviendra-t-il de m'enlever mon nom?
Et peux tu faire enfin, quand tu serois démon,
Que je ne sois pas moi, que je ne sois Sosie?

MERCURE, *levant le bâton sur Sosie.*
Comment! tu peux...?

SOSIE.
Ah! tout doux :
Nous avons fait trêve aux coups.

MERCURE.
Quoi! pendard, imposteur, coquin!...

SOSIE.
Pour des injures,
Dis-m'en tant que tu voudras;

Ce sont légères blessures,
Et je ne m'en fâche pas.
####### MERCURE.
Tu te dis Sosie?
####### SOSIE.
Oui. Quelque conte frivole...
####### MERCURE.
Sus, je romps notre trêve, et reprends ma parole.
####### SOSIE.
N'importe. Je ne puis m'anéantir pour toi,
Et souffrir un discours si loin de l'apparence.
Etre ce que je suis est-il en ta puissance?
Et puis-je cesser d'être moi?
S'avisa-t-on jamais d'une chose pareille?
Et peut-on démentir cent indices pressants?
Rêvé-je? Est-ce que je sommeille?
Ai-je l'esprit troublé par des transports puissants?
Ne sens-je pas bien que je veille?
Ne suis-je pas dans mon sens?
Mon maître Amphitryon ne m'a-t-il pas commis
A venir en ces lieux vers Alcmène sa femme?
Ne lui dois-je pas faire, en lui vantant sa flamme,
Un récit de ses faits contre nos ennemis?
Ne suis-je pas du port arrivé tout-à-l'heure?
Ne tiens-je pas une lanterne en main?
Ne te trouvé-je pas devant notre demeure?
Ne t'y parlé-je pas d'un esprit tout humain?
Ne te tiens-tu pas fort de ma poltronnerie,
Pour m'empêcher d'entrer chez nous?
N'as-tu pas sur mon dos exercé ta furie?

Ne m'as-tu pas roué de coups?
Ah! tout cela n'est que trop véritable;
Et, plût au ciel, le fût-il moins!
Cesse donc d'insulter au sort d'un misérable;
Et laisse à mon devoir s'acquitter de ses soins.

MERCURE.

Arrête, ou sur ton dos le moindre pas attire
Un assommant éclat de mon juste courroux.
Tout ce que tu viens de dire
Est à moi, hormis les coups.

SOSIE.

Ce matin du vaisseau, plein de frayeur en l'ame,
Cette lanterne sait comme je suis parti.
Amphitryon, du camp, vers Alcmène sa femme
M'a-t-il pas envoyé?

MERCURE.

Vous en avez menti.
C'est moi qu'Amphitryon députe vers Alcmène,
Et qui du port persique arrive de ce pas;
Moi, qui viens annoncer la valeur de son bras
Qui nous fait remporter une victoire pleine,
Et de nos ennemis a mis le chef à bas.
C'est moi qui suis Sosie, enfin de certitude,
Fils de Dave, honnête berger,
Frère d'Arpage mort en pays étranger,
Mari de Cléanthis la prude
Dont l'humeur me fait enrager,
Qui dans Thèbe ai reçu mille coups d'étrivière
Sans en avoir jamais dit rien,

Et jadis en public fus marqué par derrière
Pour être trop homme de bien.

SOSIE, *bas, à part.*

Il a raison. A moins d'être Sosie,
On ne peut pas savoir tout ce qu'il dit;
Et, dans l'étonnement dont mon ame est saisie,
Je commence, à mon tour, à le croire un petit.
En effet, maintenant que je le considère,
Je vois qu'il a de moi taille, mine, action.
Faisons-lui quelque question,
Afin d'éclaircir ce mystère.
(*haut.*)
Parmi tout le butin fait sur nos ennemis,
Qu'est-ce qu'Amphitryon obtint pour son partage?

MERCURE.

Cinq fort gros diamants en nœud proprement mis,
Dont leur chef se paroit comme d'un rare ouvrage.

SOSIE.

A qui destine-t-il un si riche présent?

MERCURE.

A sa femme; et sur elle il le veut voir paroître.

SOSIE.

Mais où, pour l'apporter, est-il mis à présent?

MERCURE.

Dans un coffret scellé des armes de mon maître.

SOSIE, *à part.*

Il ne ment pas d'un mot à chaque repartie;
Et de moi je commence à douter tout de bon.
Près de moi, par la force, il est déjà Sosie;
Il pourroit bien encor l'être par la raison.

Pourtant, quand je me tâte, et que je me rappelle,
Il me semble que je suis moi.
Où puis-je rencontrer quelque clarté fidèle
Pour démêler ce que je voi?
Ce que j'ai fait tout seul, et que n'a vu personne,
A moins d'être moi-même, on ne le peut savoir.
Par cette question il faut que je l'étonne;
C'est de quoi le confondre; et nous allons le voir.
(*haut.*)
Lorsqu'on étoit aux mains, que fis-tu dans nos tentes,
Où tu courus seul te fourrer?

MERCURE.

D'un jambon...

SOSIE, *bas, à part.*

L'y voilà!

MERCURE.

Que j'allai déterrer
Je coupai bravement deux tranches succulentes,
Dont je sus fort bien me bourrer.
Et joignant à cela d'un vin que l'on ménage,
Et dont, avant le goût, les yeux se contentoient,
Je pris un peu de courage
Pour nos gens qui se battoient.

SOSIE, *bas, à part.*

Cette preuve sans pareille
En sa faveur conclut bien;
Et l'on n'y peut dire rien,
S'il n'étoit dans la bouteille.
(*haut.*)
Je ne saurois nier, aux preuves qu'on m'expose,

ACTE I, SCÈNE II.

Que tu ne sois Sosie, et j'y donne ma voix.
Mais, si tu l'es, dis-moi qui tu veux que je sois?
Car encor faut-il bien que je sois quelque chose.

MERCURE.

Quand je ne serai plus Sosie,
Sois-le, j'en demeure d'accord :
Mais, tant que je le suis, je te garantis mort,
Si tu prends cette fantaisie.

SOSIE.

Tout cet embarras met mon esprit sur les dents,
Et la raison à ce qu'on voit s'oppose.
Mais il faut terminer enfin par quelque chose;
Et le plus court pour moi, c'est d'entrer là-dedans.

MERCURE.

Ah! tu prends donc, pendard, goût à la bastonnade?

SOSIE, *battu par Mercure*.

Ah! qu'est-ce ci, grands dieux! il frappe un ton plus fort,
Et mon dos pour un mois en doit être malade.
Laissons ce diable d'homme, et retournons au port.
O juste ciel! j'ai fait une belle ambassade!

MERCURE, *seul*.

Enfin je l'ai fait fuir; et, sous ce traitement,
De beaucoup d'actions il a reçu la peine.
Mais je vois Jupiter, que fort civilement
Reconduit l'amoureuse Alcmène.

AMPHITRYON.

SCÈNE III.

JUPITER, *sous la figure d'Amphitryon;* ALCMÈNE, CLEANTHIS, MERCURE.

JUPITER.

Défendez, chère Alcmène, aux flambeaux d'approcher.
Ils m'offrent des plaisirs en m'offrant votre vue;
Mais ils pourroient ici découvrir ma venue,
    Qu'il est à propos de cacher.
Mon amour, que gênoient tous ces soins éclatants
Où me tenoit lié la gloire de nos armes,
Aux devoirs de ma charge a volé les instants
    Qu'il vient de donner à vos charmes.
Ce vol qu'à vos beautés mon cœur a consacré,
Pourroit être blâmé dans la bouche publique;
    Et j'en veux pour témoin unique
    Celle qui peut m'en savoir gré.

ALCMÈNE.

Je prends, Amphitryon, grande part à la gloire
Que répandent sur vous vos illustres exploits;
    Et l'éclat de votre victoire
Sait toucher de mon cœur les sensibles endroits :
  Mais, quand je vois que cet honneur fatal
    Eloigne de moi ce que j'aime,
Je ne puis m'empêcher, dans ma tendresse extrême,
    De lui vouloir un peu de mal,
Et d'opposer mes vœux à cet ordre suprême
    Qui des Thébains vous fait le général.
C'est une douce chose, après une victoire,

ACTE I, SCÈNE III.

Que la gloire où l'on voit ce qu'on aime élevé :
Mais, parmi les périls mêlés à cette gloire,
Un triste coup, hélas! est bientôt arrivé.
De combien de frayeurs a-t-on l'ame blessée
  Au moindre choc dont on entend parler!
Voit-on, dans les horreurs d'une telle pensée,
    Par où jamais se consoler
    Du coup dont on est menacée ?
Et de quelque laurier qu'on couronne un vainqueur,
Quelque part que l'on ait à cet honneur suprême,
Vaut-il ce qu'il en coûte aux tendresses d'un cœur
Qui peut, à tout moment, trembler pour ce qu'il aime?

JUPITER.

Je ne vois rien en vous dont mon feu ne s'augmente;
Tout y marque à mes yeux un cœur bien enflammé;
Et c'est, je vous l'avoue, une chose charmante
De trouver tant d'amour dans un objet aimé.
Mais, si je l'ose dire, un scrupule me gêne
Aux tendres sentiments que vous me faites voir;
Et, pour les bien goûter, mon amour, chère Alcmène,
Voudroit n'y voir entrer rien de votre devoir;
Qu'à votre seule ardeur, qu'à ma seule personne,
Je dusse les faveurs que je reçois de vous;
Et que la qualité que j'ai de votre époux
    Ne fût point ce qui me les donne.

ALCMÈNE.

C'est de ce nom pourtant que l'ardeur qui me brûle
    Tient le droit de paroître au jour;
Et je ne comprends rien à ce nouveau scrupule
    Dont s'embarrasse votre amour.

JUPITER.

Ah! ce que j'ai pour vous d'ardeur et de tendresse
    Passe aussi celle d'un époux;
Et vous ne savez pas, dans des moments si doux,
    Quelle en est la délicatesse.
Vous ne concevez point qu'un cœur bien amoureux
Sur cent petits égards s'attache avec étude,
    Et se fait une inquiétude
    De la manière d'être heureux.
    En moi, belle et charmante Alcmène,
Vous voyez un mari, vous voyez un amant;
Mais l'amant seul me touche, à parler franchement,
Et je sens, près de vous, que le mari le gêne.
Cet amant, de vos vœux jaloux au dernier point,
Souhaite qu'à lui seul votre cœur s'abandonne;
    Et sa passion ne veut point
    De ce que le mari lui donne.
Il veut de pure source obtenir vos ardeurs,
Et ne veut rien tenir des nœuds de l'hyménée.
Rien d'un fâcheux devoir qui fait agir les cœurs,
Et par qui tous les jours des plus chères faveurs
    La douceur est empoisonnée.
Dans le scrupule enfin dont il est combattu,
Il veut, pour satisfaire à sa délicatesse,
Que vous le sépariez d'avec ce qui le blesse,
Que le mari ne soit que pour votre vertu,
Et que, de votre cœur de bonté revêtu,
L'amant ait tout l'amour et toute la tendresse.

ALCMÈNE.

Amphitryon, en vérité,

ACTE I, SCÈNE III.

Vous vous moquez de tenir ce langage ;
Et j'aurois peur qu'on ne vous crût pas sage
Si de quelqu'un vous étiez écouté.

JUPITER.

Ce discours est plus raisonnable,
Alcmène, que vous ne pensez.
Mais un plus long séjour me rendroit trop coupable,
Et du retour au port les moments sont pressés.
Adieu. De mon devoir l'étrange barbarie
Pour un temps m'arrache de vous ;
Mais, belle Alcmène, au moins, quand vous verrez l'époux,
Songez à l'amant, je vous prie.

ALCMÈNE.

Je ne sépare point ce qu'unissent les dieux ;
Et l'époux et l'amant me sont fort précieux.

SCÈNE IV.

CLÉANTHIS, MERCURE.

CLÉANTHIS, *à part*.

O ciel ! que d'aimables caresses
D'un époux ardemment chéri !
Et que mon traître de mari
Est loin de toutes ces tendresses !

MERCURE, *à part*.

La Nuit, qu'il me faut avertir,
N'a plus qu'à plier tous ses voiles ;
Et, pour effacer les étoiles,
Le soleil de son lit peut maintenant sortir.

CLÉANTHIS, *arrêtant Mercure*.

Quoi ! c'est ainsi que l'on me quitte !

MERCURE.

Et comment donc? ne veux-tu pas
Que de mon devoir je m'acquitte,
Et que d'Amphitryon j'aille suivre les pas?

CLÉANTHIS.

Mais, avec cette brusquerie,
Traître, de moi te séparer!

MERCURE.

Le beau sujet de fâcherie!
Nous avons tant de temps ensemble à demeurer!

CLÉANTHIS.

Mais quoi! partir ainsi d'une façon brutale,
Sans me dire un seul mot de douceur pour régale*!

MERCURE.

Diantre! où veux-tu que mon esprit
T'aille chercher des fariboles?
Quinze ans de mariage épuisent les paroles;
Et depuis un long temps nous nous sommes tout dit.

CLÉANTHIS.

Regarde, traître, Amphitryon;
Vois combien pour Alcmène il étale de flamme;
Et rougis, là-dessus, du peu de passion
Que tu témoignes pour ta femme.

MERCURE.

Eh! mon dieu! Cléanthis, ils sont encore amants.
Il est certain âge où tout passe;
Et ce qui leur sied bien dans ces commencements,
En nous, vieux mariés, auroit mauvaise grâce.
Il nous feroit beau voir, attachés face à face,
A pousser les beaux sentiments!

---

* Au lieu de régal.

ACTE I, SCÈNE IV.

CLÉANTHIS.

Quoi! suis-je hors d'état, perfide, d'espérer
  Qu'un cœur auprès de moi soupire?

MERCURE.

Non, je n'ai garde de le dire;
Mais je suis trop barbon pour oser soupirer,
  Et je ferois crever de rire.

CLÉANTHIS.

Mérites-tu, pendard, cet insigne bonheur
De te voir pour épouse une femme d'honneur?

MERCURE.

Mon dieu! tu n'es que trop honnête;
  Ce grand honneur ne me vaut rien.
  Ne sois point si femme de bien,
  Et me romps un peu moins la tête.

CLÉANTHIS.

Comment! de trop bien vivre on te voit me blâmer!

MERCURE.

La douceur d'une femme est tout ce qui me charme;
  Et ta vertu fait un vacarme
  Qui ne cesse de m'assommer.

CLÉANTHIS.

Il te faudroit des cœurs pleins de fausses tendresses,
De ces femmes aux beaux et louables talents,
Qui savent accabler leurs maris de caresses
Pour leur faire avaler l'usage des galants.

MERCURE.

Ma foi, veux-tu que je te dise?
Un mal d'opinion ne touche que les sots;

Et je prendrois pour ma devise :
« Moins d'honneur et plus de repos. »
CLÉANTHIS.
Comment ! tu souffrirois, sans nulle répugnance,
Que j'aimasse un galant avec toute licence ?
MERCURE.
Oui, si je n'étois plus de tes cris rebattu,
Et qu'on te vît changer d'humeur et de méthode.
J'aime mieux un vice commode
Qu'une fatigante vertu.
Adieu, Cléanthis, ma chère ame ;
Il me faut suivre Amphitryon.
CLÉANTHIS, *seule*.
Pourquoi, pour punir cet infame,
Mon cœur n'a-t-il assez de résolution ?
Ah ! que, dans cette occasion,
J'enrage d'être honnête femme !

FIN DU PREMIER ACTE.

ACTE SECOND.

SCÈNE I.

AMPHITRYON, SOSIE.

AMPHITRYON.

Viens çà, bourreau, viens çà. Sais-tu, maître fripon,
Qu'à te faire assommer ton discours peut suffire,
Et que, pour te traiter comme je le desire,
    Mon courroux n'attend qu'un bâton?

SOSIE.

    Si vous le prenez sur ce ton,
    Monsieur, je n'ai plus rien à dire;
    Et vous aurez toujours raison.

AMPHITRYON.

Quoi! tu veux me donner pour des vérités, traître,
Des contes que je vois d'extravagance outrés?

SOSIE.

Non : je suis le valet, et vous êtes le maître;
Il n'en sera monsieur, que ce que vous voudrez.

AMPHITRYON.

Çà, je veux étouffer le courroux qui m'enflamme,
Et, tout du long, t'ouïr sur ta commission.
    Il faut, avant que voir ma femme,
Que je débrouille ici cette confusion.
Rappelle tous tes sens, rentre bien dans ton ame,
Et réponds mot pour mot à chaque question.

SOSIE.

Mais, de peur d'incongruité,
Dites-moi, de grâce, à l'avance,
De quel air il vous plaît que ceci soit traité.
Parlerai-je, monsieur, selon ma conscience,
Ou comme auprès des grands on le voit usité?
Faut-il dire la vérité,
Ou bien user de complaisance?

AMPHITRYON.

Non; je ne te veux obliger
Qu'à me rendre de tout un compte fort sincère.

SOSIE.

Bon. C'est assez, laissez-moi faire;
Vous n'avez qu'à m'interroger.

AMPHITRYON.

Sur l'ordre que tantôt je t'avois su prescrire...

SOSIE.

Je suis parti, les cieux d'un noir crêpe voilés,
Pestant fort contre vous dans ce fâcheux martyre,
Et maudissant vingt fois l'ordre dont vous parlez.

AMPHITRYON.

Comment, coquin!

SOSIE.

Monsieur, vous n'avez rien qu'à dire;
Je mentirai, si vous voulez.

AMPHITRYON.

Voilà comme un valet montre pour nous du zèle!
Passons. Sur les chemins que t'est-il arrivé?

SOSIE.

D'avoir une frayeur mortelle
Au moindre objet que j'ai trouvé.

ACTE II, SCÈNE I.

AMPHITRYON.

Poltron!

SOSIE.

En nous formant, nature a ses caprices;
Divers penchants en nous elle fait observer :
Les uns à s'exposer trouvent mille délices;
    Moi, j'en trouve à me conserver.

AMPHITRYON.

Arrivant au logis...?

SOSIE.

J'ai, devant notre porte,
En moi-même voulu répéter un petit*
    Sur quel ton et de quelle sorte
Je ferois du combat le glorieux récit.

AMPHITRYON.

Ensuite?

SOSIE.

On m'est venu troubler et mettre en peine.

AMPHITRYON.

Et qui?

SOSIE.

Sosie; un moi, de vos ordres jaloux,
Que vous avez du port envoyé vers Alcmène,
Et qui de nos secrets a connoissance pleine,
    Comme le moi qui parle à vous.

AMPHITRYON.

Quels contes!

SOSIE.

Non, monsieur, c'est la vérité pure :

* Un peu.

Ce moi, plus tôt que moi, s'est au logis trouvé;
  Et j'étois venu, je vous jure,
  Avant que je fusse arrivé.

AMPHITRYON.

  D'où peut procéder, je te prie,
  Ce galimatias maudit?
  Est-ce songe? est-ce ivrognerie,
  Aliénation d'esprit,
  Ou méchante plaisanterie?

SOSIE.

  Non, c'est la chose comme elle est,
  Et point du tout conte frivole.
Je suis homme d'honneur, j'en donne ma parole;
  Et vous m'en croirez, s'il vous plaît.
Je vous dis que, croyant n'être qu'un seul Sosie,
  Je me suis trouvé deux chez nous;
Et que, de ces deux moi, piqués de jalousie,
L'un est à la maison, et l'autre est avec vous;
Que le moi que voici, chargé de lassitude,
A trouvé l'autre moi frais, gaillard et dispos,
  Et n'ayant d'autre inquiétude
  Que de battre et casser des os.

AMPHITRYON.

  Il faut être, je le confesse,
D'un esprit bien posé, bien tranquille, bien doux,
Pour souffrir qu'un valet de chansons me repaisse!

SOSIE.

  Si vous vous mettez en courroux,
  Plus de conférence entre nous;
  Vous savez que d'abord tout cesse.

AMPHITRYON.

Non, sans emportement je te veux écouter,
Je l'ai promis. Mais dis; en bonne conscience,
Au mystère nouveau que tu me viens conter
    Est-il quelque ombre d'apparence?

SOSIE.

Non; vous avez raison, et la chose à chacun
    Hors de créance doit paroître.
    C'est un fait à n'y rien connoître,
Un conte extravagant, ridicule, importun;
    Cela choque le sens commun :
    Mais cela ne laisse pas d'être.

AMPHITRYON.

Le moyen d'en rien croire, à moins qu'être insensé!

SOSIE.

Je ne l'ai pas cru, moi, sans une peine extrême.
Je me suis d'être deux senti l'esprit blessé,
Et long-temps d'imposteur j'ai traité ce moi-même :
Mais à me reconnoître enfin il m'a forcé;
J'ai vu que c'étoit moi, sans aucun stratagème;
Des pieds jusqu'à la tête il est comme moi fait,
Beau, l'air noble, bien pris, les manières charmantes;
    Enfin deux gouttes de lait
    Ne sont pas plus ressemblantes;
Et, n'étoit que ses mains sont un peu trop pesantes,
    J'en serois fort satisfait.

AMPHITRYON.

A quelle patience il faut que je m'exhorte!
Mais enfin n'es-tu pas entré dans la maison?

SOSIE.

Bon, entré! Hé! de quelle sorte?
Ai-je voulu jamais entendre de raison?
Et ne me suis-je pas interdit notre porte?

AMPHITRYON.

Comment donc?

SOSIE.

Avec un bâton,
Dont mon dos sent encore une douleur très-forte.

AMPHITRYON.

On t'a battu?

SOSIE.

Vraiment!

AMPHITRYON.

Et qui?

SOSIE.

Moi.

AMPHITRYON.

Toi, te battre?

SOSIE.

Oui, moi; non pas le moi d'ici,
Mais le moi du logis, qui frappe comme quatre.

AMPHITRYON.

Te confonde le ciel de me parler ainsi!

SOSIE.

Ce ne sont point des badinages.
Le moi que j'ai trouvé tantôt,
Sur le moi qui vous parle a de grands avantages;
Il a le bras fort, le cœur haut:
J'en ai reçu des témoignages;

Et ce diable de moi m'a rossé comme il faut;
C'est un drôle qui fait des rages.
AMPHITRYON.
Achevons. As-tu vu ma femme?
SOSIE.
Non.
AMPHITRYON.
Pourquoi?
SOSIE.
Par une raison assez forte.
AMPHITRYON.
Qui t'a fait y manquer, maraud? Explique-toi.
SOSIE.
Faut-il le répéter vingt fois de même sorte?
Moi, vous dis-je; ce moi plus robuste que moi;
Ce moi qui s'est de force emparé de la porte;
Ce moi qui m'a fait filer doux;
Ce moi qui le seul moi veut être;
Ce moi de moi-même jaloux;
Ce moi vaillant, dont le courroux
Au moi poltron s'est fait connoître;
Enfin ce moi qui suis chez nous;
Ce moi qui s'est montré mon maître;
Ce moi qui m'a roué de coups.
AMPHITRYON.
Il faut que ce matin, à force de trop boire,
Il se soit troublé le cerveau.
SOSIE.
Je veux être pendu, si j'ai bu que de l'eau!
A mon serment on m'en peut croire.

AMPHITRYON.

Il faut donc qu'au sommeil tes sens se soient portés,
Et qu'un songe fâcheux, dans ses confus mystères,
T'ait fait voir toutes les chimères
Dont tu me fais des vérités.

SOSIE.

Tout aussi peu. Je n'ai point sommeillé,
Et n'en ai même aucune envie.
Je vous parle bien éveillé :
J'étois bien éveillé ce matin, sur ma vie;
Et bien éveillé même étoit l'autre Sosie
Quand il m'a si bien étrillé.

AMPHITRYON.

Suis-moi, je t'impose silence.
C'est trop me fatiguer l'esprit;
Et je suis un vrai fou d'avoir la patience
D'écouter d'un valet les sottises qu'il dit.

SOSIE, *à part*.

Tous les discours sont des sottises,
Partant d'un homme sans éclat :
Ce seroient paroles exquises
Si c'étoit un grand qui parlât.

AMPHITRYON.

Entrons sans davantage attendre.
Mais Alcmène paroît avec tous ses appas;
En ce moment, sans doute, elle ne m'attend pas,
Et mon abord la va surprendre.

SCÈNE II.

ALCMÈNE, AMPHITRYON, CLÉANTHIS, SOSIE.

ALCMÈNE, *sans voir Amphitryon.*
Allons, pour mon époux, Cléanthis, vers les dieux
    Nous acquitter de nos hommages,
Et les remercier des succès glorieux
Dont Thèbes, par son bras, goûte les avantages.
    (*apercevant Amphitryon.*)
O dieux!

AMPHITRYON.
    Fasse le ciel qu'Amphitryon vainqueur
    Avec plaisir soit revu de sa femme;
    Et que ce jour, favorable à ma flamme,
Vous redonne à mes yeux avec le même cœur!
    Que j'y retrouve autant d'ardeur
    Que vous en apporte mon ame!

ALCMÈNE.
Quoi! de retour sitôt!

AMPHITRYON.
            Certes, c'est en ce jour
Me donner de vos feux un mauvais témoignage;
    Et ce *Quoi! sitôt de retour?*
En ces occasions n'est guère le langage
    D'un cœur bien enflammé d'amour.
    J'osois me flatter en moi-même
    Que loin de vous j'aurois trop demeuré.
L'attente d'un retour ardemment desiré

Donne à tous les instants une longueur extrême ;
Et l'absence de ce qu'on aime,
Quelque peu qu'elle dure, a toujours trop duré.

ALCMÈNE.

Je ne vois...

AMPHITRYON.

Non, Alcmène, à son impatience
On mesure le temps en de pareils états ;
Et vous comptez les moments de l'absence
En personne qui n'aime pas.
Lorsque l'on aime comme il faut,
Le moindre éloignement nous tue ;
Et ce dont on chérit la vue
Ne revient jamais assez tôt.
De votre accueil, je le confesse,
Se plaint ici mon amoureuse ardeur ;
Et j'attendois de votre cœur
D'autres transports de joie et de tendresse.

ALCMÈNE.

J'ai peine à comprendre sur quoi
Vous fondez les discours que je vous entends faire ;
Et, si vous vous plaignez de moi,
Je ne sais pas, de bonne-foi,
Ce qu'il faut pour vous satisfaire.
Hier au soir, ce me semble, à votre heureux retour,
On me vit témoigner une joie assez tendre,
Et rendre aux soins de votre amour
Tout ce que de mon cœur vous aviez lieu d'attendre.

AMPHITRYON.

Comment ?

ALCMÈNE.

Ne fis-je pas éclater à vos yeux
Les soudains mouvements d'une entière allégresse ?
Et le transport d'un cœur peut-il s'expliquer mieux
Au retour d'un époux qu'on aime avec tendresse ?

AMPHITRYON.

Que me dites-vous là ?

ALCMÈNE.

Que même votre amour
Montra de mon accueil une joie incroyable ;
Et que, m'ayant quittée à la pointe du jour,
   Je ne vois pas qu'à ce soudain retour
     Ma surprise soit si coupable.

AMPHITRYON.

Est-ce que du retour que j'ai précipité,
Un songe, cette nuit, Alcmène, dans votre ame
     A prévenu la vérité ;
Et que, m'ayant peut-être en dormant bien traité,
   Votre cœur se croit vers ma flamme
     Assez amplement acquitté ?

ALCMÈNE.

Est-ce qu'une vapeur par sa malignité,
   Amphitryon, a dans votre ame
Du retour d'hier au soir brouillé la vérité ;
Et que du doux accueil duquel je m'acquittai
   Votre cœur prétend à ma flamme
     Ravir toute l'honnêteté ?

AMPHITRYON.

Cette vapeur, dont vous me régalez,
   Est un peu, ce me semble, étrange.

ALCMÈNE.

C'est ce qu'on peut donner pour change
Au songe dont vous me parlez.

AMPHITRYON.

A moins d'un songe, on ne peut pas, sans doute,
Excuser ce qu'ici votre bouche me dit.

ALCMÈNE.

A moins d'une vapeur qui vous trouble l'esprit,
On ne peut pas sauver ce que de vous j'écoute.

AMPHITRYON.

Laissons un peu cette vapeur, Alcmène.

ALCMÈNE.

Laissons un peu ce songe, Amphitryon.

AMPHITRYON.

Sur le sujet dont il est question,
Il n'est guère de jeu que trop loin on ne mène.

ALCMÈNE.

Sans doute; et, pour marque certaine,
Je commence à sentir un peu d'émotion.

AMPHITRYON.

Est-ce donc que par-là vous voulez essayer
A réparer l'accueil dont je vous ai fait plainte?

ALCMÈNE.

Est-ce donc que par cette feinte
Vous desirez vous égayer?

AMPHITRYON.

Ah! de grâce, cessons, Alcmène, je vous prie,
Et parlons sérieusement.

ACTE II, SCÈNE II. 53

ALCMÈNE.

Amphitryon, c'est trop pousser l'amusement;
Finissons cette raillerie.

AMPHITRYON.

Quoi! vous osez me soutenir en face
Que plus tôt qu'à cette heure on m'ait ici pu voir?

ALCMÈNE.

Quoi! vous voulez nier avec audace
Que dès hier en ces lieux vous vîntes sur le soir?

AMPHITRYON.

Moi, je vins hier?

ALCMÈNE.

Sans doute; et, dès devant l'aurore,
Vous vous en êtes retourné.

AMPHITRYON, *à part.*

Ciel! un pareil débat s'est-il pu voir encore?
Et qui de tout ceci ne seroit étonné?
Sosie.

SOSIE.

Elle a besoin de six grains d'ellébore,
Monsieur; son esprit est tourné.

AMPHITRYON.

Alcmène, au nom de tous les dieux,
Ce discours a d'étranges suites!
Reprenez vos sens un peu mieux
Et pensez à ce que vous dites.

ALCMÈNE.

Je pense mûrement aussi;
Et tous ceux du logis ont vu votre arrivée.
J'ignore quel motif vous fait agir ainsi;

Mais si la chose avoit besoin d'être prouvée,
S'il étoit vrai qu'on pût ne s'en souvenir pas,
De qui puis-je tenir, que de vous, la nouvelle
　　Du dernier de tous vos combats,
Et les cinq diamants que portoit Ptérélas,
　　Qu'a fait dans la nuit éternelle
　　Tomber l'effort de votre bras?
En pourroit-on vouloir un plus sûr témoignage?

AMPHITRYON.

　Quoi! je vous ai déjà donné
Le nœud de diamants que j'eus pour mon partage,
　Et que je vous ai destiné?

ALCMÈNE.

Assurément. Il n'est pas difficile
De vous en bien convaincre.

AMPHITRYON.

　　　　　　　　Et comment?

ALCMÈNE, *montrant le nœud de diamants à sa ceinture.*

　　　　　　　　　Le voici.

AMPHITRYON.

Sosie?

SOSIE, *tirant de sa poche un coffret.*

　Elle se moque, et je le tiens ici,
Monsieur; la feinte est inutile.

AMPHITRYON, *regardant le coffret.*

Le cachet est entier.

ALCMÈNE, *présentant à Amphitryon le nœud de diamants.*

　　　　Est-ce une vision?
Tenez. Trouverez-vous cette preuve assez forte.

ACTE II, SCÈNE II.

AMPHITRYON.

Ah! ciel! ô juste ciel!

ALCMÈNE.

Allez, Amphitryon,
Vous vous moquez d'en user de la sorte,
Et vous en devriez avoir confusion.

AMPHITRYON.

Romps vite ce cachet.

SOSIE, *ayant ouvert le coffret.*

Ma foi, la place est vide.
Il faut que, par magie, on ait su le tirer.
Ou bien que de lui-même il soit venu sans guide
Vers celle qu'il a su qu'on en vouloit parer.

AMPHITRYON, *à part.*

O dieux, dont le pouvoir sur les choses préside,
Quelle est cette aventure, et qu'en puis-je augurer
Dont mon amour ne s'intimide?

SOSIE, *à Amphitryon.*

Si sa bouche dit vrai, nous avons même sort,
Et de même que moi, monsieur, vous êtes double.

AMPHITRYON.

Tais-toi.

ALCMÈNE.

Sur quoi vous étonner si fort?
Et d'où peut naître ce grand trouble?

AMPHITRYON, *à part.*

O ciel! quel étrange embarras!
Je vois des incidents qui passent la nature;
Et mon honneur redoute une aventure
Que mon esprit ne comprend pas.

ALCMÈNE.

Songez-vous, en tenant cette preuve sensible,
A me nier encor votre retour pressé?

AMPHITRYON.

Non : mais, à ce retour, daignez, s'il est possible,
Me conter ce qui s'est passé.

ALCMÈNE.

Puisque vous demandez un récit de la chose,
Vous voulez dire donc que ce n'étoit pas vous?

AMPHITRYON.

Pardonnez-moi; mais j'ai certaine cause
Qui me fait demander ce récit entre nous.

ALCMÈNE.

Les soucis importants qui vous peuvent saisir
Vous ont-ils fait si vite en perdre la mémoire?

AMPHITRYON.

Peut-être : mais enfin vous me ferez plaisir
De m'en dire toute l'histoire.

ALCMÈNE.

L'histoire n'est pas longue. A vous je m'avançai
Pleine d'une aimable surprise;
Tendrement je vous embrassai,
Et témoignai ma joie à plus d'une reprise.

AMPHITRYON, *à part.*

Ah! d'un si doux accueil je me serois passé!

ALCMÈNE.

Vous me fîtes d'abord ce présent d'importance,
Que du butin conquis vous m'aviez destiné.
Votre cœur avec véhémence
M'étala de ses feux toute la violence,

ACTE II, SCÈNE II.

Et les soins importuns qui l'avoient enchaîné,
L'aise de me revoir, les tourments de l'absence,
 Tout le souci que son impatience
  Pour le retour s'étoit donné ;
Et jamais votre amour, en pareille occurrence,
Ne me parut si tendre et si passionné.

AMPHITRYON, *à part.*

Peut-on plus vivement se voir assassiné !

ALCMÈNE.

Tous ces transports, toute cette tendresse,
Comme vous croyez bien, ne me déplaisoient pas ;
 Et, s'il faut que je le confesse,
Mon cœur, Amphitryon, y trouvoit mille appas.

AMPHITRYON.

Ensuite, s'il vous plaît ?

ALCMÈNE.

    Nous nous entrecoupâmes
De mille questions qui pouvoient nous toucher.
On servit. Tête à tête ensemble nous soupâmes,
Et, le souper fini, nous nous fûmes coucher.

AMPHITRYON.

Ensemble ?

ALCMÈNE.

  Assurément. Quelle est cette demande ?

AMPHITRYON, *à part.*

Ah ! c'est ici le coup le plus cruel de tous,
Et dont à s'assurer trembloit mon feu jaloux.

ALCMÈNE.

D'où vous vient, à ce mot, une rougeur si grande ?
Ai-je fait quelque mal de coucher avec vous ?

AMPHITRYON.

Non, ce n'étoit pas moi, pour ma douleur sensible ;
Et qui dit qu'hier ici mes pas se sont portés
    Dit, de toutes les faussetés,
  La fausseté la plus horrible.

ALCMÈNE.

Amphitryon !

AMPHITRYON.

    Perfide !

ALCMÈNE.

      Ah ! quel emportement !

AMPHITRYON.

Non, non, plus de douceur et plus de déférence,
Ce revers vient à bout de toute ma constance ;
Et mon cœur ne respire, en ce fatal moment,
    Et que fureur et que vengeance.

ALCMÈNE.

De qui donc vous venger ? et quel manque de foi
    Vous fait ici me traiter de coupable ?

AMPHITRYON.

Je ne sais pas, mais ce n'étoit pas moi :
Et c'est un désespoir qui de tout rend capable.

ALCMÈNE.

Allez, indigne époux, le fait parle de soi,
    Et l'imposture est effroyable.
    C'est trop me pousser là-dessus,
Et d'infidélité me voir trop condamnée.
  Si vous cherchez, dans ces transports confus,
Un prétexte à briser les nœuds d'un hyménée
    Qui me tient à vous enchaînée,

ACTE II, SCÈNE II.

Tous ces détours sont superflus ;
Et me voilà déterminée
A souffrir qu'en ce jour nos liens soient rompus.

AMPHITRYON.

Après l'indigne affront que l'on me fait connoître,
C'est bien à quoi, sans doute, il faut vous préparer :
C'est le moins qu'on doit voir ; et les choses peut-être
Pourront n'en pas là demeurer.
Le déshonneur est sûr, mon malheur m'est visible,
Et mon amour en vain voudroit me l'obscurcir ;
Mais le détail encor ne m'en est pas sensible,
Et mon juste courroux prétend s'en éclaircir.
Votre frère déjà peut hautement répondre
Que, jusqu'à ce matin, je ne l'ai point quitté ;
Je m'en vais le chercher, afin de vous confondre
Sur ce retour qui m'est faussement imputé.
Après, nous percerons jusqu'au fond d'un mystère
Jusques à présent inoui :
Et, dans les mouvements d'une juste colère,
Malheur à qui m'aura trahi !

SOSIE.

Monsieur...

AMPHITRYON.

Ne m'accompagne pas,
Et demeure ici pour m'attendre.

CLÉANTHIS, *à Alcmène.*

Faut-il... ?

ALCMÈNE.

Je ne puis rien entendre :
Laisse-moi seule, et ne suis point mes pas.

SCÈNE III.

CLÉANTHIS, SOSIE.

CLÉANTHIS, *à part.*

Il faut que quelque chose ait brouillé sa cervelle.
Mais le frère, sur-le-champ,
Finira cette querelle.

SOSIE, *à part.*

C'est ici pour mon maître un coup assez touchant;
Et son aventure est cruelle.
Je crains fort pour mon fait quelque chose approchant;
Et je m'en veux, tout doux, éclaircir avec elle.

CLÉANTHIS, *à part.*

Voyez s'il me viendra seulement aborder?
Mais je veux m'empêcher de rien faire paroître.

SOSIE, *à part.*

La chose quelquefois est fâcheuse à connoître,
Et je tremble à la demander.
Ne vaudroit-il pas mieux, pour ne rien hasarder,
Ignorer ce qu'il en peut être?
Allons, tout coup vaille, il faut voir,
Et je ne m'en saurois défendre.
La foiblesse humaine est d'avoir
Des curiosités d'apprendre
Ce qu'on ne voudroit pas savoir.
Dieu te gard', Cléanthis!

CLÉANTHIS.

Ah! ah! tu t'en avises,
Traître, de t'approcher de nous!

ACTE II, SCÈNE III.

SOSIE.

Mon dieu! qu'as-tu? Toujours on te voit en courroux,
    Et sur rien tu te formalises?

CLÉANTHIS.

Qu'appelles-tu sur rien? dis.

SOSIE.

           J'appelle sur rien
Ce qui sur rien s'appelle en vers ainsi qu'en prose;
    Et rien, comme tu le sais bien,
    Veut dire rien, ou peu de chose.

CLÉANTHIS.

    Je ne sais qui me tient, infame,
    Que je ne t'arrache les yeux,
Et ne t'apprenne où va le courroux d'une femme.

SOSIE.

Holà! D'où te vient donc ce transport furieux?

CLÉANTHIS.

Tu n'appelles donc rien le procédé, peut-être,
    Qu'avec moi ton cœur a tenu?

SOSIE.

    Et quel?

CLÉANTHIS.

      Quoi! tu fais l'ingénu!
    Est-ce qu'à l'exemple du maître
Tu veux dire qu'ici tu n'es pas revenu?

SOSIE.

    Non, je sais fort bien le contraire;
    Mais, je ne t'en fais pas le fin,
  Nous avions bu de je ne sais quel vin
Qui m'a fait oublier tout ce que j'ai pu faire.

CLÉANTHIS.

Tu crois peut-être excuser par ce trait...

SOSIE.

Non, tout de bon, tu m'en peux croire.
J'étois dans un état où je puis avoir fait
    Des choses dont j'aurois regret,
    Et dont je n'ai nulle mémoire.

CLÉANTHIS.

Tu ne te souviens point du tout de la manière
Dont tu m'as su traiter étant venu du port?

SOSIE.

Non plus que rien : tu peux m'en faire le rapport;
    Je suis équitable et sincère,
Et me condamnerai moi-même si j'ai tort.

CLÉANTHIS.

Comment! Amphitryon m'ayant su disposer,
Jusqu'à ce que tu vins j'avois poussé ma veille;
Mais je ne vis jamais une froideur pareille :
De ta femme il fallut moi-même t'aviser;
    Et lorsque je fus te baiser,
Tu détournas le nez, et me donnas l'oreille.

SOSIE.

Bon!

CLÉANTHIS.

Comment, bon?

SOSIE.

Mon dieu! tu ne sais pas pourquoi,
    Cléanthis, je tiens ce langage :
J'avois mangé de l'ail, et fis en homme sage
De détourner un peu mon haleine de toi.

ACTE II, SCÈNE III.

CLÉANTHIS.

Je te sus exprimer des tendresses de cœur :
Mais à tous mes discours tu fus comme une souche;
   Et jamais un mot de douceur
   Ne te put sortir de la bouche.

SOSIE, *à part.*

Courage!

CLÉANTHIS.

   Enfin, ma flamme eut beau s'émanciper,
Sa chaste ardeur en toi ne trouva rien que glace;
Et, dans un tel retour, je te vis la tromper
Jusqu'à faire refus de prendre au lit la place
Que les lois de l'hymen t'obligent d'occuper.

SOSIE.

Quoi! je ne couchai point?

CLÉANTHIS.

       Non, lâche.

SOSIE.

              Est-il possible?

CLÉANTHIS.

   Traître! il n'est que trop assuré.
C'est de tous les affronts l'affront le plus sensible;
Et, loin que ce matin ton cœur l'ait réparé,
   Tu t'es d'avec moi séparé
Par des discours chargés d'un mépris tout visible.

SOSIE, *à part.*

Vivat Sosie!

CLÉANTHIS.

   Eh quoi! ma plainte à cet effet!
Tu ris après ce bel ouvrage!

SOSIE.

Que je suis de moi satisfait!

CLÉANTHIS.

Exprime-t-on ainsi le regret d'un outrage?

SOSIE.

Je n'aurois jamais cru que j'eusse été si sage.

CLÉANTHIS.

Loin de te condamner d'un si perfide trait,
Tu m'en fais éclater la joie en ton visage!

SOSIE.

Mon dieu! tout doucement! Si je parois joyeux,
Crois que j'en ai dans l'ame une raison très-forte,
Et que, sans y penser, je ne fis jamais mieux
Que d'en user tantôt avec toi de la sorte.

CLÉANTHIS.

Traître, te moques-tu de moi?

SOSIE.

Non, je te parle avec franchise.
En l'état où j'étois, j'avois certain effroi
Dont, avec ton discours, mon ame s'est remise.
Je m'appréhendois fort, et craignois qu'avec toi
Je n'eusse fait quelque sottise.

CLÉANTHIS.

Quelle est cette frayeur? et sachons donc pourquoi.

SOSIE.

Les médecins disent, quand on est ivre,
Que de sa femme on se doit abstenir;
Et que, dans cet état, il ne peut provenir
Que des enfants pesants et qui ne sauroient vivre.
Vois, si mon cœur n'eût su de froideur se munir,

ACTE II, SCÈNE III.

Quels inconvénients auroient pu s'en ensuivre !
CLÉANTHIS.
Je me moque des médecins
Avec leurs raisonnements fades :
Qu'ils règlent ceux qui sont malades,
Sans vouloir gouverner les gens qui sont bien sains.
Ils se mêlent de trop d'affaires,
De prétendre tenir nos chastes feux gênés;
Et sur les jours caniculaires
Ils nous donnent encore, avec leurs lois sévères,
De cent sots contes par le nez.
SOSIE.
Tout doux.
CLÉANTHIS.
Non, je soutiens que cela conclut mal;
Ces raisons sont raisons d'extravagantes têtes.
Il n'est ni vin, ni temps, qui puisse être fatal
A remplir le devoir de l'amour conjugal;
Et les médecins sont des bêtes.
SOSIE.
Contre eux, je t'en supplie, apaise ton courroux;
Ce sont d'honnêtes gens, quoi que le monde en dise.
CLÉANTHIS.
Tu n'es pas où tu crois; en vain tu files doux :
Ton excuse n'est point une excuse de mise;
Et je me veux venger tôt ou tard, entre nous,
De l'air dont chaque jour je vois qu'on me méprise.
Des discours de tantôt je garde tous les coups,
Et tâcherai d'user, lâche et perfide époux,
De cette liberté que ton cœur m'a permise.

SOSIE.

Quoi?

CLÉANTHIS.

Tu m'as dit tantôt que tu consentois fort,
Lâche, que j'en aimasse un autre.

SOSIE.

Ah! pour cet article, j'ai tort.
Je m'en dédis; il y va trop du nôtre.
Garde-toi bien de suivre ce transport.

CLÉANTHIS.

Si je puis une fois pourtant
Sur mon esprit gagner la chose...

SOSIE.

Fais à ce discours quelque pause.
Amphitryon revient, qui me paroît content.

SCÈNE IV.

JUPITER, CLÉANTHIS, SOSIE.

JUPITER, *à part.*

Je viens prendre le temps de rapaiser Alcmène,
De bannir les chagrins que son cœur veut garder,
Et donner à mes feux, dans ce soin qui m'amène,
  Le doux plaisir de se raccommoder.
  (*à Cléanthis.*)
  Alcmène est là-haut, n'est-ce pas?

CLÉANTHIS.

Oui, pleine d'une inquiétude
Qui cherche de la solitude,
Et qui m'a défendu d'accompagner ses pas.

JUPITER.
Quelque défense qu'elle ait faite,
Elle ne sera pas pour moi.

SCÈNE V.

CLÉANTHIS, SOSIE.

CLÉANTHIS.
Son chagrin, à ce que je vois,
A fait une prompte retraite.
SOSIE.
Que dis-tu, Cléanthis, de ce joyeux maintien,
Après son fracas effroyable?
CLÉANTHIS.
Que, si toutes nous faisions bien,
Nous donnerions tous les hommes au diable,
Et que le meilleur n'en vaut rien.
SOSIE.
Cela se dit dans le courroux :
Mais aux hommes par trop vous êtes accrochées;
Et vous seriez, ma foi, toutes bien empêchées,
Si le diable les prenoit tous.
CLÉANTHIS.
Vraiment...
SOSIE.
Les voici. Taisons-nous.

SCÈNE VI.

JUPITER, ALCMÈNE, CLÉANTHIS, SOSIE.

JUPITER.

Voulez-vous me désespérer ?
Hélas ! arrêtez, belle Alcmène.

ALCMÈNE.

Non, avec l'auteur de ma peine
Je ne puis du tout demeurer.

JUPITER.

De grâce !...

ALCMÈNE.

Laissez-moi.

JUPITER.

Quoi !...

ALCMÈNE.

Laissez-moi, vous dis-je.

JUPITER, *bas, à part.*

Ses pleurs touchent mon ame, et sa douleur m'afflige.
(*haut.*)
Souffrez que mon cœur...

ALCMÈNE.

Non, ne suivez point mes pas.

JUPITER.

Où voulez-vous aller ?

ALCMÈNE.

Où vous ne serez pas.

JUPITER.

Ce vous est une attente vaine.

ACTE II, SCÈNE VI.

Je tiens à vos beautés par un nœud trop serré
Pour pouvoir un moment en être séparé.
 Je vous suivrai partout, Alcmène.

ALCMÈNE.

 Et moi, partout je vous fuirai.

JUPITER.

 Je suis donc bien épouvantable!

ALCMÈNE.

Plus qu'on ne peut dire, à mes yeux.
Oui, je vous vois comme un monstre effroyable,
 Un monstre cruel, furieux,
 Et dont l'approche est redoutable;
 Comme un monstre à fuir en tous lieux.
Mon cœur souffre, à vous voir, une peine incroyable:
 C'est un supplice qui m'accable;
 Et je ne vois rien sous les cieux
 D'affreux, d'horrible, d'odieux,
Qui ne me fût plus que vous supportable.

JUPITER.

En voilà bien, hélas! que votre bouche dit.

ALCMÈNE.

 J'en ai dans le cœur davantage;
Et, pour l'exprimer tout, ce cœur a du dépit
 De ne point trouver de langage.

JUPITER.

 Hé! que vous a donc fait ma flamme,
Pour me pouvoir, Alcmène, en monstre regarder?

ALCMÈNE.

Ah! juste ciel! cela peut-il se demander?
 Et n'est-ce pas pour mettre à bout une ame?

AMPHITRYON.

JUPITER.

Ah! d'un esprit plus adouci...

ALCMÈNE.

Non, je ne veux du tout vous voir ni vous entendre.

JUPITER.

Avez-vous bien le cœur de me traiter ainsi?
Est-ce là cet amour si tendre
Qui devoit tant durer quand je vins hier ici?

ALCMÈNE.

Non, non, ce ne l'est pas; et vos lâches injures
En ont autrement ordonné.
Il n'est plus, cet amour tendre et passionné;
Vous l'avez dans mon cœur, par cent vives blessures,
Cruellement assassiné :
C'est en sa place un courroux inflexible,
Un vif ressentiment, un dépit invincible,
Un désespoir d'un cœur justement animé,
Qui prétend vous haïr, pour cet affront sensible,
Autant qu'il est d'accord de vous avoir aimé;
Et c'est haïr autant qu'il est possible.

JUPITER.

Hélas! que votre amour n'avoit guère de force,
Si de si peu de chose on le peut voir mourir!
Ce qui n'étoit que jeu doit-il faire un divorce?
Et d'une raillerie a-t-on lieu de s'aigrir?

ALCMÈNE.

Ah! c'est cela dont je suis offensée,
Et que ne peut pardonner mon courroux :
Des véritables traits d'un mouvement jaloux
Je me trouverois moins blessée.

La jalousie a des impressions
 Dont bien souvent la force nous entraîne;
Et l'ame la plus sage, en ces occasions,
  Sans doute avec assez de peine
  Répond de ses émotions.
L'emportement d'un cœur qui peut s'être abusé
A de quoi ramener une ame qu'il offense;
 Et dans l'amour qui lui donne naissance,
Il trouve au moins, malgré toute sa violence,
  Des raisons pour être excusé.
De semblables transports contre un ressentiment
Pour défense toujours ont ce qui les fait naître;
  Et l'on donne grâce aisément
  A ce dont on n'est pas le maître.
  Mais que, de gayeté de cœur,
On passe aux mouvements d'une fureur extrême,
Que, sans cause, l'on vienne, avec tant de rigueur,
  Blesser la tendresse et l'honneur
  D'un cœur qui chèrement nous aime;
 Ah! c'est un coup trop cruel en lui-même,
 Et que jamais n'oubliera ma douleur.

JUPITER.

Oui, vous avez raison, Alcmène; il se faut rendre.
Cette action, sans doute, est un crime odieux;
  Je ne prétends plus la défendre :
Mais souffrez que mon cœur s'en défende à vos yeux,
  Et donne au vôtre à qui se prendre
  De ce transport injurieux.
 A vous en faire un aveu véritable,
 L'époux, Alcmène, a commis tout le mal;

C'est l'époux qu'il vous faut regarder en coupable :
L'amant n'a point de part à ce transport brutal,
Et de vous offenser son cœur n'est point capable :
Il a pour vous, ce cœur, pour jamais y penser,
      Trop de respect et de tendresse;
Et, si de faire rien à vous pouvoir blesser
    Il avoit eu la coupable foiblesse,
De cent coups à vos yeux il voudroit le percer.
Mais l'époux est sorti de ce respect soumis
      Où pour vous l'on doit toujours être;
A son dur procédé l'époux s'est fait connoître,
Et par le droit d'hymen il s'est cru tout permis.
Oui, c'est lui qui, sans doute, est criminel vers vous,
Lui seul a maltraité votre aimable personne;
      Haïssez, détestez l'époux,
      J'y consens, et vous l'abandonne :
Mais, Alcmène, sauvez l'amant de ce courroux
      Qu'une telle offense vous donne;
      N'en jetez pas sur lui l'effet,
      Démêlez-le un peu du coupable;
      Et, pour être enfin équitable,
Ne le punissez point de ce qu'il n'a pas fait.

          ALCMÈNE.

      Ah! toutes ces subtilités
        N'ont que des excuses frivoles;
      Et, pour les esprits irrités,
Ce sont des contre-temps que de telles paroles.
Ce détour ridicule est en vain pris par vous.
Je ne distingue rien en celui qui m'offense;
      Tout y devient l'objet de mon courroux;

ACTE II, SCÈNE VI.

Et, dans sa juste violence,
Sont confondus et l'amant et l'époux.
Tous deux de même sorte occupent ma pensée :
Et des mêmes couleurs, par mon ame blessée,
Tous deux ils sont peints à mes yeux :
Tous deux sont criminels, tous deux m'ont offensée,
Et tous deux me sont odieux.

JUPITER.

Hé bien ! puisque vous le voulez,
Il faut donc me charger du crime.
Oui, vous avez raison lorsque vous m'immolez
A vos ressentiments, en coupable victime.
Un trop juste dépit contre moi vous anime;
Et tout ce grand courroux qu'ici vous étalez
Ne me fait endurer qu'un tourment légitime.
C'est avec droit que mon abord vous chasse,
Et que de me fuir en tous lieux
Votre colère me menace.
Je dois vous être un objet odieux;
Vous devez me vouloir un mal prodigieux.
Il n'est aucune horreur que mon forfait ne passe,
D'avoir offensé vos beaux yeux :
C'est un crime à blesser les hommes et les dieux;
Et je mérite enfin, pour punir cette audace,
Que contre moi votre haine ramasse
Tous ses traits les plus furieux.
Mais mon cœur vous demande grâce :
Pour vous la demander je me jette à genoux,
Et la demande au nom de la plus vive flamme,
Du plus tendre amour dont une ame

Puisse jamais brûler pour vous.
Si votre cœur, charmante Alcmène,
Me refuse la grâce où j'ose recourir,
Il faut qu'une atteinte soudaine
M'arrache, en me faisant mourir,
Aux dures rigueurs d'une peine
Que je ne saurois plus souffrir.
Oui, cet état me désespère.
Alcmène, ne présumez pas
Qu'aimant, comme je fais, vos célestes appas,
Je puisse vivre un jour avec votre colère.
Déjà de ces moments la barbare longueur
Fait, sous des atteintes mortelles,
Succomber tout mon triste cœur;
Et de mille vautours les blessures cruelles
N'ont rien de comparable à ma vive douleur.
Alcmène, vous n'avez qu'à me le déclarer :
S'il n'est point de pardon que je doive espérer,
Cette épée aussitôt, par un coup favorable,
Va percer à vos yeux le cœur d'un misérable;
Ce cœur, ce traître cœur, trop digne d'expirer,
Puisqu'il a pu fâcher un objet adorable :
Heureux, en descendant au ténébreux séjour,
Si de votre courroux mon trépas vous ramène,
Et ne laisse en votre ame, après ce triste jour,
Aucune impression de haine
Au souvenir de mon amour.
C'est tout ce que j'attends pour faveur souveraine.

ALCMÈNE.

Ah! trop cruel époux!

ACTE II, SCÈNE VI.

JUPITER.

Dites, parlez, Alcmène.

ALCMÈNE.

Faut-il encor pour vous conserver des bontés,
Et vous voir m'outrager par tant d'indignités?

JUPITER.

Quelque ressentiment qu'un outrage nous cause,
Tient-il contre un remords d'un cœur bien enflammé?

ALCMÈNE.

Un cœur bien plein de flamme à mille morts s'expose
Plutôt que de vouloir fâcher l'objet aimé.

JUPITER.

Plus on aime quelqu'un, moins on trouve de peine...

ALCMÈNE.

Non, ne m'en parlez point; vous méritez ma haine.

JUPITER.

Vous me haïssez donc?

ALCMÈNE.

J'y fais tout mon effort;
Et j'ai dépit de voir que toute votre offense
Ne puisse de mon cœur, jusqu'à cette vengeance,
Faire encore aller le transport.

JUPITER.

Mais pourquoi cette violence,
Puisque, pour vous venger, je vous offre ma mort?
Prononcez-en l'arrêt, et j'obéis sur l'heure.

ALCMÈNE.

Qui ne sauroit haïr, peut-il vouloir qu'on meure?

JUPITER.

Et moi, je ne puis vivre, à moins que vous quittiez

Cette colère qui m'accable,
Et que vous m'accordiez le pardon favorable
Que je vous demande à vos pieds.
(Sosie et Cléanthis se mettent aussi à genoux.)
Résolvez ici l'un des deux,
Ou de punir, ou bien d'absoudre.

ALCMÈNE.

Hélas! ce que je puis résoudre,
Paroît bien plus que je ne veux.
Pour vouloir soutenir le courroux qu'on me donne,
Mon cœur a trop su me trahir :
Dire qu'on ne sauroit haïr,
N'est-ce pas dire qu'on pardonne?

JUPITER.

Ah! belle Alcmène, il faut que, comblé d'allégresse...

ALCMÈNE.

Laissez. Je me veux mal de mon trop de foiblesse.

JUPITER.

Va, Sosie, et dépêche-toi,
Voir, dans les doux transports dont mon ame est charmée,
Ce que tu trouveras d'officiers de l'armée,
Et les invite à dîner avec moi.
(bas, à part.)
Tandis que d'ici je le chasse,
Mercure y remplira sa place.

SCÈNE VII.

CLÉANTHIS, SOSIE.

SOSIE.

Eh bien! tu vois, Cléanthis, ce ménage.
Veux-tu qu'à leur exemple ici
Nous fassions entre nous un peu de paix aussi,
Quelque petit rapatriage?

CLÉANTHIS.

C'est pour ton nez, vraiment! cela se fait ainsi!

SOSIE.

Quoi! tu ne veux pas?

CLÉANTHIS.

Non.

SOSIE.

Il ne m'importe guère.
Tant pis pour toi.

CLÉANTHIS.

Là, là revien.

SOSIE.

Non, morbleu! je n'en ferai rien,
Et je veux être, à mon tour, en colère.

CLÉANTHIS.

Va, va, traître, laisse-moi faire;
On se lasse parfois d'être femme de bien.

FIN DU SECOND ACTE.

ACTE TROISIÈME.

SCÈNE I.

AMPHITRYON.

Oui, sans doute, le sort tout exprès me le cache ;
Et des tours que je fais, à la fin, je suis las.
Il n'est point de destin plus cruel, que je sache.
Je ne saurois trouver, portant partout mes pas,
    Celui qu'à chercher je m'attache,
Et je trouve tous ceux que je ne cherche pas.
Mille fâcheux cruels, qui ne pensent pas l'être,
De nos faits avec moi, sans beaucoup me connoître,
Viennent se réjouir pour me faire enrager.
Dans l'embarras cruel du souci qui me blesse,
De leurs embrassements et de leur allégresse
Sur mon inquiétude ils viennent tous charger.
    En vain à passer je m'apprête
    Pour fuir leurs persécutions,
Leur tuante amitié de tous côtés m'arrête ;
Et, tandis qu'à l'ardeur de leurs expressions
    Je réponds d'un geste de tête,
Je leur donne tout bas cent malédictions.
Ah ! qu'on est peu flatté de louange, d'honneur,
Et de tout ce que donne une grande victoire,
Lorsque dans l'ame on souffre une vive douleur !

Et que l'on donneroit volontiers cette gloire
　　　Pour avoir le repos du cœur !
　　　Ma jalousie, à tout propos,
　　　Me promène sur ma disgrace ;
　　　Et plus mon esprit y repasse,
Moins j'en puis débrouiller le funeste chaos.
Le vol des diamants n'est pas ce qui m'étonne ;
On lève les cachets qu'on ne l'aperçoit pas :
Mais le don qu'on veut qu'hier j'en vins faire en personne
Est ce qui fait ici mon cruel embarras.
La nature parfois produit des ressemblances,
Dont quelques imposteurs ont pris droit d'abuser :
Mais il est hors de sens que, sous ces apparences,
Un homme pour époux se puisse supposer ;
Et dans tous ces rapports sont mille différences
Dont se peut une femme aisément aviser.
　　　Des charmes de la Thessalie
On vante de tout temps les merveilleux effets :
Mais les contes fameux qui partout en sont faits
Dans mon esprit toujours ont passé pour folie ;
Et ce seroit du sort une étrange rigueur
　　　Qu'au sortir d'une ample victoire
　　　Je fusse contraint de les croire
　　　Aux dépens de mon propre honneur.
Je veux la retâter sur ce fâcheux mystère,
Et voir si ce n'est point une vaine chimère
Qui sur ses sens troublés ait su prendre crédit.
　　　Ah ! fasse le ciel équitable
　　　Que ce penser soit véritable,
Et que, pour mon bonheur, elle ait perdu l'esprit !

AMPHITRYON.

SCÈNE II.

MERCURE, AMPHITRYON.

MERCURE, *sur le balcon de la maison d'Amphitryon, sans être vu ni entendu par Amphitryon.*
Comme l'amour ici ne m'offre aucun plaisir,
Je m'en veux faire au moins qui soient d'autre nature;
Et je vais égayer mon sérieux loisir
A mettre Amphitryon hors de toute mesure.
Cela n'est pas d'un dieu bien plein de charité :
Mais aussi n'est-ce pas ce dont je m'inquiète;
    Et je me sens, par ma planète,
    A la malice un peu porté.

AMPHITRYON.
D'où vient donc qu'à cette heure on ferme cette porte?

MERCURE.
Holà! tout doucement. Qui frappe?

AMPHITRYON, *sans voir Mercure.*
                           Moi.

MERCURE.
                           Qui, moi?

AMPHITRYON, *apercevant Mercure, qu'il prend pour Sosie.*
Ah! ouvre.

MERCURE.
    Comment, ouvre! Et qui donc es-tu, toi
Qui fais tant de vacarme et parles de la sorte?

AMPHITRYON.
Quoi! tu ne me connois pas?

MERCURE.

Non,
Et n'en ai pas la moindre envie.

AMPHITRYON, *à part.*

Tout le monde perd-il aujourd'hui la raison?
Est-ce un mal répandu? Sosie! holà, Sosie!

MERCURE.

Eh bien, Sosie! oui, c'est mon nom;
As-tu peur que je ne l'oublie?

AMPHITRYON.

Me vois-tu bien?

MERCURE.

Fort bien. Qui peut pousser ton bras
A faire une rumeur si grande?
Et que demandes-tu là-bas?

AMPHITRYON.

Moi, pendard! ce que je demande?

MERCURE.

Que ne demandes-tu donc pas?
Parle, si tu veux qu'on t'entende.

AMPHITRYON.

Attends, traître : avec un bâton,
Je vais là-haut me faire entendre,
Et de bonne façon t'apprendre
A m'oser parler sur ce ton.

MERCURE.

Tout beau! Si pour heurter tu fais la moindre instance,
Je t'enverrai d'ici des messagers fâcheux.

AMPHITRYON.

O ciel! vit-on jamais une telle insolence?
La peut-on concevoir d'un serviteur, d'un gueux?

MERCURE.

Hé bien! qu'est-ce? M'as-tu tout parcouru par ordre?
M'as-tu de tes gros yeux assez considéré?
Comme il les écarquille, et paroît effaré!
    Si des regards on pouvoit mordre,
    Il m'auroit déjà déchiré.

AMPHITRYON.

Moi-même je frémis de ce que tu t'apprêtes
    Avec ces impudents propos.
Que tu grossis pour toi d'effroyables tempêtes!
Quels orages de coups vont fondre sur ton dos!

MERCURE.

L'ami si de ces lieux tu ne veux disparoître,
Tu pourras y gagner quelque contusion.

AMPHITRYON.

Ah! tu sauras, maraud, à ta confusion,
Ce que c'est qu'un valet qui s'attaque à son maître.

MERCURE.

Toi, mon maître?

AMPHITRYON.

        Oui, coquin. M'oses-tu méconnoître?

MERCURE.

Je n'en reconnois point d'autre qu'Amphitryon.

AMPHITRYON.

Et cet Amphitryon, qui, hors moi, le peut être?

MERCURE.

Amphitryon?

ACTE III, SCÈNE II.

AMPHITRYON.

Sans doute.

MERCURE.

Ah! quelle vision!
Dis-nous un peu, quel est le cabaret honnête
Où tu t'es coiffé le cerveau?

AMPHITRYON.

Comment! encore?

MERCURE.

Etoit-ce un vin à faire fête?

AMPHITRYON.

Ciel!

MERCURE.

Etoit-il vieux, ou nouveau?

AMPHITRYON.

Que de coups!

MERCURE.

Le nouveau donne fort dans la tête,
Quand on le veut boire sans eau.

AMPHITRYON.

Ah! je t'arracherai cette langue, sans doute.

MERCURE.

Passe, mon cher ami, crois-moi,
Que quelqu'un ici ne t'écoute.
Je respecte le vin. Va-t'en, retire-toi,
Et laisse Amphitryon dans les plaisirs qu'il goûte.

AMPHITRYON.

Comment! Amphitryon est là-dedans?

MERCURE.

Fort bien;

Qui, couvert des lauriers d'une victoire pleine,
    Est auprès de la belle Alcmène
A jouir des douceurs d'un aimable entretien.
Après le démêlé d'un amoureux caprice,
Ils goûtent le plaisir de s'être rajustés.
Garde-toi de troubler leurs douces privautés,
    Si tu ne veux qu'il ne punisse
    L'excès de tes témérités.

SCÈNE III.

AMPHITRYON.

Ah! quel étrange coup m'a-t-il porté dans l'ame!
En quel trouble cruel jette-t-il mon esprit!
Et si les choses sont comme le traître dit,
Où vois-je ici réduits mon honneur et ma flamme!
A quel parti me doit résoudre ma raison?
    Ai-je l'éclat ou le secret à prendre?
Et dois-je, en mon courroux, renfermer ou répandre
    Le déshonneur de ma maison?
Ah! faut-il consulter dans un affront si rude?
Je n'ai rien à prétendre, et rien à ménager;
    Et toute mon inquiétude
    Ne doit aller qu'à me venger.

SCÈNE IV.

AMPHITRYON, SOSIE; NAUCRATÈS et POLIDAS
dans le fond du théâtre.

SOSIE, *à Amphitryon.*

Monsieur, avec mes soins, tout ce que j'ai pu faire,
C'est de vous amener ces messieurs que voici.

AMPHITRYON.

Ah! vous voilà!

SOSIE.

Monsieur.

AMPHITRYON.

Insolent! téméraire!

SOSIE.

Quoi?

AMPHITRYON.

Je vous apprendrai de me traiter ainsi.

SOSIE.

Qu'est-ce donc? qu'avez-vous?

AMPHITRYON, *mettant l'épée à la main.*

Ce que j'ai, misérable!

SOSIE, *à Naucratès et à Polidas.*

Holà, messieurs, venez donc tôt.

NAUCRATÈS, *à Amphitryon.*

Ah! de grâce, arrêtez.

SOSIE.

De quoi suis-je coupable?

AMPHITRYON.

Tu me le demandes, maraud!

(*à Naucratès.*)

Laissez-moi satisfaire un courroux légitime.

SOSIE.

Lorsque l'on pend quelqu'un, on lui dit pourquoi c'est.

NAUCRATÈS, *à Amphitryon.*

Daignez nous dire au moins quel peut être son crime.

SOSIE.

Messieurs, tenez bon, s'il vous plaît.

AMPHITRYON.

Comment! il vient d'avoir l'audace
De me fermer la porte au nez,
Et de joindre encor la menace
A mille propos effrénés!
(*voulant le frapper.*)
Ah! coquin!

SOSIE, *tombant à genoux.*

Je suis mort.

NAUCRATÈS, *à Amphitryon.*

Calmez cette colère.

SOSIE.

Messieurs.

POLIDAS, *à Sosie.*

Qu'est-ce?

SOSIE.

M'a-t-il frappé?

AMPHITRYON.

Non, il faut qu'il ait le salaire
Des mots où tout-à-l'heure il s'est émancipé.

SOSIE.

Comment cela se peut-il faire,

ACTE III, SCÈNE IV.

Si j'étois par votre ordre autre part occupé?
Ces messieurs sont ici pour rendre témoignage
Qu'à dîner avec vous je les viens d'inviter.

NAUCRATÈS.

Il est vrai qu'il nous vient de faire ce message,
　　Et n'a point voulu nous quitter.

AMPHITRYON.

Qui t'a donné cet ordre?

SOSIE.

　　　　　　Vous.

AMPHITRYON.

Et quand?

SOSIE.

　　　　Après votre paix faite,
Au milieu des transports d'une ame satisfaite
　D'avoir d'Alcmène apaisé le courroux.
(*Sosie se relève.*)

AMPHITRYON.

O ciel! chaque instant, chaque pas
Ajoute quelque chose à mon cruel martyre;
　　Et, dans ce fatal embarras,
　Je ne sais plus que croire ni que dire.

NAUCRATÈS.

Tout ce que de chez vous il vient de nous conter
　　　Surpasse si fort la nature,
Qu'avant que de rien faire et de vous emporter
Vous devez éclaircir toute cette aventure.

AMPHITRYON.

Allons; vous y pourrez seconder mon effort;
Et le ciel à propos ici vous a fait rendre.

Voyons quelle fortune en ce jour peut m'attendre;
Débrouillons ce mystère, et sachons notre sort.
 Hélas! je brûle de l'apprendre,
 Et je le crains plus que la mort.

(*Amphitryon frappe à la porte de sa maison.*)

SCÈNE V.

JUPITER, AMPHITRYON, NAUCRATÈS, POLIDAS, SOSIE.

JUPITER.

Quel bruit à descendre m'oblige?
Et qui frappe en maître où je suis?

AMPHITRYON.

Que vois-je? justes dieux!

NAUCRATÈS.

     Ciel! quel est ce prodige?
Quoi! deux Amphitryons ici nous sont produits!

AMPHITRYON, *à part.*

 Mon ame demeure transie!
Hélas! je n'en suis plus, l'aventure est à bout;
 Ma destinée est éclaircie,
 Et ce que je vois me dit tout.

NAUCRATÈS.

Plus mes regards sur eux s'attachent fortement,
Plus je trouve qu'en tout l'un à l'autre est semblable.

SOSIE, *passant du côté de Jupiter.*

Messieurs, voici le véritable;
L'autre est un imposteur digne de châtiment.

ACTE III, SCÈNE V.

POLIDAS.

Certes, ce rapport admirable
Suspend ici mon jugement.

AMPHITRYON.

C'est trop être éludé par un fourbe exécrable;
Il faut avec ce fer rompre l'enchantement.

NAUCRATÈS, *à Amphitryon qui a mis l'épée
à la main.*

Arrêtez.

AMPHITRYON.

Laissez-moi.

NAUCRATÈS.

Dieux! que voulez-vous faire?

AMPHITRYON.

Punir d'un imposteur les lâches trahisons.

JUPITER.

Tout beau! l'emportement est fort peu nécessaire;
Et lorsque de la sorte on se met en colère,
On fait croire qu'on a de mauvaises raisons.

SOSIE.

Oui, c'est un enchanteur qui porte un caractère
Pour ressembler aux maîtres des maisons.

AMPHITRYON, *à Sosie.*

Je te ferai, pour ton partage,
Sentir par mille coups ces propos outrageants.

SOSIE.

Mon maître est homme de courage,
Et ne souffrira point que l'on batte ses gens.

AMPHITRYON.

Laissez-moi m'assouvir dans mon courroux extrême,
Et laver mon affront au sang d'un scélérat.

NAUCRATÈS, *arrêtant Amphitryon.*

Nous ne souffrirons point cet étrange combat
　　D'Amphitryon contre lui-même.

AMPHITRYON.

Quoi! mon honneur de vous reçoit ce traitement!
Et mes amis d'un fourbe embrassent la défense!
Loin d'être les premiers à prendre ma vengeance,
Eux-mêmes font obstacle à mon ressentiment!

NAUCRATÈS.

　　Que voulez-vous qu'à cette vue
　　Fassent nos résolutions,
　　Lorsque par deux Amphitryons
Toute notre chaleur demeure suspendue?
A vous faire éclater notre zèle aujourd'hui,
Nous craignons de faillir et de vous méconnoître.
Nous voyons bien en vous Amphitryon paroître,
Du salut des Thébains le glorieux appui;
Mais nous le voyons tous aussi paroître en lui,
Et ne saurions juger dans lequel il peut être.
　　Notre parti n'est point douteux;
Et l'imposteur par nous doit mordre la poussière :
Mais ce parfait rapport le cache entre vous deux;
　　Et c'est un coup trop hasardeux
　　Pour l'entreprendre sans lumière.
　　Avec douceur laissez-nous voir
　　De quel côté peut être l'imposture;

Et, dès que nous aurons démêlé l'aventure,
Il ne nous faudra point dire notre devoir.

JUPITER.

Oui, vous avez raison ; et cette ressemblance
A douter de tous deux vous peut autoriser.
Je ne m'offense point de vous voir en balance ;
Je suis plus raisonnable, et sais vous excuser.
L'œil ne peut entre nous faire de différence,
Et je vois qu'aisément on s'y peut abuser.
Vous ne me voyez point témoigner de colère,
    Point mettre l'épée à la main ;
C'est un mauvais moyen d'éclaircir ce mystère,
Et j'en puis trouver un plus doux et plus certain.
    L'un de nous est Amphitryon ;
Et tous deux à vos yeux nous le pouvons paroître.
C'est à moi de finir cette confusion ;
Et je prétends me faire à tous si bien connoître,
Qu'aux pressantes clartés de ce que je puis être,
Lui-même soit d'accord du sang qui m'a fait naître,
Et n'ait plus de rien dire aucune occasion.
C'est aux yeux des Thébains que je veux avec vous
De la vérité pure ouvrir la connoissance ;
Et la chose sans doute est assez d'importance
    Pour affecter la circonstance
    De l'éclaircir aux yeux de tous.
Alcmène attend de moi ce public témoignage ;
Sa vertu, que l'éclat de ce désordre outrage,
Veut qu'on la justifie, et j'en vais prendre soin.
C'est à quoi mon amour envers elle m'engage ;
Et des plus nobles chefs je fais un assemblage

Pour l'éclaircissement dont sa gloire a besoin.
Attendant avec vous ces témoins souhaités,
  Ayez, je vous prie, agréable
  De venir honorer la table
  Où vous a Sosie invités.

    SOSIE.

Je ne me trompois pas, messieurs; ce mot termine
  Toute l'irrésolution;
  Le véritable Amphitryon
  Est l'Amphitryon où l'on dîne.

    AMPHITRYON.

O ciel! puis-je plus bas me voir humilié?
Quoi! faut-il que j'entende ici pour mon martyre
Tout ce que l'imposteur, à mes yeux, vient de dire,
Et que, dans la fureur que ce discours m'inspire,
  On me tienne le bras lié!

    NAUCRATÈS, *à Amphitryon.*

Vous vous plaignez à tort. Permettez-nous d'attendre
  L'éclaircissement qui doit rendre
  Les ressentiments de saison.
  Je ne sais pas s'il impose;
  Mais il parle sur la chose
  Comme s'il avoit raison.

    AMPHITRYON.

Allez, foibles amis, et flattez l'imposture :
Thèbes en a pour moi de tout autres que vous;
Et je vais en trouver qui, partageant l'injure,
Sauront prêter la main à mon juste courroux.

    JUPITER.

Hé bien! je les attends, et saurai décider

ACTE III, SCÈNE V.

Le différend en leur présence.
AMPHITRYON.
Fourbe, tu crois par-là peut-être t'évader ;
Mais rien ne te sauroit sauver de ma vengeance.
JUPITER.
A ces injurieux propos
Je ne daigne à présent répondre,
Et tantôt je saurai confondre
Cette fureur avec deux mots.
AMPHITRYON.
Le ciel même, le ciel ne t'y sauroit soustraire ;
Et jusques aux enfers j'irai suivre tes pas.
JUPITER.
Il ne sera pas nécessaire ;
Et l'on verra tantôt que je ne fuirai pas.
AMPHITRYON, *à part.*
Allons, courons, avant que d'avec eux il sorte,
Assembler des amis qui suivent mon courroux ;
Et chez moi venons à main forte
Pour le percer de mille coups.

SCÈNE VI.

JUPITER, NAUCRATÈS, POLIDAS, SOSIE.

JUPITER.
Point de façon, je vous conjure,
Entrons vite dans la maison.
NAUCRATÈS.
Certes, toute cette aventure
Confond le sens et la raison.

SOSIE.

Faites trêve, messieurs, à toutes vos surprises;
Et, pleins de joie, allez tabler jusqu'à demain.
(seul.)
Que je vais m'en donner, et me mettre en beau train
    De raconter nos vaillantises!
    Je brûle d'en venir aux prises;
    Et jamais je n'eus tant de faim.

SCÈNE VII.

MERCURE, SOSIE.

MERCURE.

Arrête. Quoi! tu viens ici mettre ton nez,
    Impudent fleureur* de cuisine!

SOSIE.

Ah! de grâce, tout doux!

MERCURE.

                Ah! vous y retournez?
Je vous ajusterai l'échine.

SOSIE.

Hélas! brave et généreux moi,
    Modère-toi, je t'en supplie,
    Sosie, épargne un peu Sosie,
Et ne te plais pas tant à frapper dessus toi.

MERCURE.

Qui de t'appeler de ce nom
    A pu te donner la licence?

---

* Pour *flaireur*.

ACTE III, SCÈNE VII.

Ne t'en ai-je pas fait une expresse défense,
Sous peine d'essuyer mille coups de bâton ?

SOSIE.

C'est un nom que tous deux nous pouvons à-la-fois
    Posséder sous un même maître.
Pour Sosie en tous lieux on sait me reconnoître :
      Je souffre bien que tu le sois ;
      Souffre aussi que je le puisse être.
      Laissons aux deux Amphitryons
      Faire éclater des jalousies ;
      Et, parmi leurs contentions,
Faisons en bonne paix vivre les deux Sosies.

MERCURE.

Non, c'est assez d'un seul ; et je suis obstiné
    A ne point souffrir de partage.

SOSIE.

Du pas devant sur moi tu prendras l'avantage ;
Je serai le cadet, et tu seras l'aîné.

MERCURE.

Non, un frère incommode, et n'est pas de mon goût,
    Et je veux être fils unique.

SOSIE.

O cœur barbare et tyrannique !
Souffre qu'au moins je sois ton ombre.

MERCURE.

                    Point du tout.

SOSIE.

Que d'un peu de pitié ton ame s'humanise !
En cette qualité souffre-moi près de toi :

Je te serai partout une ombre si soumise,
Que tu seras content de moi.

MERCURE.

Point de quartier; immuable est la loi.
Si d'entrer là-dedans tu prends encor l'audace,
Mille coups en seront le fruit.

SOSIE.

Las! à quelle étrange disgrace,
Pauvre Sosie, es-tu réduit!

MERCURE.

Quoi! ta bouche se licencie
A te donner encore un nom que je défends!

SOSIE.

Non, ce n'est pas moi que j'entends,
Et je parle d'un vieux Sosie
Qui fut jadis de mes parents,
Qu'avec très-grande barbarie,
A l'heure du dîner, l'on chassa de céans.

MERCURE.

Prends garde de tomber dans cette frénésie,
Si tu veux demeurer au nombre des vivants.

SOSIE, *à part.*

Que je te rosserois, si j'avois du courage,
Double fils de putain, de trop d'orgueil enflé!

MERCURE.

Que dis-tu?

SOSIE.

Rien.

MERCURE.

Tu tiens, je crois, quelque langage.

SOSIE.

Demandez, je n'ai pas soufflé.

MERCURE.

Certain mot de fils de putain
A pourtant frappé mon oreille,
Il n'est rien de plus certain.

SOSIE.

C'est donc un perroquet que le beau temps réveille.

MERCURE.

Adieu. Lorsque le dos pourra te démanger,
Voilà l'endroit où je demeure.

SOSIE, *seul.*

O ciel! que l'heure de manger,
Pour être mis dehors, est une maudite heure!
Allons, cédons au sort dans notre affliction,
Suivons-en aujourd'hui l'aveugle fantaisie;
Et, par une juste union,
Joignons le malheureux Sosie
Au malheureux Amphitryon.
Je l'aperçois venir en bonne compagnie.

SCÈNE VIII.

AMPHITRYON, ARGATIPHONTIDAS, PAUSICLÈS;
SOSIE, *dans un coin du théâtre, sans être aperçu.*

AMPHITRYON, *à plusieurs autres officiers qui l'accompagnent.*

Arrêtez là, messieurs; suivez-nous d'un peu loin,
Et n'avancez tous, je vous prie,
Que quand il en sera besoin.

PAUSICLÈS.
Je comprends que ce coup doit fort toucher votre ame.
AMPHITRYON.
Ah! de tous les côtés mortelle est ma douleur;
Et je souffre pour ma flamme
Autant que pour mon honneur.
PAUSICLÈS.
Si cette ressemblance est telle que l'on dit,
Alcmène, sans être coupable...
AMPHITRYON.
Ah! sur le fait dont il s'agit,
L'erreur simple devient un crime véritable,
Et sans consentement l'innocence y périt.
De semblables erreurs, quelque jour qu'on leur donne,
Touchent des endroits délicats;
Et la raison bien souvent les pardonne,
Que l'honneur et l'amour ne les pardonnent pas.
ARGATIPHONTIDAS.
Je n'embarrasse point là-dedans ma pensée :
Mais je hais vos messieurs de leurs honteux délais;
Et c'est un procédé dont j'ai l'ame blessée,
Et que les gens de cœur n'approuveront jamais.
Quand quelqu'un nous emploie, on doit, tête baissée,
Se jeter dans ses intérêts.
Argatiphontidas ne va point aux accords.
Ecouter d'un ami raisonner l'adversaire,
Pour des hommes d'honneur n'est point un coup à faire;
Il ne faut écouter que la vengeance alors.
Le procès ne me sauroit plaire :
Et l'on doit commencer toujours, dans ses transports,

Par bailler, sans autre mystère,
De l'épée au travers du corps.
Oui, vous verrez, quoi qu'il avienne,
Qu'Argatiphontidas marche droit sur ce point;
Et de vous il faut que j'obtienne
Que le pendard ne meure point
D'une autre main que de la mienne.

AMPHITRYON.

Allons.

SOSIE, *à Amphitryon*.

Je viens, monsieur, subir à deux genoux,
Le juste châtiment d'une audace maudite.
Frappez, battez, chargez, accablez-moi de coups,
Tuez-moi dans votre courroux,
Vous ferez bien, je le mérite;
Et je n'en dirai pas un seul mot contre vous.

AMPHITRYON.

Lève-toi. Que fait-on?

SOSIE.

L'on m'a chassé tout net;
Et, croyant à manger m'aller comme eux ébattre,
Je ne songeois pas qu'en effet
Je m'attendois là pour me battre.
Oui, l'autre moi, valet de l'autre vous, a fait
Tout de nouveau le diable à quatre.
La rigueur d'un pareil destin,
Monsieur, aujourd'hui nous talonne;
Et l'on me des-Sosie enfin
Comme on vous des-Amphitryonne.

AMPHITRYON.

Suis-moi.

SOSIE.

N'est-il pas mieux de voir s'il vient personne?

SCÈNE IX.

CLÉANTHIS, AMPHITRYON, ARGATIPHONTIDAS, POLIDAS,
NAUCRATÈS, PAUSICLÈS, SOSIE.

CLÉANTHIS.

O ciel!

AMPHITRYON.

Qui t'épouvante ainsi?
Quelle est la peur que je t'inspire?

CLÉANTHIS.

Las! vous êtes là-haut, et je vous vois ici!

NAUCRATÈS, *à Amphitryon.*

Ne vous pressez point; le voici
Pour donner devant tous les clartés qu'on desire,
Et qui, si l'on peut croire à ce qu'il vient de dire,
Sauront vous affranchir de trouble et de souci.

SCÈNE X.

MERCURE, AMPHITRYON, ARGATIPHONTIDAS, POLIDAS,
NAUCRATÈS, PAUSICLÈS, CLÉANTHIS, SOSIE.

MERCURE.

Oui, vous l'allez voir tous; et sachez par avance
Que c'est le grand maître des dieux,
Que, sous les traits chéris de cette ressemblance,

ACTE III, SCÈNE X.

Alcmène a fait du ciel descendre dans ces lieux.
Et quant à moi, je suis Mercure,
Qui, ne sachant que faire, ai rossé tant soit peu
Celui dont j'ai pris la figure :
Mais de s'en consoler il a maintenant lieu ;
Et les coups de bâton d'un dieu
Font honneur à qui les endure.

SOSIE.

Ma foi, monsieur le dieu, je suis votre valet :
Je me serois passé de votre courtoisie.

MERCURE.

Je lui donne à présent congé d'être Sosie ;
Je suis las de porter un visage si laid ;
Et je m'en vais au ciel avec de l'ambrosie
M'en débarbouiller tout-à-fait.

(*Mercure s'envole au ciel.*)

SOSIE.

Le ciel de m'approcher t'ôte à jamais l'envie !
Ta fureur s'est par trop acharnée après moi ;
Et je ne vis de ma vie
Un dieu plus diable que toi.

SCÈNE XI.

JUPITER, AMPHITRYON, NAUCRATÈS, ARGATIPHONTIDAS,
POLIDAS, PAUSICLÈS, CLÉANTHIS, SOSIE.

JUPITER, *annoncé par le bruit du tonnerre, armé
de son foudre, dans un nuage, sur son aigle.*
Regarde, Amphitryon, quel est ton imposteur ;
Et sous tes propres traits vois Jupiter paroître.

A ces marques tu peux aisément le connoître ;
Et c'est assez, je crois, pour remettre ton cœur
    Dans l'état auquel il doit être,
Et rétablir chez toi la paix et la douceur.
Mon nom, qu'incessamment toute la terre adore,
Etouffe ici les bruits qui pouvoient éclater.
    Un partage avec Jupiter
    N'a rien du tout qui déshonore ;
Et, sans doute, il ne peut être que glorieux
De se voir le rival du souverain des dieux.
Je n'y vois pour ta flamme aucun lieu de murmure ;
    Et c'est moi dans cette aventure
Qui, tout dieu que je suis, dois être le jaloux :
Alcmène est toute à toi, quelque soin qu'on emploie ;
Et ce doit à tes feux être un objet bien doux
De voir que, pour lui plaire, il n'est point d'autre voie
    Que de paroître son époux ;
Que Jupiter, orné de sa gloire immortelle,
Par lui-même n'a pu triompher de sa foi ;
    Et que ce qu'il a reçu d'elle
N'a, par son cœur ardent, été donné qu'à toi.

SOSIE.

Le seigneur Jupiter sait dorer la pilule.

JUPITER.

Sors donc des noirs chagrins que ton cœur a soufferts,
Et rends le calme entier à l'ardeur qui te brûle ;
Chez toi doit naître un fils qui, sous le nom d'Hercule,
Remplira de ses faits tout le vaste univers.
L'éclat d'une fortune en mille biens féconde
Fera connoître à tous que je suis ton support ;

ACTE III, SCÈNE XI.

Et je mettrai tout le monde
Au point d'envier ton sort.
Tu peux hardiment te flatter
De ces espérances données :
C'est un crime que d'en douter ;
Les paroles de Jupiter
Sont des arrêts des destinées.

(*Il se perd dans les nues.*)

NAUCRATÈS.

Certes, je suis ravi de ces marques brillantes...

SOSIE.

Messieurs, voulez-vous bien suivre mon sentiment ?
Ne vous embarquez nullement
Dans ces douceurs congratulantes :
C'est un mauvais embarquement ;
Et d'une et d'autre part, pour un tel compliment,
Les phrases sont embarrassantes.
Le grand dieu Jupiter nous fait beaucoup d'honneur,
Et sa bonté, sans doute, est pour nous sans seconde ;
Il nous promet l'infaillible bonheur
D'une fortune en mille biens féconde,
Et chez nous il doit naître un fils d'un très-grand cœur :
Tout cela va le mieux du monde.
Mais enfin coupons aux discours,
Et que chacun chez soi doucement se retire :
Sur telles affaires toujours
Le meilleur est de ne rien dire.

FIN D'AMPHITRYON.

L'AVARE,

COMÉDIE EN CINQ ACTES,

REPRÉSENTÉE LE 9 SEPTEMBRE 1668.

PERSONNAGES.

HARPAGON, père de Cléante et d'Élise, et amoureux de Mariane.
ANSELME, père de Valère et de Mariane.
CLÉANTE, fils d'Harpagon, amant de Mariane.
ÉLISE, fille d'Harpagon, amante de Valère.
VALÈRE, fils d'Anselme, et amant d'Élise.
MARIANE, amante de Cléante, et aimée d'Harpagon.
FROSINE, femme d'intrigue.
Maître SIMON, courtier.
Maître JACQUES, cuisinier et cocher d'Harpagon.
LA FLÈCHE, valet de Cléante.
Dame CLAUDE, servante d'Harpagon.
BRINDAVOINE,
LA MERLUCHE, } laquais d'Harpagon.
Un Commissaire, et son Clerc.

La scène est à Paris, dans la maison d'Harpagon.

L'AVARE,

COMÉDIE.

ACTE PREMIER.

SCÈNE I.

VALÈRE, ÉLISE.

VALÈRE.

Hé quoi! charmante Elise, vous devenez mélancolique, après les obligeantes assurances que vous avez eu la bonté de me donner de votre foi! je vous vois soupirer, hélas! au milieu de ma joie! Est-ce du regret, dites-moi, de m'avoir fait heureux? et vous repentez-vous de cet engagement où mes feux ont pu vous contraindre?

ÉLISE.

Non, Valère, je ne puis pas me repentir de tout ce que je fais pour vous ; je m'y sens entraîner par une trop douce puissance : et je n'ai pas même la force de souhaiter que les choses ne fussent pas. Mais, à vous dire vrai, le succès me donne de l'inquiétude ; et je crains fort de vous aimer un peu plus que je ne devrois.

VALÈRE.

Hé! que pouvez-vous craindre, Elise, dans les bontés que vous avez pour moi?

ÉLISE.

Hélas! cent choses à-la-fois : l'emportement d'un père, les reproches d'une famille, les censures du monde, mais, plus que tout, Valère, le changement de votre cœur, et cette froideur criminelle dont ceux de votre sexe paient le plus souvent les témoignages trop ardents d'un innocent amour.

VALÈRE.

Ah! ne me faites pas ce tort de juger de moi par les autres : soupçonnez-moi de tout, Elise, plutôt que de manquer à ce que je vous dois. Je vous aime trop pour cela ; et mon amour pour vous durera autant que ma vie.

ÉLISE.

Ah ! Valère, chacun tient les mêmes discours. Tous les hommes sont semblables par les paroles; et ce n'est que les actions qui les découvrent différents.

VALÈRE.

Puisque les seules actions font connoître ce que nous sommes, attendez donc, au moins, à juger de mon cœur par elles; et ne me cherchez point des crimes dans les injustes craintes d'une fâcheuse prévoyance. Ne m'assassinez point, je vous prie, par les sensibles coups d'un soupçon outrageux; et donnez-moi le temps de vous convaincre, par mille et mille preuves, de l'honnêteté de mes feux.

ACTE I, SCÈNE I.

ÉLISE.

Hélas! qu'avec facilité on se laisse persuader par les personnes que l'on aime! Oui, Valère, je tiens votre cœur incapable de m'abuser. Je crois que vous m'aimez d'un véritable amour, et que vous me serez fidèle; je n'en veux point du tout douter, et je retranche mon chagrin aux appréhensions du blâme qu'on pourra me donner.

VALÈRE.

Mais pourquoi cette inquiétude?

ÉLISE.

Je n'aurois rien à craindre si tout le monde vous voyoit des yeux dont je vous vois; et je trouve en votre personne de quoi avoir raison aux choses que je fais pour vous. Mon cœur, pour sa défense, a tout votre mérite, appuyé du secours d'une reconnoissance où le ciel m'engage envers vous. Je me représente, à toute heure, ce péril étonnant qui commença de nous offrir aux regards l'un de l'autre, cette générosité surprenante qui vous fit risquer votre vie pour dérober la mienne à la fureur des ondes, ces soins pleins de tendresse que vous me fîtes éclater après m'avoir tirée de l'eau, et les hommages assidus de cet ardent amour que ni le temps ni les difficultés n'ont rebuté, et qui, vous faisant négliger et parents et patrie, arrête vos pas en ces lieux, y tient en ma faveur votre fortune déguisée, et vous a réduit, pour me voir, à vous revêtir de l'emploi de domestique de mon père. Tout cela fait chez moi, sans doute, un merveilleux effet; et c'en est assez, à mes yeux, pour me justifier l'engagement où j'ai pu consentir : mais ce n'est pas assez, peut-être, pour le justifier aux autres, et je ne suis pas sûre qu'on entre dans mes sentiments.

VALÈRE.

De tout ce que vous avez dit, ce n'est que par mon seul amour que je prétends, auprès de vous, mériter quelque chose : et, quant aux scrupules que vous avez, votre père lui-même ne prend que trop de soin de vous justifier à tout le monde ; et l'excès de son avarice, et la manière austère dont il vit avec ses enfants, pourroient autoriser des choses plus étranges. Pardonnez-moi, charmante Elise, si j'en parle ainsi devant vous. Vous savez que, sur ce chapitre, on n'en peut pas dire de bien. Mais enfin, si je puis, comme je l'espère, retrouver mes parents, nous n'aurons pas beaucoup de peine à nous le rendre favorable. J'en attends des nouvelles avec impatience ; et j'en irai chercher moi-même, si elles tardent à venir.

ÉLISE.

Ah! Valère, ne bougez d'ici, je vous prie, et songez seulement à vous bien mettre dans l'esprit de mon père.

VALÈRE.

Vous voyez comme je m'y prends, et les adroites complaisances qu'il m'a fallu mettre en usage pour m'introduire à son service ; sous quel masque de sympathie et de rapports de sentiments je me déguise pour lui plaire, et quel personnage je joue tous les jours avec lui afin d'acquérir sa tendresse. J'y fais des progrès admirables ; et j'éprouve que, pour gagner les hommes, il n'est point de meilleure voie que de se parer à leurs yeux de leurs inclinations, que de donner dans leurs maximes, encenser leurs défauts, et applaudir à ce qu'ils font. On n'a que faire d'avoir peur de trop charger la complaisance ; et la manière dont on les joue a beau être visible, les plus fins sont toujours de grandes dupes du côté de la flatterie ; et il n'y a rien de si impertinent et de si ridicule qu'on ne fasse avaler, lorsqu'on l'assaisonne en louanges. La sincérité souffre un peu au métier que je fais : mais quand on a besoin des hommes, il faut bien s'ajuster à eux ; et puisqu'on ne sauroit les gagner que par-là, ce n'est pas la faute de ceux qui flattent, mais de ceux qui veulent être flattés.

ÉLISE.

Mais que ne tâchez-vous aussi à gagner l'appui de mon frère, en cas que la servante s'avisât de révéler notre secret ?

VALÈRE.

On ne peut pas ménager l'un et l'autre ; et l'esprit du père et celui du fils sont des choses si opposées, qu'il est difficile d'accommoder ces deux confidences ensemble. Mais vous, de votre part, agissez auprès de votre frère ; et servez-vous de l'amitié qui est entre vous deux, pour le jeter dans nos intérêts. Il vient. Je me retire. Prenez ce temps pour lui parler, et ne lui découvrez de notre affaire que ce que vous jugerez à propos.

ÉLISE.

Je ne sais si j'aurai la force de lui faire cette confidence.

SCÈNE II.

CLÉANTE, ÉLISE.

CLÉANTE.

Je suis bien aise de vous trouver seule, ma sœur; et je brûlois de vous parler, pour m'ouvrir à vous d'un secret.

ÉLISE.

Me voilà prête à vous ouïr, mon frère. Qu'avez-vous à me dire?

CLÉANTE.

Bien des choses, ma sœur, enveloppées dans un mot. J'aime.

ÉLISE.

Vous aimez?

CLÉANTE.

Oui, j'aime. Mais, avant que d'aller plus loin, je sais que je dépends d'un père, et que le nom de fils me soumet à ses volontés; que nous ne devons point engager notre foi sans le consentement de ceux dont nous tenons le jour; que le ciel les a faits les maîtres de nos vœux, et qu'il nous est enjoint de n'en disposer que par leur conduite; que, n'étant prévenus d'aucune folle ardeur, ils sont en état de se tromper bien moins que nous, et de voir beaucoup mieux ce

ACTE I, SCÈNE II.

qui nous est propre; qu'il en faut plutôt croire les lumières de leur prudence que l'aveuglement de notre passion; et que l'emportement de la jeunesse nous entraîne le plus souvent dans des précipices fâcheux. Je vous dis tout cela, ma sœur, afin que vous ne vous donniez pas la peine de me le dire; car enfin mon amour ne veut rien écouter, et je vous prie de ne me point faire de remontrances.

ÉLISE.

Vous êtes-vous engagé, mon frère, avec celle que vous aimez?

CLÉANTE.

Non; mais j'y suis résolu : et je vous conjure, encore une fois, de ne me point apporter de raisons pour m'en dissuader.

ÉLISE.

Suis-je, mon frère, une si étrange personne?

CLÉANTE.

Non, ma sœur; mais vous n'aimez pas. Vous ignorez la douce violence qu'un tendre amour fait sur nos cœurs, et j'appréhende votre sagesse.

ÉLISE.

Hélas! mon frère, ne parlons point de ma sagesse. Il n'est personne qui n'en manque, du moins une fois en sa vie; et, si je vous ouvre mon cœur, peut-être serai-je à vos yeux bien moins sage que vous.

CLÉANTE.

Ah! plût au ciel que votre ame, comme la mienne...!

ÉLISE.

Finissons auparavant votre affaire, et me dites qui est celle que vous aimez.

CLÉANTE.

Une jeune personne qui loge depuis peu en ces quartiers, et qui semble être faite pour donner de l'amour à tous ceux qui la voient. La nature, ma sœur, n'a rien formé de plus aimable; et je me sentis transporté dès le moment que je la vis. Elle se nomme Mariane, et vit sous la conduite d'une bonne femme de mère qui est presque toujours malade, et pour qui cette aimable fille a des sentiments d'amitié qui ne sont pas imaginables. Elle la sert, la plaint, et la console, avec une tendresse qui vous toucheroit l'ame. Elle se prend d'un air le plus charmant du monde aux choses qu'elle fait; et l'on voit briller mille grâces en toutes ses actions, une douceur pleine d'attraits, une bonté toute engageante, une honnêteté adorable, une... Ah! ma sœur, je voudrois que vous l'eussiez vue!

ÉLISE.

J'en vois beaucoup, mon frère, dans les choses que vous me dites; et, pour comprendre ce qu'elle est, il me suffit que vous l'aimez.

CLÉANTE.

J'ai découvert, sous main, qu'elles ne sont pas fort accommodées, et que leur discrète conduite a de la peine à étendre à tous leurs besoins le bien qu'elles peuvent avoir. Figurez-vous, ma sœur, quelle joie ce peut être que de relever la fortune d'une personne

ACTE I, SCÈNE II.

que l'on aime, que de donner adroitement quelques petits secours aux modestes nécessités d'une vertueuse famille ; et concevez quel déplaisir ce m'est de voir que, par l'avarice d'un père, je sois dans l'impuissance de goûter cette joie, et de faire éclater à cette belle aucun témoignage de mon amour.

ÉLISE.

Oui, je conçois assez, mon frère, quel doit être votre chagrin.

CLÉANTE.

Ah ! ma sœur, il est plus grand qu'on ne peut croire : car enfin peut-on rien voir de plus cruel que cette rigoureuse épargne qu'on exerce sur nous, que cette sécheresse étrange où l'on nous fait languir? Hé! que nous servira d'avoir du bien, s'il ne nous vient que dans le temps que nous ne serons plus dans le bel âge d'en jouir; et si, pour m'entretenir même, il faut que maintenant je m'engage de tous côtés; si je suis réduit avec vous à chercher tous les jours le secours des marchands pour avoir moyen de porter des habits raisonnables ? Enfin, j'ai voulu vous parler pour m'aider à sonder mon père sur les sentiments où je suis ; et, si je l'y trouve contraire, j'ai résolu d'aller en d'autres lieux, avec cette aimable personne, jouir de la fortune que le ciel voudra nous offrir. Je fais chercher partout, pour ce dessein, de l'argent à emprunter ; et, si vos affaires, ma sœur, sont semblables aux miennes, et qu'il faille que notre père s'oppose à nos desirs, nous le quitterons là tous deux, et nous affranchirons de cette tyrannie où nous tient, depuis si long-temps, son avarice insupportable.

ÉLISE.

Il est bien vrai que tous les jours il nous donne de plus en plus sujet de regretter la mort de notre mère, et que...

CLÉANTE.

J'entends sa voix. Eloignons-nous un peu pour achever notre confidence ; et nous joindrons, après, nos forces pour venir attaquer la dureté de son humeur.

SCÈNE III.

HARPAGON, LA FLÈCHE.

HARPAGON.

Hors d'ici tout-à-l'heure, et qu'on ne réplique pas. Allons, que l'on détale de chez moi, maître juré filou, vrai gibier de potence.

LA FLÈCHE, *à part.*

Je n'ai jamais rien vu de si méchant que ce maudit vieillard ; et je pense, sauf correction, qu'il a le diable au corps.

HARPAGON.

Tu murmures entre tes dents?

LA FLÈCHE.

Pourquoi me chassez-vous?

HARPAGON.

C'est bien à toi, pendard, à me demander des raisons ! Sors vite, que je ne t'assomme.

ACTE I, SCÈNE III.

LA FLÈCHE.

Qu'est-ce que je vous ai fait?

HARPAGON.

Tu m'as fait, que je veux que tu sortes.

LA FLÈCHE.

Mon maître, votre fils, m'a donné ordre de l'attendre.

HARPAGON.

Va-t'en l'attendre dans la rue, et ne sois point dans ma maison, planté tout droit comme un piquet, à observer ce qui se passe, et faire ton profit de tout. Je ne veux point avoir sans cesse devant moi un espion de mes affaires, un traître, dont les yeux maudits assiégent toutes mes actions, dévorent ce que je possède, et furètent de tous côtés pour voir s'il n'y a rien à voler.

LA FLÈCHE.

Comment diantre voulez-vous qu'on fasse pour vous voler? Etes-vous un homme volable, quand vous renfermez toutes choses, et faites sentinelle jour et nuit?

HARPAGON.

Je veux renfermer ce que bon me semble, et faire sentinelle comme il me plaît. Ne voilà pas de mes mouchards qui prennent garde à ce qu'on fait! (*bas, à part.*) Je tremble qu'il n'ait soupçonné quelque chose de mon argent. (*haut.*) Ne serois-tu point homme à aller faire courir le bruit que j'ai chez moi de l'argent caché?

LA FLÈCHE.

Vous avez de l'argent caché?

HARPAGON.

Non, coquin, je ne dis pas cela. (*bas.*) J'enrage! (*haut.*) Je demande si malicieusement tu n'irois point faire courir le bruit que j'en ai.

LA FLÈCHE.

Hé! que nous importe que vous en ayez, ou que vous n'en ayez pas, si c'est pour nous la même chose?

HARPAGON, *levant la main pour donner un soufflet à La Flèche.*

Tu fais le raisonneur! Je te baillerai de ce raisonnement-ci par les oreilles. Sors d'ici, encore une fois.

LA FLÈCHE.

Hé bien! je sors.

HARPAGON.

Attends. Ne m'emportes-tu rien.

LA FLÈCHE.

Que vous emporterois-je?

HARPAGON.

Viens çà que je voie. Montre-moi tes mains.

LA FLÈCHE.

Les voilà.

HARPAGON.

Les autres.

LA FLÈCHE.

Les autres?

HARPAGON.

Oui.

ACTE I, SCÈNE III.

LA FLÈCHE.

Les voilà.

HARPAGON, *montrant le haut-de-chausses de La Flèche.*

N'as-tu rien mis ici dedans?

LA FLÈCHE.

Voyez vous-même.

HARPAGON, *tâtant le bas des chausses de La Flèche.*

Ces grands hauts-de-chausses sont propres à devenir les receleurs des choses qu'on dérobe, et je voudrois qu'on en eût fait pendre quelqu'un.

LA FLÈCHE, *à part.*

Ah! qu'un homme comme cela mériteroit bien ce qu'il craint! et que j'aurois de joie à le voler!

HARPAGON.

Hé?

LA FLÈCHE.

Quoi?

HARPAGON.

Qu'est-ce que tu parles de voler?

LA FLÈCHE.

Je dis que vous fouilliez bien partout pour voir si je vous ai volé.

HARPAGON.

C'est ce que je veux faire.

(*Harpagon fouille dans les poches de La Flèche.*)

LA FLÈCHE, *à part.*

La peste soit de l'avarice et des avaricieux!

HARPAGON.

Comment? que dis-tu?

LA FLÈCHE.

Ce que je dis?

HARPAGON.

Oui. Qu'est-ce que tu dis d'avarice et d'avaricieux?

LA FLÈCHE.

Je dis que la peste soit de l'avarice et des avaricieux.

HARPAGON.

De qui veux-tu parler?

LA FLÈCHE.

Des avaricieux.

HARPAGON.

Et qui sont-ils, ces avaricieux?

LA FLÈCHE.

Des vilains et des ladres.

HARPAGON.

Mais qui est-ce que tu entends par là?

LA FLÈCHE.

De quoi vous mettez-vous en peine?

HARPAGON.

Je me mets en peine de ce qu'il faut.

LA FLÈCHE.

Est-ce que vous croyez que je veux parler de vous?

HARPAGON.

Je crois ce que je crois; mais je veux que tu me dises à qui tu parles quand tu dis cela.

LA FLÈCHE.

Je parle... Je parle à mon bonnet.

HARPAGON.

Et moi, je pourrois bien parler à ta barrette.

LA FLÈCHE.

M'empêcherez vous de maudire les avaricieux?

HARPAGON.

Non; mais je t'empêcherai de jaser et d'être insolent : tais-toi.

LA FLÈCHE.

Je ne nomme personne.

HARPAGON.

Je te rosserai, si tu parles.

LA FLÈCHE.

Qui se sent morveux, qu'il se mouche.

HARPAGON.

Te tairas-tu?

LA FLÈCHE.

Oui, malgré moi.

HARPAGON.

Ah! ah!

LA FLÈCHE, *montrant à Harpagon une poche de son justaucorps.*

Tenez, voilà encore une poche. Etes-vous satisfait?

HARPAGON.

Allons, rends-le-moi sans te fouiller.

LA FLÈCHE.

Quoi?

HARPAGON.

Ce que tu m'as pris.

LA FLÈCHE.

Je ne vous ai rien pris du tout.

HARPAGON.

Assurément?

LA FLÈCHE.

Assurément.

HARPAGON.

Adieu. Va-t'en à tous les diables.

LA FLÈCHE, *à part.*

Me voilà fort bien congédié !

HARPAGON.

Je te le mets sur ta conscience, au moins.

SCÈNE IV.

HARPAGON.

Voilà un pendard de valet qui m'incommode fort; et je ne me plais point à voir ce chien de boiteux-là. Certes, ce n'est pas une petite peine que de garder chez soi une grande somme d'argent; et bien heureux qui a tout son fait bien placé, et ne conserve seulement que ce qu'il faut pour sa dépense. On n'est pas peu embarrassé à inventer, dans toute une maison, une cache fidèle; car, pour moi, les coffres-forts me sont suspects, et je ne veux jamais m'y fier : je les tiens justement une franche amorce à voleurs; et c'est toujours la première chose que l'on va attaquer.

SCÈNE V.

HARPAGON; ELISE ET CLÉANTE, *parlant ensemble, et restant dans le fond du théâtre.*

HARPAGON, *se croyant seul.*

Cependant je ne sais si j'aurai bien fait d'avoir enterré, dans mon jardin, dix mille écus qu'on me rendit hier. Dix mille écus en or, chez soi, est une somme assez... (*à part, apercevant Elise et Cléante.*) O ciel! je me serai trahi moi-même; la chaleur m'aura emporté; et je crois que j'ai parlé haut, en raisonnant tout seul. (*à Cléante et à Elise.*) Qu'est-ce?

CLÉANTE.

Rien, mon père.

HARPAGON.

Y a-t-il long-temps que vous êtes là?

ÉLISE.

Nous ne venons que d'arriver.

HARPAGON.

Vous avez entendu...

CLÉANTE.

Quoi, mon père?

HARPAGON.

Là...

ÉLISE.

Quoi?

HARPAGON.

Ce que je viens de dire.

CLÉANTE.

Non.

HARPAGON.

Si fait, si fait.

ÉLISE.

Pardonnez-moi.

HARPAGON.

Je vois bien que vous en avez ouï quelques mots. C'est que je m'entretenois en moi-même de la peine qu'il y a aujourd'hui à trouver de l'argent, et je disois qu'il est bien heureux qui peut avoir dix mille écus chez soi.

CLÉANTE.

Nous feignions à vous aborder, de peur de vous interrompre.

HARPAGON.

Je suis bien aise de vous dire cela, afin que vous n'alliez pas prendre les choses de travers, et vous imaginer que je dise que c'est moi qui ai dix mille écus.

CLÉANTE.

Nous n'entrons point dans vos affaires.

HARPAGON.

Plût à Dieu que je les eusse, les dix mille écus!

CLÉANTE.

Je ne crois pas...

HARPAGON.

Ce seroit une bonne affaire pour moi.

ÉLISE.

Ce sont des choses...

HARPAGON.

J'en aurois bon besoin.

CLÉANTE.

Je pense que...

HARPAGON.

Cela m'accommoderoit fort.

ÉLISE.

Vous êtes...

HARPAGON.

Et je ne me plaindrois pas, comme je fais, que le temps est misérable.

CLÉANTE.

Mon dieu! mon père, vous n'avez pas lieu de vous plaindre; et l'on sait que vous avez assez de bien.

HARPAGON.

Comment! j'ai assez de bien! Ceux qui le disent en ont menti. Il n'y a rien de plus faux; et ce sont des coquins qui font courir tous ces bruits-là.

ÉLISE.

Ne vous mettez point en colère,

HARPAGON.

Cela est étrange, que mes propres enfants me trahissent, et deviennent mes ennemis!

CLÉANTE.

Est-ce être votre ennemi, que de dire que vous avez du bien?

HARPAGON.

Oui. De pareils discours, et les dépenses que vous faites, seront cause qu'un de ces jours on me viendra chez moi couper la gorge, dans la pensée que je suis tout cousu de pistoles.

CLÉANTE.

Quelle grande dépense est-ce que je fais?

HARPAGON.

Quelle? Est-il rien de plus scandaleux que ce somptueux équipage que vous promenez par la ville? Je querellois hier votre sœur; mais c'est encore pis. Voilà qui crie vengeance au ciel; et, à vous prendre depuis les pieds jusqu'à la tête, il y auroit là de quoi faire une bonne constitution. Je vous l'ai dit vingt fois, mon fils : toutes vos manières me déplaisent fort, vous donnez furieusement dans le marquis; et, pour aller ainsi vêtu, il faut bien que vous me dérobiez.

CLÉANTE.

Hé! comment vous dérober?

HARPAGON.

Que sais-je? Où pouvez-vous donc prendre de quoi entretenir l'état que vous portez?

CLÉANTE.

Moi, mon père? c'est que je joue; et, comme je suis fort heureux, je mets sur moi tout l'argent que je gagne.

HARPAGON.

C'est fort mal fait. Si vous êtes heureux au jeu, vous en devriez profiter, et mettre à honnête intérêt l'argent que vous gagnez, afin de le trouver un jour. Je voudrois bien savoir, sans parler du reste, à quoi servent tous ces rubans dont vous voilà lardé depuis les pieds jusqu'à la tête, et si une demi-douzaine d'aiguillettes ne suffit pas pour attacher un haut-de-chausses. Il est bien nécessaire d'employer de l'argent à des perruques, lorsque l'on peut porter des cheveux de son crû, qui ne coûtent rien! Je vais gager qu'en perruques et rubans il y a du moins vingt pistoles; et vingt pistoles rapportent par année dix-huit livres, six sous, huit deniers, à ne les placer qu'au denier douze.

ACTE I, SCÈNE V.

CLÉANTE.

Vous avez raison.

HARPAGON.

Laissons cela, et parlons d'autres affaires. (*apercevant Cléante et Élise qui se font des signes.*) Hé! (*bas, à part.*) Je crois qu'ils se font signe l'un à l'autre de me voler ma bourse. (*haut.*) Que veulent dire ces gestes-là.

ÉLISE.

Nous marchandons, mon frère et moi, à qui parlera le premier, et nous avons tous deux quelque chose à vous dire.

HARPAGON.

Et moi, j'ai quelque chose aussi à vous dire à tous deux.

CLÉANTE.

C'est de mariage, mon père, que nous desirons vous parler.

HARPAGON.

Et c'est de mariage aussi que je veux vous entretenir.

ÉLISE.

Ah! mon père!

HARPAGON.

Pourquoi ce cri? Est-ce le mot, ma fille, ou la chose, qui vous fait peur?

CLÉANTE.

Le mariage peut nous faire peur à tous deux de la façon que vous pouvez l'entendre; et nous craignons que nos sentiments ne soient pas d'accord avec votre choix.

HARPAGON.

Un peu de patience. Ne vous alarmez point. Je sais ce qu'il faut à tous deux, et vous n'aurez, ni l'un ni l'autre, aucun lieu de vous plaindre de tout ce que je prétends faire; et pour commencer par un bout, (*à Cléante.*) Avez-vous vu, dites-moi, une jeune personne appelée Mariane, qui ne loge pas loin d'ici?

CLÉANTE.

Oui, mon père.

HARPAGON.

Et vous?

ÉLISE.

J'en ai ouï parler.

HARPAGON.

Comment, mon fils, trouvez-vous cette fille?

CLÉANTE.

Une fort charmante personne.

HARPAGON.

Sa physionomie?

CLÉANTE.

Tout honnête et pleine d'esprit.

HARPAGON.

Son air et sa manière?

CLÉANTE.

Admirables, sans doute.

HARPAGON.

Ne croyez-vous pas qu'une fille comme cela mériteroit assez que l'on songeât à elle?

CLÉANTE.

Oui, mon père.

HARPAGON.

Que ce seroit un parti souhaitable?

CLÉANTE.

Très-souhaitable.

HARPAGON.

Qu'elle a toute la mine de faire un bon ménage?

CLÉANTE.

Sans doute.

HARPAGON.

Et qu'un mari auroit satisfaction avec elle?

CLÉANTE.

Assurément.

HARPAGON.

Il y a une petite difficulté; c'est que j'ai peur qu'il n'y ait pas, avec elle, tout le bien qu'on pourroit prétendre.

CLÉANTE.

Ah! mon père, le bien n'est pas considérable* lorsqu'il est question d'épouser une honnête personne.

HARPAGON.

Pardonnez-moi, pardonnez-moi. Mais ce qu'il y a à dire, c'est que, si l'on n'y trouve pas tout le bien qu'on souhaite, on peut tâcher de regagner cela sur autre chose.

CLÉANTE.

Cela s'entend.

HARPAGON.

Enfin je suis bien aise de vous voir dans mes sen-

---

* A considérer.

timents, car son maintien honnête et sa douceur m'ont gagné l'ame, et je suis résolu de l'épouser, pourvu que j'y trouve quelque bien.

CLÉANTE.

Hé!

HARPAGON.

Comment?

CLÉANTE.

Vous êtes résolu, dites-vous...

HARPAGON.

D'épouser Mariane.

CLÉANTE.

Qui? vous? vous?

HARPAGON.

Oui, moi, moi, moi. Que veut dire cela?

CLÉANTE.

Il m'a pris tout-à-coup un éblouissement, et je me retire d'ici.

HARPAGON.

Cela ne sera rien. Allez vite boire dans la cuisine un grand verre d'eau claire.

SCÈNE VI.

HARPAGON, ÉLISE.

HARPAGON.

Voilà de mes damoiseaux fluets qui n'ont non plus de vigueur que des poules. C'est-là, ma fille, ce que j'ai résolu pour moi. Quant à ton frère, je lui destine une certaine veuve dont ce matin on m'est venu parler; et, pour toi, je te donne au seigneur Anselme.

ACTE I, SCÈNE VI.

ÉLISE.

Au seigneur Anselme?

HARPAGON.

Oui, un homme mûr, prudent et sage, qui n'a pas plus de cinquante ans, et dont on vante les grands biens.

ÉLISE, *faisant la révérence.*

Je ne veux point me marier, mon père, s'il vous plaît.

HARPAGON, *contrefaisant Elise.*

Et moi, ma petite fille, ma mie, je veux que vous vous mariiez, s'il vous plaît.

ÉLISE, *faisant encore la révérence.*

Je vous demande pardon, mon père.

HARPAGON, *contrefaisant Elise.*

Je vous demande pardon, ma fille.

ÉLISE.

Je suis très-humble servante au seigneur Anselme; mais, (*faisant encore la révérence*) avec votre permission, je ne l'épouserai point.

HARPAGON.

Je suis votre très-humble valet; mais, (*contrefaisant encore Elise*) avec votre permission, vous l'épouserez dès ce soir.

ÉLISE.

Dès ce soir?

HARPAGON.

Dès ce soir.

ÉLISE, *faisant encore la révérence.*

Cela ne sera pas, mon père.

L'AVARE.

HARPAGON, *contrefaisant encore Elise.*

Cela sera, ma fille.

ÉLISE.

Non.

HARPAGON.

Si.

ÉLISE.

Non, vous dis-je.

HARPAGON.

Si, vous dis-je.

ÉLISE.

C'est une chose où vous ne me réduirez point.

HARPAGON.

C'est une chose où je te réduirai.

ÉLISE.

Je me tuerai plutôt que d'épouser un tel mari.

HARPAGON.

Tu ne te tueras point, et tu l'épouseras. Mais voyez quelle audace! a-t-on jamais vu une fille parler de la sorte à son père?

ÉLISE.

Mais a-t-on jamais vu un père marier sa fille de la sorte?

HARPAGON.

C'est un parti où il n'y a rien à redire; et je gage que tout le monde approuvera mon choix.

ÉLISE.

Et moi je gage qu'il ne sauroit être approuvé d'aucune personne raisonnable.

ACTE I, SCÈNE VI.

HARPAGON, *apercevant Valère de loin.*

Voilà Valère. Veux-tu qu'entre nous deux nous le fassions juge de cette affaire?

ÉLISE.

J'y consens.

HARPAGON.

Te rendras-tu à son jugement?

ÉLISE.

Oui, j'en passerai par ce qu'il dira.

HARPAGON.

Voilà qui est fait.

SCÈNE VII.

VALÈRE, HARPAGON, ÉLISE.

HARPAGON.

Ici, Valère. Nous t'avons élu pour nous dire qui a raison, de moi ou de ma fille.

VALÈRE.

C'est vous, monsieur, sans contredit.

HARPAGON.

Sais-tu bien de quoi nous parlons?

VALÈRE.

Non; mais vous ne sauriez avoir tort, et vous êtes toute raison.

HARPAGON.

Je veux ce soir lui donner pour époux un homme aussi riche que sage; et la coquine me dit au nez qu'elle se moque de le prendre. Que dis-tu de cela?

VALÈRE.

Ce que j'en dis?

HARPAGON.

Oui.

VALÈRE.

Hé! hé!

HARPAGON.

Quoi?

VALÈRE.

Je dis que, dans le fond, je suis de votre sentiment; et vous ne pouvez pas que vous n'ayez raison : mais aussi n'a-t-elle pas tort tout-à-fait; et...

HARPAGON.

Comment! le seigneur Anselme est un parti considérable; c'est un gentilhomme qui est noble, doux, posé, sage, et fort accommodé, et auquel il ne reste aucun enfant de son premier mariage. Sauroit-elle mieux rencontrer?

VALÈRE.

Cela est vrai; mais elle pourroit vous dire que c'est un peu précipiter les choses, et qu'il faudroit au moins quelque temps pour voir si son inclination pourroit s'accommoder avec...

HARPAGON.

C'est une occasion qu'il faut prendre vite aux cheveux. Je trouve ici un avantage qu'ailleurs je ne trouverois pas, et il s'engage à la prendre sans dot.

VALÈRE.

Sans dot?

ACTE I, SCÈNE VII.

HARPAGON.

Oui.

VALÈRE.

Ah! je ne dis plus rien. Voyez-vous? voilà une raison tout-à-fait convaincante; il se faut rendre à cela.

HARPAGON.

C'est pour moi une épargne considérable.

VALÈRE.

Assurément, cela ne reçoit point de contradiction. Il est vrai que votre fille vous peut représenter que le mariage est une plus grande affaire qu'on ne peut croire; qu'il y va d'être heureux ou malheureux toute sa vie; et qu'un engagement qui doit durer jusqu'à la mort ne se doit jamais faire qu'avec de grandes précautions.

HARPAGON.

Sans dot!

VALÈRE.

Vous avez raison. Voilà qui décide tout, cela s'entend. Il y a des gens qui pourroient vous dire qu'en de telles occasions l'inclination d'une fille est une chose, sans doute, où l'on doit avoir de l'égard, et que cette grande inégalité d'âge, d'humeur, et de sentiments, rend un mariage sujet à des accidents très-fâcheux.

HARPAGON.

Sans dot!

VALÈRE.

Ah! il n'y a pas de réplique à cela, on le sait bien.

Qui diantre peut aller là contre? Ce n'est pas qu'il n'y ait quantité de pères qui aimeroient mieux ménager la satisfaction de leurs filles que l'argent qu'ils pourroient donner; qui ne les voudroient point sacrifier à l'intérêt, et chercheroient, plus que toute autre chose, à mettre dans un mariage cette douce conformité qui sans cesse y maintient l'honneur, la tranquillité, et la joie; et que...

HARPAGON.

Sans dot!

VALÈRE.

Il est vrai, cela ferme la bouche à tout. Sans dot! Le moyen de résister à une raison comme celle-là.

HARPAGON, *à part, regardant du côté du jardin.*

Ouais! il me semble que j'entends un chien qui aboie. N'est-ce point qu'on en voudroit à mon argent? (*à Valère.*) Ne bougez, je reviens tout-à-l'heure.

SCÈNE VIII.

ÉLISE, VALÈRE.

ÉLISE.

Vous moquez-vous, Valère, de lui parler comme vous faites?

VALÈRE.

C'est pour ne point l'aigrir, et pour en venir mieux à bout. Heurter de front ses sentiments est le moyen de tout gâter; et il y a de certains esprits qu'il ne faut prendre qu'en biaisant, des tempéraments ennemis de toute résistance, des naturels rétifs que la vérité fait cabrer, qui toujours se roidissent contre le droit chemin de la raison, et qu'on ne mène qu'en tournant où l'on veut les conduire. Faites semblant de consentir à ce qu'il veut, vous en viendrez mieux à vos fins, et...

ÉLISE.

Mais ce mariage, Valère?

VALÈRE.

On cherchera des biais pour le rompre.

ÉLISE.

Mais quelle invention trouver, s'il se doit conclure ce soir?

VALÈRE.

Il faut demander un délai, et feindre quelque maladie.

ÉLISE.

Mais on découvrira la feinte, si l'on appelle des médecins.

VALÈRE.

Vous moquez-vous? Y connoissent-ils quelque chose? Allez, allez, vous pourrez avec eux avoir quel mal il vous plaira; ils vous trouveront des raisons pour vous dire d'où cela vient.

SCÈNE IX.

HARPAGON, ÉLISE, VALÈRE.

HARPAGON, *à part, dans le fond du théâtre.*
Ce n'est rien, dieu merci.

VALÈRE, *sans voir Harpagon.*
Enfin notre dernier recours, c'est que la fuite nous

peut mettre à couvert de tout; et si votre amour, belle Elise, est capable d'une fermeté... (*apercevant Harpagon.*) Oui, il faut qu'une fille obéisse à son père. Il ne faut point qu'elle regarde comme un mari est fait; et lorsque la grande raison de, sans dot, s'y rencontre, elle doit être prête à prendre tout ce qu'on lui donne.

HARPAGON.

Bon! voilà bien parlé, cela!

VALÈRE.

Monsieur, je vous demande pardon si je m'emporte un peu, et prends la hardiesse de lui parler comme je fais.

HARPAGON.

Comment! j'en suis ravi, et je veux que tu prennes sur elle un pouvoir absolu. (*à Elise.*) Oui, tu as beau fuir, je lui donne l'autorité que le ciel me donne sur toi, et j'entends que tu fasses tout ce qu'il te dira.

VALÈRE, *à Elise.*

Après cela, résistez à mes remontrances.

SCÈNE X.

HARPAGON, VALÈRE.

VALÈRE.

Monsieur, je vais la suivre, pour lui continuer les leçons que je lui faisois.

HARPAGON.

Oui; tu m'obligeras : certes...

ACTE I, SCÈNE X.

VALÈRE.

Il est bon de lui tenir un peu la bride haute.

HARPAGON.

Cela est vrai. Il faut...

VALÈRE.

Ne vous mettez pas en peine. Je crois que j'en viendrai à bout.

HARPAGON.

Fais, fais. Je m'en vais faire un petit tour en ville, et je reviens tout-à-l'heure.

VALÈRE, *adressant la parole à Elise, et s'en allant du côté par où elle est sortie.*

Oui, l'argent est plus précieux que toutes les choses du monde, et vous devez rendre grâces au ciel de l'honnête homme de père qu'il vous a donné. Il sait ce que c'est que de vivre. Lorsqu'on s'offre de prendre une fille sans dot, on ne doit point regarder plus avant. Tout est renfermé là-dedans; et, sans dot, tient lieu de beauté, de jeunesse, de naissance, d'honneur, de sagesse et de probité.

HARPAGON, *seul.*

Ah! le brave garçon! voilà parler comme un oracle! Heureux qui peut avoir un domestique de la sorte!

FIN DU PREMIER ACTE.

ACTE SECOND.

SCÈNE I.

CLÉANTE, LA FLÈCHE.

CLÉANTE.

Ah! traître que tu es, où t'es-tu donc allé fourrer? Ne t'avois-je pas donné ordre...?

LA FLÈCHE.

Oui, monsieur, et je m'étois rendu ici pour vous attendre de pied ferme; mais monsieur votre père, le plus mal-gracieux des hommes, m'a chassé dehors malgré moi, et j'ai couru risque d'être battu.

CLÉANTE.

Comment va notre affaire? Les choses pressent plus que jamais; et depuis que je t'ai vu, j'ai découvert que mon père est mon rival.

LA FLÈCHE.

Votre père amoureux?

CLÉANTE.

Oui; et j'ai eu toutes les peines du monde à lui cacher le trouble où cette nouvelle m'a mis.

LA FLÈCHE.

Lui, se mêler d'aimer! De quoi diable s'avise-t-il? Se moque-t-il du monde? et l'amour a-t-il été fait pour des gens bâtis comme lui?

CLÉANTE.

Il a fallu, pour mes péchés, que cette passion lui soit venue en tête.

LA FLÈCHE.

Mais par quelle raison lui faire un mystère de votre amour?

CLÉANTE.

Pour lui donner moins de soupçon, et me conserver, au besoin, des ouvertures plus aisées pour détourner ce mariage. Quelle réponse t'a-t-on faite?

LA FLÈCHE.

Ma foi, monsieur; ceux qui empruntent sont bien malheureux; et il faut essuyer d'étranges choses lorsqu'on en est réduit à passer, comme vous, par les mains des fesse-Matthieu.

CLÉANTE.

L'affaire ne se fera point?

LA FLÈCHE.

Pardonnez-moi. Notre maître Simon, le courtier qu'on nous a donné, homme agissant et plein de zèle, dit qu'il a fait rage pour vous, et il assure que votre seule physionomie lui a gagné le cœur.

CLÉANTE.

J'aurai les quinze mille francs que je demande?

LA FLÈCHE.

Oui, mais à quelques petites conditions qu'il faudra que vous acceptiez, si vous avez dessein que les choses se fassent.

CLÉANTE.

T'a-t-il fait parler à celui qui doit prêter l'argent?

LA FLÈCHE.

Ah! vraiment, cela ne va pas de la sorte. Il apporte encore plus de soin à se cacher que vous; et ce sont des mystères bien plus grands que vous ne pensez. On ne veut point du tout dire son nom; et l'on doit aujourd'hui l'aboucher avec vous dans une maison empruntée, pour être instruit par votre bouche de votre bien et de votre famille; et je ne doute point que le seul nom de votre père ne rende les choses faciles.

CLÉANTE.

Et principalement notre mère étant morte, dont on ne peut m'ôter le bien.

LA FLÈCHE.

Voici quelques articles qu'il a dictés lui-même à notre entremetteur, pour vous être montrés avant que de rien faire.

« Supposé que le prêteur voie toutes ses sûretés,
« et que l'emprunteur soit majeur, et d'une famille
« où le bien soit ample, solide, assuré, clair, et net
« de tout embarras, on fera une bonne et exacte
« obligation pardevant un notaire, le plus honnête
« homme qu'il se pourra, et qui, pour cet effet, sera
« choisi par le prêteur, auquel il importe le plus que
« l'acte soit dûment dressé. »

CLÉANTE.

Il n'y a rien à dire à cela.

LA FLÈCHE.

« Le prêteur, pour ne charger sa conscience d'au-

« cun scrupule, prétend ne donner son argent qu'au
« denier dix-huit. »

CLÉANTE.

Au denier dix-huit? Parbleu! voilà qui est honnête. Il n'y a pas lieu de se plaindre.

LA FLÈCHE.

Cela est vrai.

« Mais comme ledit prêteur n'a pas chez lui la
« somme dont il est question, et que, pour faire plai-
« sir à l'emprunteur, il est contraint lui-même de
« l'emprunter d'un autre sur le pied du denier cinq,
« il conviendra que ledit premier emprunteur paie
« cet intérêt, sans préjudice du reste, attendu que ce
« n'est que pour l'obliger que ledit prêteur s'engage à
« cet emprunt. »

CLÉANTE.

Comment diable! quel Juif! quel Arabe est-ce là! C'est plus qu'au denier quatre.

LA FLÈCHE.

Il est vrai; c'est ce que j'ai dit. Vous avez à voir là-dessus.

CLÉANTE.

Que veux-tu que je voie? j'ai besoin d'argent, et il faut bien que je consente à tout.

LA FLÈCHE.

C'est la réponse que j'ai faite.

CLÉANTE.

Il y a encore quelque chose?

LA FLÈCHE.

Ce n'est plus qu'un petit article.

« Des quinze mille francs qu'on demande, le prê-
« teur ne pourra compter en argent que douze mille
« livres ; et pour les mille écus restants, il faudra que
« l'emprunteur prenne les hardes, nippes, bijoux dont
« s'ensuit le mémoire, et que ledit prêteur a mis de
« bonne foi au plus modique prix qu'il lui a été pos-
« sible. »

CLÉANTE.

Que veut dire cela?

LA FLÈCHE.

Ecoutez le mémoire.

« Premièrement, un lit de quatre pieds, à bandes
« de point de Hongrie, appliquées fort proprement
« sur un drap de couleur d'olive, avec six chaises et la
« courte-pointe de même ; le tout bien conditionné, et
« doublé d'un petit taffetas changeant rouge et bleu.

« Plus, un pavillon à queue, d'une bonne serge
« d'Aumale rose sèche, avec le mollet et les franges
« de soie. »

CLÉANTE.

Que veut-il que je fasse de cela?

LA FLÈCHE.

Attendez.

« Plus, une tenture de tapisserie des amours de
« Gombaud et de Macée.

« Plus, une grande table de bois de noyer à douze
« colonnes ou piliers tournés, qui se tire par les deux
« bouts, et garnie par le dessous de ses six escabelles. »

CLÉANTE.

Qu'ai-je à faire, morbleu...!

ACTE II, SCÈNE I.

LA FLÈCHE.

Donnez-vous patience.

« Plus, trois gros mousquets tout garnis de nacre
« de perle, avec les fourchettes assortissantes.

« Plus, un fourneau de brique avec deux cornues
« et trois récipients, fort utiles à ceux qui sont cu-
« rieux de distiller. »

CLÉANTE.

J'enrage !

LA FLÈCHE.

Doucement.

« Plus, un luth de Bologne, garni de toutes ses cor-
« des, ou peu s'en faut.

« Plus, un trou-madame, et un damier, avec un jeu
« de l'oie, renouvelé des Grecs, fort propres à passer
« le temps lorsque l'on n'a que faire.

« Plus, une peau de lézard de trois pieds et demi,
« remplie de foin ; curiosité agréable pour pendre au
« plancher d'une chambre.

« Le tout ci-dessus mentionné valant loyalement
« plus de quatre mille cinq cents livres, et rabaissé à
« la valeur de mille écus, par la discrétion du prê-
« teur. »

CLÉANTE.

Que la peste l'étouffe avec sa discrétion, le traître,
le bourreau qu'il est ! A-t-on jamais parlé d'une usure
semblable ? et n'est-il pas content du furieux intérêt
qu'il exige, sans vouloir encore m'obliger à prendre
pour trois mille livres les vieux rogatons qu'il ramasse ? Je n'aurai pas deux cents écus de tout cela : et

cependant il faut bien me résoudre à consentir à ce qu'il veut; car il est en état de me faire tout accepter, et il me tient, le scélérat, le poignard sur la gorge.

LA FLÈCHE.

Je vous vois, monsieur, ne vous en déplaise, dans le grand chemin justement que tenoit Panurge pour se ruiner, prenant argent d'avance, achetant cher, vendant à bon marché, et mangeant son blé en herbe.

CLÉANTE.

Que veux-tu que j'y fasse? voilà où les jeunes gens sont réduits par la maudite avarice des pères : et on s'étonne, après cela, que les fils souhaitent qu'ils meurent!

LA FLÈCHE.

Il faut avouer que le vôtre animeroit contre sa vilenie le plus posé homme du monde. Je n'ai pas, Dieu merci, les inclinations fort patibulaires; et, parmi mes confrères que je vois se mêler de beaucoup de petits commerces, je sais tirer adroitement mon épingle du jeu, et me démêler prudemment de toutes les galanteries qui sentent tant soit peu l'échelle : mais, à vous dire vrai, il me donneroit, par ses procédés, des tentations de le voler; et je croirois, en le volant, faire une action méritoire.

CLÉANTE.

Donne-moi un peu ce mémoire, que je le voie encore.

SCÈNE II

HARPAGON, maître SIMON; CLÉANTE et LA FLÈCHE,
dans le fond du théâtre.

MAÎTRE SIMON.

Oui, monsieur, c'est un jeune homme qui a besoin d'argent : ses affaires le pressent d'en trouver ; et il en passera par tout ce que vous prescrirez.

HARPAGON.

Mais, croyez-vous, maître Simon, qu'il n'y ait rien à péricliter ? et savez-vous le nom, les biens et la famille de celui pour qui vous parlez ?

MAÎTRE SIMON.

Non. Je ne puis pas bien vous en instruire à fond ; et ce n'est que par aventure que l'on m'a adressé à lui : mais vous serez de toutes choses éclairci par lui-même, et son homme m'a assuré que vous serez content quand vous le connoîtrez. Tout ce que je saurois vous dire, c'est que sa famille est fort riche, qu'il n'a plus de mère déjà, et qu'il s'obligera, si vous voulez, que son père mourra avant qu'il soit huit mois.

HARPAGON.

C'est quelque chose que cela. La charité, maître Simon, nous oblige à faire plaisir aux personnes lorsque nous le pouvons.

MAÎTRE SIMON.

Cela s'entend.

LA FLÈCHE, *bas, à Cléante, reconnoissant maître Simon.*

Que veut dire ceci? Notre maître Simon qui parle à votre père!

CLÉANTE, *bas, à La Flèche.*

Lui auroit-on appris qui je suis? et serois-tu pour me trahir?

MAÎTRE SIMON, *à La Flèche.*

Ah! ah! vous êtes bien pressé! Qui vous a dit que c'étoit céans? (*à Harpagon.*) Ce n'est pas moi, monsieur, au moins, qui leur ai découvert votre nom et votre logis. Mais, à mon avis, il n'y a pas grand mal à cela; ce sont des personnes discrètes, et vous pouvez ici vous expliquer ensemble.

HARPAGON.

Comment!

MAÎTRE SIMON, *montrant Cléante.*

Monsieur est la personne qui veut vous emprunter les quinze mille livres dont je vous ai parlé.

HARPAGON.

Comment, pendard! c'est toi qui t'abandonnes à ces coupables extrémités!

CLÉANTE.

Comment, mon père! c'est vous qui vous portez à ces honteuses actions!

(*Maître Simon s'enfuit, et La Flèche va se cacher.*)

SCÈNE III.

HARPAGON, CLÉANTE.

HARPAGON.

C'est toi qui te veux ruiner par des emprunts si condamnables !

CLÉANTE.

C'est vous qui cherchez à vous enrichir par des usures si criminelles !

HARPAGON.

Oses-tu bien, après cela, paroître devant moi ?

CLÉANTE.

Osez-vous bien, après cela, vous présenter aux yeux du monde ?

HARPAGON.

N'as-tu point de honte, dis-moi, d'en venir à ces débauches-là, de te précipiter dans des dépenses effroyables, et de faire une honteuse dissipation du bien que tes parents t'ont amassé avec tant de sueurs ?

CLÉANTE.

Ne rougissez-vous point de déshonorer votre condition par les commerces que vous faites, de sacrifier gloire et réputation au desir insatiable d'entasser écu sur écu, et de renchérir, en fait d'intérêt, sur les plus infâmes subtilités qu'aient jamais inventées les plus célèbres usuriers ?

HARPAGON.

Ote-toi de mes yeux, coquin, ôte-toi de mes yeux.

CLÉANTE.

Qui est plus criminel, à votre avis, ou celui qui achète un argent dont il a besoin, ou bien celui qui vole un argent dont il n'a que faire?

HARPAGON.

Retire-toi, te dis-je, et ne m'échauffe pas les oreilles. (*seul.*) Je ne suis pas fâché de cette aventure; et ce m'est un avis de tenir l'œil plus que jamais sur toutes ses actions.

SCÈNE IV.

FROSINE, HARPAGON.

FROSINE.

Monsieur...

HARPAGON.

Attendez un moment, je vais revenir vous parler. (*à part.*) Il est à propos que je fasse un petit tour à mon argent.

SCÈNE V.

LA FLÈCHE, FROSINE.

LA FLÈCHE, *sans voir Frosine.*

L'aventure est tout-à-fait drôle. Il faut bien qu'il ait quelque part un ample magasin de hardes; car nous n'avons rien reconnu au mémoire que nous avons.

FROSINE.

Hé! c'est toi, mon pauvre La Flèche? D'où vient cette rencontre?

LA FLÈCHE.

Ah! ah! c'est toi, Frosine! Que viens-tu faire ici?

FROSINE.

Ce que je fais partout ailleurs; m'entremettre d'affaires; me rendre serviable aux gens, et profiter, du mieux qu'il m'est possible, des petits talents que je puis avoir. Tu sais que, dans ce monde, il faut vivre d'adresse, et qu'aux personnes comme moi le ciel n'a donné d'autres rentes que l'intrigue et que l'industrie.

LA FLÈCHE.

As-tu quelque négoce avec le patron du logis?

FROSINE.

Oui; je traite pour lui quelque petite affaire dont j'espère une récompense.

LA FLÈCHE.

De lui? Ah! ma foi, tu seras bien fine, si tu en tires quelque chose; et je te donne avis que l'argent céans est fort cher.

FROSINE.

Il y a de certains services qui touchent merveilleusement.

LA FLÈCHE.

Je suis votre valet, et tu ne connois pas encore le seigneur Harpagon. Le seigneur Harpagon est, de tous les humains, l'humain le moins humain, le mortel de tous les mortels le plus dur et le plus serré. Il n'est point de service qui pousse sa reconnoissance jusqu'à lui faire ouvrir les mains. De la louange, de l'estime, de la bienveillance en paroles, et de l'amitié, tant qu'il vous plaira; mais de l'argent, point d'affaires. Il n'est rien de plus sec et de plus aride que ses bonnes grâces et ses caresses; et *donner* est un mot pour qui il a tant d'aversion, qu'il ne dit jamais, *Je vous donne,* mais, *Je vous prête le bonjour.*

FROSINE.

Mon dieu! je sais l'art de traire les hommes; j'ai le secret de m'ouvrir leur tendresse, de chatouiller leurs cœurs, de trouver les endroits par où ils sont sensibles.

LA FLÈCHE.

Bagatelles ici. Je te défie d'attendrir, du côté de l'argent, l'homme dont il est question. Il est Turc là-dessus, mais d'une turquerie à désespérer tout le monde; et l'on pourroit crever, qu'il n'en branleroit pas. En un mot, il aime l'argent plus que réputation, qu'honneur, et que vertu; et la vue d'un demandeur lui donne des convulsions : c'est le frapper par son endroit mortel, c'est lui percer le cœur, c'est lui arracher les entrailles; et si... Mais il revient; je me retire.

SCÈNE VI.

HARPAGON, FROSINE.

HARPAGON, *bas.*

Tout va comme il faut. (*haut.*) Hé bien! qu'est-ce, Frosine?

FROSINE.

Ah! mon dieu! que vous vous portez bien! et que vous avez-là un vrai visage de santé!

HARPAGON.

Qui? moi?

FROSINE.

Jamais je ne vous vis un teint si frais et si gaillard.

HARPAGON.

Tout de bon?

FROSINE.

Comment! vous n'avez de votre vie été si jeune que vous êtes, et je vois des gens de vingt-cinq ans qui sont plus vieux que vous.

HARPAGON.

Cependant, Frosine, j'en ai soixante bien comptés.

FROSINE.

Hé bien! qu'est-ce que cela? soixante ans! voilà bien de quoi! C'est la fleur de l'âge, cela; et vous entrez maintenant dans la belle saison de l'homme.

HARPAGON.

Il est vrai; mais vingt années de moins, pourtant, ne me feroient point de mal, que je crois.

FROSINE.

Vous moquez-vous? Vous n'avez pas besoin de cela, et vous êtes d'une pâte à vivre jusqu'à cent ans.

HARPAGON.

Tu le crois?

FROSINE.

Assurément; vous en avez toutes les marques. Tenez-vous un peu. Oh! que voilà bien, entre vos deux yeux, un signe de longue vie!

HARPAGON.

Tu te connois à cela?

FROSINE.

Sans doute. Montrez-moi votre main. Ah! mon dieu! quelle ligne de vie!

HARPAGON.

Comment?

FROSINE.

Ne voyez-vous pas jusqu'où va cette ligne-là?

HARPAGON.

Hé bien! qu'est-ce que cela veut dire?

FROSINE.

Par ma foi, je disois cent ans; mais vous passerez les six vingts.

HARPAGON.

Est-il possible?

FROSINE.

Il faudra vous assommer, vous dis-je; et vous mettrez en terre et vos enfants et les enfants de vos enfants.

HARPAGON.

Tant mieux. Comment va notre affaire?

FROSINE.

Faut-il le demander? et me voit-on mêler de rien dont je ne vienne à bout? J'ai, surtout pour les mariages, un talent merveilleux. Il n'est point de partis au monde que je ne trouve en peu de temps le moyen d'accoupler; et je crois, si je me l'étois mis en tête, que je marierois le grand Turc avec la république de Venise. Il n'y avoit pas, sans doute, de si grandes difficultés à cette affaire-ci. Comme j'ai commerce chez elles, je les ai à fond l'une et l'autre entretenues de vous; et j'ai dit à la mère le dessein que vous aviez conçu pour Mariane, à la voir passer dans la rue et prendre l'air à sa fenêtre.

HARPAGON.

Qui a fait réponse...

FROSINE.

Elle a reçu la proposition avec joie; et, quand je lui ai témoigné que vous souhaitiez fort que sa fille assistât ce soir au contrat de mariage qui doit se faire de la vôtre, elle y a consenti sans peine, et me l'a confiée pour cela.

HARPAGON.

C'est que je suis obligé, Frosine, de donner à souper au seigneur Anselme; et je serai bien aise qu'elle soit du régal.

FROSINE.

Vous avez raison. Elle doit après dîner rendre visite à votre fille, d'où elle fait son compte d'aller faire un tour à la foire, pour venir ensuite au souper.

HARPAGON.

Hé bien! elles iront ensemble dans mon carrosse, que je leur prêterai.

FROSINE.

Voilà justement son affaire.

HARPAGON.

Mais, Frosine, as-tu entretenu la mère touchant le bien qu'elle peut donner à sa fille? Lui as-tu dit qu'il falloit qu'elle s'aidât un peu, qu'elle fît quelque effort, qu'elle se saignât pour une occasion comme celle-ci? car encore n'épouse-t-on point une fille sans qu'elle apporte quelque chose.

FROSINE.

Comment! c'est une fille qui vous apportera douze mille livres de rente.

HARPAGON.

Douze mille livres de rente?

FROSINE.

Oui. Premièrement, elle est nourrie et élevée dans une grande épargne de bouche : c'est une fille accoutumée à vivre de salade, de lait, de fromage, et de pommes, et à laquelle, par conséquent, il ne faudra ni table bien servie, ni consommés exquis, ni orges mondés perpétuels, ni les autres délicatesses qu'il faudroit pour une autre femme; et cela ne va pas à si peu de chose, qu'il ne monte bien tous les ans à trois mille francs pour le moins. Outre cela, elle n'est curieuse que d'une propreté fort simple, et n'aime point les superbes habits, ni les riches bijoux, ni les meubles somptueux, où donnent ses pareilles avec tant de chaleur; et cet article-là vaut plus de quatre mille livres par an. De plus, elle a une aversion horrible pour le jeu; ce qui n'est pas commun aux femmes d'aujourd'hui; et j'en sais une de nos quartiers qui a perdu, à trente et quarante, vingt mille francs cette année. Mais n'en prenons rien que le quart. Cinq mille francs au jeu par an, quatre mille francs en habits et bijoux, cela fait neuf mille livres; et mille écus que nous mettons pour la nourriture :

ne voilà-t-il pas par année vos douze mille francs bien comptés?

HARPAGON.

Oui, cela n'est pas mal; mais ce compte-là n'est rien de réel.

FROSINE.

Pardonnez-moi. N'est-ce pas quelque chose de réel que de vous apporter en mariage une grande sobriété, l'héritage d'un grand amour de simplicité de parure, et l'acquisition d'un grand fond de haine pour le jeu?

HARPAGON.

C'est une raillerie que de vouloir me constituer sa dot de toutes les dépenses qu'elle ne fera point. Je n'irai pas donner quittance de ce que je ne reçois pas; et il faut bien que je touche quelque chose.

FROSINE.

Mon dieu! vous toucherez assez; et elles m'ont parlé d'un certain pays où elles ont du bien, dont vous serez le maître.

HARPAGON.

Il faudra voir cela. Mais, Frosine, il y a encore une chose qui m'inquiète. La fille est jeune, comme tu vois; les jeunes gens d'ordinaire n'aiment que leurs semblables, ne cherchent que leur compagnie : j'ai peur qu'un homme de mon âge ne soit pas de son goût, et que cela ne vienne à produire chez moi certains petits désordres qui ne m'accommoderoient pas.

FROSINE.

Ah! que vous la connoissez mal! C'est encore une particularité que j'avois à vous dire. Elle a une aversion épouvantable pour tous les jeunes gens, et n'a de l'amour que pour les vieillards.

HARPAGON.

Elle?

FROSINE.

Oui, elle. Je voudrois que vous l'eussiez entendue parler là-dessus. Elle ne peut souffrir du tout la vue d'un jeune homme; mais elle n'est point plus ravie, dit-elle, que lorsqu'elle peut voir un beau vieillard avec une barbe majestueuse. Les plus vieux sont pour elle les plus charmants; et je vous avertis de n'aller pas vous faire plus jeune que vous êtes. Elle veut tout au moins qu'on soit sexagénaire; et il n'y a pas quatre mois encore qu'étant près d'être mariée elle rompit tout net le mariage, sur ce que son amant fit voir qu'il n'avoit que cinquante-six ans, et qu'il ne prit point de lunettes pour signer le contrat.

HARPAGON.

Sur cela seulement?

FROSINE.

Oui. Elle dit que ce n'est pas contentement pour elle que cinquante-six ans; et surtout elle est pour les nez qui portent des lunettes.

HARPAGON.

Certes, tu me dis là une chose toute nouvelle.

FROSINE.

Cela va plus loin qu'on ne vous peut dire. On lui voit dans sa chambre quelques tableaux et quelques estampes. Mais que pensez-vous que ce soit? des Adonis? des Céphales? des Pâris et des Apollons?

Non : de beaux portraits de Saturne, du roi Priam, du vieux Nestor, et du bon père Anchise sur les épaules de son fils.

HARPAGON.

Cela est admirable! Voilà ce que je n'aurois jamais pensé, et je suis bien aise d'apprendre qu'elle est de cette humeur. En effet, si j'avois été femme, je n'aurois point aimé les jeunes hommes.

FROSINE.

Je le crois bien. Voilà de belles drogues que des jeunes gens, pour les aimer! ce sont de beaux morveux, de beaux godelureaux, pour donner envie de leur peau! et je voudrois bien savoir quel ragoût il y a à eux!

HARPAGON.

Pour moi, je n'y en comprends point; et je ne sais pas comment il y a des femmes qui les aiment tant.

FROSINE.

Il faut être folle fieffée. Trouver la jeunesse aimable, est-ce avoir le sens commun? Sont-ce des hommes que de jeunes blondins? et peut-on s'attacher à ces animaux-là?

HARPAGON.

C'est ce que je dis tous les jours. Avec leur ton de poule laitée, leurs trois petits brins de barbe relevés en barbe de chat; leurs perruques d'étoupes, leurs hauts-de-chausses tombants, et leurs estomacs débraillés!...

FROSINE.

Hé! cela est bien bâti auprès d'une personne comme

vous! Voilà un homme cela. Il y a là de quoi satisfaire à la vue; et c'est ainsi qu'il faut être fait et vêtu pour donner de l'amour.

HARPAGON.

Tu me trouves bien?

FROSINE.

Comment! vous êtes à ravir, et votre figure est à peindre. Tournez-vous un peu, s'il vous plaît. Il ne se peut pas mieux. Que je vous voie marcher. Voilà un corps taillé, libre et dégagé comme il faut, et qui ne marque aucune incommodité.

HARPAGON.

Je n'en ai pas de grandes, dieu merci; il n'y a que ma fluxion qui me prend de temps en temps.

FROSINE.

Cela n'est rien; votre fluxion ne vous sied point mal, et vous avez grâce à tousser.

HARPAGON.

Dis-moi un peu : Mariane ne m'a-t-elle point encore vu? N'a-t-elle point pris garde à moi en passant?

FROSINE.

Non; mais nous nous sommes fort entretenues de vous : je lui ai fait un portrait de votre personne; et je n'ai pas manqué de lui vanter votre mérite, et l'avantage que ce lui seroit d'avoir un mari comme vous.

HARPAGON.

Tu as bien fait, et je t'en remercie.

FROSINE.

J'aurois, monsieur, une petite prière à vous faire.

ACTE II, SCÈNE VI.

J'ai un procès que je suis sur le point de perdre, faute d'un peu d'argent (*Harpagon prend un air sérieux*); et vous pourriez facilement me procurer le gain de ce procès, si vous aviez quelques bontés pour moi... Vous ne sauriez croire le plaisir qu'elle aura de vous voir. (*Harpagon reprend un air gai.*) Ah! que vous lui plairez! et que votre fraise à l'antique fera sur son esprit un effet admirable! Mais surtout elle sera charmée de votre haut-de-chausses attaché au pourpoint avec des aiguillettes : c'est pour la rendre folle de vous; et un amant aiguilleté sera pour elle un ragoût merveilleux.

HARPAGON.

Certes, tu me ravis de me dire cela.

FROSINE.

En vérité, monsieur, ce procès m'est d'une conséquence tout-à-fait grande. (*Harpagon reprend son air sérieux.*) Je suis ruinée si je le perds; et quelque petite assistance me rétabliroit mes affaires... Je voudrois que vous eussiez vu le ravissement où elle étoit à m'entendre parler de vous. (*Harpagon reprend un air gai.*) La joie éclatoit dans ses yeux au récit de vos qualités; et je l'ai mise enfin dans une impatience extrême de voir ce mariage entièrement conclu.

HARPAGON.

Tu m'as fait grand plaisir, Frosine; et je t'en ai, je te l'avoue, toutes les obligations du monde.

FROSINE.

Je vous prie, monsieur, de me donner le petit secours que je vous demande. (*Harpagon reprend en-*

core son air sérieux.) Cela me remettra sur pied, et je vous en serai éternellement obligée.

HARPAGON.

Adieu. Je vais achever mes dépêches.

FROSINE.

Je vous assure, monsieur, que vous ne sauriez jamais me soulager dans un plus grand besoin.

HARPAGON.

Je mettrai ordre que mon carrosse soit tout prêt pour vous mener à la foire.

FROSINE.

Je ne vous importunerois pas, si je ne m'y voyois forcée par la nécessité.

HARPAGON.

Et j'aurai soin qu'on soupe de bonne heure, pour ne vous point faire malades.

FROSINE.

Ne me refusez pas la grâce dont je vous sollicite. Vous ne sauriez croire, monsieur, le plaisir que…

HARPAGON.

Je m'en vais. Voilà qu'on m'appelle. Jusqu'à tantôt.

FROSINE, *seule.*

Que la fièvre te serre, chien de vilain, à tous les diables! Le ladre a été ferme à toutes mes attaques. Mais il ne me faut pas pourtant quitter la négociation; et j'ai l'autre côté, en tout cas, d'où je suis assurée de tirer bonne récompense.

FIN DU SECOND ACTE.

ACTE TROISIÈME.

SCÈNE I.

HARPAGON, CLÉANTE, ÉLISE, VALÈRE; DAME CLAUDE, *tenant un balai;* MAÎTRE JACQUES, LA MERLUCHE, BRINDAVOINE.

HARPAGON.

Allons, venez çà tous, que je vous distribue mes ordres pour tantôt, et règle à chacun son emploi. Approchez, dame Claude; commençons par vous. Bon, vous voilà les armes à la main. Je vous commets au soin de nettoyer partout; et, surtout, prenez garde de frotter les meubles trop fort, de peur de les user. Outre cela, je vous constitue pendant le souper au gouvernement des bouteilles; et, s'il s'en écarte quelqu'une, et qu'il se casse quelque chose, je m'en prendrai à vous, et les rabattrai sur vos gages.

MAITRE JACQUES, *à part.*

Châtiment politique!

HARPAGON, *à dame Claude.*

Allez.

SCÈNE II.

HARPAGON, CLÉANTE, ÉLISE, VALÈRE; maître JACQUES, BRINDAVOINE, LA MERLUCHE.

HARPAGON.

Vous, Brindavoine, et vous, La Merluche, je vous établis dans la charge de rincer les verres, et de donner à boire, mais seulement lorsque l'on aura soif, et non pas selon la coutume de certains impertinents de laquais qui viennent provoquer les gens, et les faire aviser de boire lorsqu'on n'y songe pas. Attendez qu'on vous en demande plus d'une fois, et vous ressouvenez de porter toujours beaucoup d'eau.

MAÎTRE JACQUES, *à part.*

Oui, le vin pur monte à la tête.

LA MERLUCHE.

Quitterons-nous nos souquenilles*, monsieur ?

HARPAGON.

Oui, quand vous verrez venir les personnes; et gardez bien de gâter vos habits.

BRINDAVOINE.

Vous savez bien, monsieur, qu'un des devants de mon pourpoint est couvert d'une grande tache de l'huile de la lampe.

LA MERLUCHE.

Et moi, monsieur, que j'ai mon haut-de-chausses tout troué par derrière, et qu'on me voit, révérence parler...

* Molière a écrit *siquenilles.*

HARPAGON, *à La Merluche.*

Paix : rangez cela adroitement du côté de la muraille, et présentez toujours le devant au monde.

(*à Brindavoine, en lui montrant comment il doit mettre son chapeau au-devant de son pourpoint pour cacher la tache d'huile.*)

Et vous, tenez toujours votre chapeau ainsi, lorsque vous servirez.

SCÈNE III.

HARPAGON, CLÉANTE, ÉLISE, VALÈRE, maître JACQUES.

HARPAGON.

Pour vous, ma fille, vous aurez l'œil sur ce que l'on desservira, et prenez garde qu'il ne s'en fasse aucun dégât. Cela sied bien aux filles. Mais cependant préparez-vous à bien recevoir ma maîtresse, qui vous doit venir visiter, et vous mener avec elle à la foire. Entendez-vous ce que je vous dis ?

ÉLISE.

Oui, mon père.

SCÈNE IV.

HARPAGON, CLÉANTE, VALÈRE, maître JACQUES.

HARPAGON.

Et vous, mon fils le damoiseau, à qui j'ai la bonté de pardonner l'histoire de tantôt, ne vous allez pas aviser non plus de lui faire mauvais visage.

CLÉANTE.

Moi, mon père? mauvais visage? et par quelle raison?

HARPAGON.

Mon dieu! nous savons le train des enfants dont les pères se remarient, et de quel œil ils ont coutume de regarder ce qu'on appelle belle-mère. Mais si vous souhaitez que je perde le souvenir de votre dernière fredaine, je vous recommande surtout de régaler d'un bon visage cette personne-là, et de lui faire enfin tout le meilleur accueil qu'il vous sera possible.

CLÉANTE.

A vous dire le vrai, mon père, je ne puis pas vous promettre d'être bien aise qu'elle devienne ma belle-mère; je mentirois si je vous le disois : mais pour ce qui est de la bien recevoir, et de lui faire bon visage, je vous promets de vous obéir ponctuellement sur ce chapitre.

HARPAGON.

Prenez-y garde, au moins.

CLÉANTE.

Vous verrez que vous n'aurez pas sujet de vous en plaindre.

HARPAGON.

Vous ferez sagement.

SCÈNE V.

HARPAGON, VALÈRE, maître JACQUES.

HARPAGON.

Valère, aide-moi à ceci. Oh çà! maître Jacques, approchez-vous; je vous ai gardé pour le dernier.

MAÎTRE JACQUES.

Est-ce à votre cocher, monsieur, ou bien à votre cuisinier, que vous voulez parler? car je suis l'un et l'autre.

HARPAGON.

C'est à tous les deux.

MAÎTRE JACQUES.

Mais à qui des deux le premier?

HARPAGON.

Au cuisinier.

MAÎTRE JACQUES.

Attendez donc, s'il vous plaît.

(*Maître Jacques ôte sa casaque de cocher, et paroît vêtu en cuisinier.*)

HARPAGON.

Quelle diantre de cérémonie est-ce là?

MAÎTRE JACQUES.

Vous n'avez qu'à parler.

HARPAGON.

Je me suis engagé, maître Jacques, à donner ce soir à souper.

MAÎTRE JACQUES, *à part.*

Grande merveille!

HARPAGON.

Dis-moi un peu, nous feras-tu bonne chère?
MAÎTRE JACQUES.

Oui, si vous me donnez bien de l'argent.
HARPAGON.

Que diable! toujours de l'argent! Il semble qu'ils n'aient rien autre chose à dire : de l'argent! de l'argent! de l'argent! Ah! ils n'ont que ce mot à la bouche, de l'argent! Toujours parler d'argent! Voilà leur épée de chevet, de l'argent!
VALÈRE.

Je n'ai jamais vu de réponse plus impertinente que celle-là. Voilà une belle merveille de faire bonne chère avec bien de l'argent! c'est une chose la plus aisée du monde, et il n'y a si pauvre esprit qui n'en fît bien autant; mais, pour agir en habile homme, il faut parler de faire bonne chère avec peu d'argent.
MAÎTRE JACQUES.

Bonne chère avec peu d'argent!
VALÈRE.

Oui.
MAÎTRE JACQUES, *à Valère*.

Par ma foi, monsieur l'intendant, vous nous obligerez de nous faire voir ce secret, et de prendre mon office de cuisinier : aussi-bien vous mêlez-vous céans d'être le factoton.
HARPAGON.

Taisez-vous. Qu'est-ce qu'il nous faudra?

ACTE III, SCÈNE V.

MAÎTRE JACQUES.

Voilà monsieur votre intendant qui vous fera bonne chère pour peu d'argent.

HARPAGON.

Ah! je veux que tu me répondes.

MAÎTRE JACQUES.

Combien serez-vous de gens à table?

HARPAGON.

Nous serons huit ou dix; mais il ne faut prendre que huit. Quand il y a à manger pour huit, il y en a bien pour dix.

VALÈRE.

Cela s'entend.

MAÎTRE JACQUES.

Hé bien! il faudra quatre grands potages et cinq assiettes... Potages... Entrées...

HARPAGON.

Que diable! voilà pour traiter toute une ville entière.

MAÎTRE JACQUES.

Rôt...

HARPAGON, *mettant la main sur la bouche de maître Jacques.*

Ah! traître, tu manges tout mon bien.

MAÎTRE JACQUES.

Entremets...

HARPAGON, *mettant encore la main sur la bouche de maître Jacques.*

Encore!

VALÈRE, *à maître Jacques.*

Est-ce que vous avez envie de faire crever tout le monde? et monsieur a-t-il invité des gens pour les assassiner à force de mangeaille? Allez-vous en lire un peu les préceptes de la santé, et demander aux médecins s'il y a rien de plus préjudiciable à l'homme que de manger avec excès.

HARPAGON.

Il a raison.

VALÈRE.

Apprenez, maître Jacques, vous et vos pareils, que c'est un coupe-gorge qu'une table remplie de trop de viandes; que, pour se bien montrer ami de ceux que l'on invite, il faut que la frugalité règne dans les repas qu'on donne, et que, suivant le dire d'un ancien, *Il faut manger pour vivre, et non pas vivre pour manger.*

HARPAGON.

Ah! que cela est bien dit! Approche, que je t'embrasse pour ce mot. Voilà la plus belle sentence que j'aie entendue de ma vie : *Il faut vivre pour manger, et non pas manger pour vi...* Non, ce n'est pas cela. Comment est-ce que tu dis?

VALÈRE.

Qu'il faut manger pour vivre, et non pas vivre pour manger.

HARPAGON.

(*à maître Jacques.*) Oui. Entends-tu? (*à Valère.*) Qui est le grand homme qui a dit cela?

ACTE III, SCÈNE V.

VALÈRE.

Je ne me souviens pas maintenant de son nom.

HARPAGON.

Souviens-toi de m'écrire ces mots ; je les veux faire graver en lettres d'or sur la cheminée de ma salle.

VALÈRE.

Je n'y manquerai pas : et, pour votre souper, vous n'avez qu'à me laisser faire ; je réglerai tout cela comme il faut.

HARPAGON.

Fais donc.

MAÎTRE JACQUES.

Tant mieux, j'en aurai moins de peine.

HARPAGON, *à Valère*.

Il faudra de ces choses dont on ne mange guère, et qui rassasient d'abord ; quelque bon haricot bien gras, avec quelque pâté en pot bien garni de marrons.

VALÈRE.

Reposez-vous sur moi.

HARPAGON.

Maintenant, maître Jacques, il faut nettoyer mon carrosse.

MAÎTRE JACQUES.

Attendez. Ceci s'adresse au cocher.

(*Maître Jacques remet sa casaque.*)

Vous dites...?

HARPAGON.

Qu'il faut nettoyer mon carrosse, et tenir mes chevaux tout prêts pour conduire à la foire...

MAÎTRE JACQUES.

Vos chevaux, monsieur! Ma foi, ils ne sont point du tout en état de marcher. Je ne vous dirai point qu'ils sont sur la litière, les pauvres bêtes n'en ont point; et ce seroit mal parler : mais vous leur faites observer des jeûnes si austères, que ce ne sont plus rien que des idées ou des fantômes, des façons de chevaux.

HARPAGON.

Les voilà bien malades! ils ne font rien.

MAÎTRE JACQUES.

Et pour ne faire rien, monsieur, est-ce qu'il ne faut rien manger? Il leur vaudroit bien mieux, les pauvres animaux, de travailler beaucoup, de manger de même. Cela me fend le cœur, de les voir ainsi exténués : car enfin j'ai une tendresse pour mes chevaux, qu'il me semble que c'est moi-même, quand je les vois pâtir ; je m'ôte tous les jours pour eux les choses de la bouche : et c'est être, monsieur, d'un naturel trop dur, que de n'avoir nulle pitié de son prochain.

HARPAGON.

Le travail ne sera pas grand d'aller jusqu'à la foire.

MAÎTRE JACQUES.

Non, monsieur, je n'ai point le courage de les mener, et je ferois conscience de leur donner des coups de fouet en l'état où ils sont. Comment voudriez-vous qu'ils traînassent un carrosse? ils ne peuvent pas se traîner eux-mêmes.

ACTE III, SCÈNE V.

VALÈRE.

Monsieur, j'obligerai le voisin Picard à se charger de les conduire : aussi-bien nous fera-t-il ici besoin pour apprêter le souper.

MAÎTRE JACQUES.

Soit. J'aime mieux encore qu'ils meurent sous la main d'un autre que sous la mienne.

VALÈRE.

Maître Jacques fait bien le raisonnable!

MAÎTRE JACQUES.

Monsieur l'intendant fait bien le nécessaire!

HARPAGON.

Paix.

MAÎTRE JACQUES.

Monsieur, je ne saurois souffrir les flatteurs; et je vois que ce qu'il en fait, que ses contrôles perpétuels sur le pain et le vin, le bois, le sel et la chandelle, ne sont rien que pour vous gratter, et vous faire sa cour. J'enrage de cela, et je suis fâché tous les jours d'entendre ce qu'on dit de vous : car enfin je me sens pour vous de la tendresse, en dépit que j'en aie; et, après mes chevaux, vous êtes la personne que j'aime le plus.

HARPAGON.

Pourrois-je savoir de vous, maître Jacques, ce que l'on dit de moi?

MAÎTRE JACQUES.

Oui, monsieur, si j'étois assuré que cela ne vous fâchât point.

HARPAGON.

Non, en aucune façon.

MAÎTRE JACQUES.

Pardonnez-moi ; je sais fort bien que je vous mettrois en colère.

HARPAGON.

Point du tout : au contraire, c'est me faire plaisir, et je suis bien aise d'apprendre comme on parle de moi.

MAÎTRE JACQUES.

Monsieur, puisque vous le voulez, je vous dirai franchement qu'on se moque partout de vous, qu'on nous jette de tous côtés cent brocards à votre sujet, et que l'on n'est point plus ravi que de vous tenir au cul et aux chausses, et de faire sans cesse des contes de votre lésine. L'un dit que vous faites imprimer des almanachs particuliers, où vous faites doubler les quatre-temps et les vigiles, afin de profiter des jeûnes où vous obligez votre monde ; l'autre, que vous avez toujours une querelle toute prête à faire à vos valets dans le temps des étrennes, ou de leur sortie d'avec vous, pour vous trouver une raison de ne leur donner rien : celui-là conte qu'une fois vous fîtes assigner le chat d'un de vos voisins, pour vous avoir mangé un reste d'un gigot de mouton ; celui-ci, que l'on vous surprit une nuit en venant dérober vous-même l'avoine de vos chevaux, et que votre cocher, qui étoit celui d'avant moi, vous donna dans l'obscurité je ne sais combien de coups de bâton, dont vous ne voulûtes rien dire. Enfin, voulez-vous que je vous dise?

on ne sauroit aller nulle part où l'on ne vous entende accommoder de toutes pièces : vous êtes la fable et la risée de tout le monde; et jamais on ne parle de vous que sous les noms d'avare, de ladre, de vilain, et de fesse-Matthieu.

HARPAGON, *en battant maître Jacques.*

Vous êtes un sot, un maraud, un coquin, et un impudent.

MAÎTRE JACQUES.

Hé bien! ne l'avois-je pas deviné? Vous ne m'avez pas voulu croire. Je vous avois bien dit que je vous fâcherois de vous dire la vérité.

HARPAGON.

Apprenez à parler.

SCÈNE VI.

VALÈRE, MAÎTRE JACQUES.

VALÈRE, *riant.*

A ce que je puis voir, maître Jacques, on paie mal votre franchise.

MAÎTRE JACQUES.

Morbleu! monsieur le nouveau-venu, qui faites l'homme d'importance, ce n'est pas votre affaire. Riez de vos coups de bâton quand on vous en donnera, et ne venez point rire des miens.

VALÈRE.

Ah! monsieur maître Jacques, ne vous fâchez pas, je vous prie.

MAÎTRE JACQUES, *à part.*

Il file doux. Je veux faire le brave, et, s'il est assez sot pour me craindre, le frotter quelque peu. (*haut.*) Savez-vous bien, monsieur le rieur, que je ne ris pas, moi, et que, si vous m'échauffez la tête, je vous ferai rire d'une autre sorte?

(*Maître Jacques pousse Valère jusqu'au bout du théâtre en le menaçant.*)

VALÈRE.

Hé! doucement.

MAÎTRE JACQUES.

Comment, doucement! Il ne me plaît pas, moi.

VALÈRE.

De grâce!

MAÎTRE JACQUES.

Vous êtes un impertinent.

VALÈRE.

Monsieur maître Jacques...

MAÎTRE JACQUES.

Il n'y a point de monsieur maître Jacques pour un double. Si je prends un bâton, je vous rosserai d'importance.

VALÈRE.

Comment! un bâton?

(*Valère fait reculer maître Jacques à son tour.*)

MAÎTRE JACQUES.

Hé! je ne parle pas de cela.

VALÈRE.

Savez-vous bien, monsieur le fat, que je suis homme à vous rosser vous-même?

MAÎTRE JACQUES.

Je n'en doute pas.

VALÈRE.

Que vous n'êtes, pour tout potage, qu'un faquin de cuisinier?

MAÎTRE JACQUES.

Je le sais bien.

VALÈRE.

Et que vous ne me connoissez pas encore.

MAÎTRE JACQUES.

Pardonnez-moi.

VALÈRE.

Vous me rosserez, dites-vous?

MAÎTRE JACQUES.

Je le disois en raillant.

VALÈRE.

Et moi, je ne prends point de goût à votre raillerie. (*donnant des coups de bâton à maître Jacques.*) Apprenez que vous êtes un mauvais railleur.

MAÎTRE JACQUES, *seul*.

Peste soit la sincérité! c'est un mauvais métier : désormais j'y renonce, et je ne veux plus dire vrai. Passe encore pour mon maître; il a quelque droit de me battre : mais, pour ce monsieur l'intendant, je m'en vengerai si je puis.

SCÈNE VII.

MARIANE, FROSINE, MAÎTRE JACQUES.

FROSINE.

Savez-vous, maître Jacques, si votre maître est au logis?

MAÎTRE JACQUES.

Oui, vraiment, il y est; je ne le sais que trop.

FROSINE.

Dites-lui, je vous prie, que nous sommes ici.

SCÈNE VIII.

MARIANE, FROSINE.

MARIANE.

Ah! que je suis, Frosine, dans un étrange état, et, s'il faut dire ce que je sens, que j'appréhende cette vue!

FROSINE.

Mais pourquoi? et quelle est votre inquiétude?

MARIANE.

Hélas! me le demandez-vous? et ne vous figurez-vous point les alarmes d'une personne toute prête à voir le supplice où l'on veut l'attacher?

FROSINE.

Je vois bien que, pour mourir agréablement, Harpagon n'est pas le supplice que vous voudriez embrasser; et je connois, à votre mine, que le jeune blondin dont vous m'avez parlé, vous revient un peu dans l'esprit.

MARIANE.

Oui : c'est une chose Frosine, dont je ne veux pas me défendre ; et les visites respectueuses qu'il a rendues chez nous, ont fait, je vous l'avoue, quelque effet dans mon ame.

FROSINE.

Mais avez-vous su quel il est?

MARIANE.

Non, je ne sais point quel il est : mais je sais qu'il est fait d'un air à se faire aimer ; que, si l'on pouvoit mettre les choses à mon choix, je le prendrois plutôt qu'un autre ; et qu'il ne contribue pas peu à me faire trouver un tourment effroyable dans l'époux qu'on veut me donner.

FROSINE.

Mon dieu! tous ces blondins sont agréables, et débitent fort bien leur fait : mais la plupart sont gueux comme des rats ; et il vaut mieux pour vous de prendre un vieux mari qui vous donne beaucoup de bien. Je vous avoue que les sens ne trouvent pas si bien leur compte du côté que je dis, et qu'il y a quelques petits dégoûts à essuyer avec un tel époux : mais cela n'est pas pour durer ; et sa mort, croyez-moi, vous mettra bientôt en état d'en prendre un plus aimable, qui réparera toutes choses.

MARIANE.

Mon dieu! Frosine, c'est une étrange affaire, lorsque, pour être heureuse, il faut souhaiter ou attendre le trépas de quelqu'un! et la mort ne suit pas tous les projets que nous faisons.

FROSINE.

Vous moquez-vous? Vous ne l'épousez qu'aux conditions de vous laisser veuve bientôt; et ce doit être là un des articles du contrat. Il seroit bien impertinent de ne pas mourir dans trois mois. Le voici en propre personne.

MARIANE.

Ah! Frosine, quelle figure!

SCÈNE IX.

HARPAGON, MARIANE, FROSINE.

HARPAGON, *à Mariane.*

Ne vous offensez pas, ma belle, si je viens à vous avec des lunettes. Je sais que vos appas frappent assez les yeux, sont assez visibles d'eux-mêmes, et qu'il n'est pas besoin de lunettes pour les apercevoir : mais enfin c'est avec des lunettes qu'on observe les astres; et je maintiens et garantis que vous êtes un astre, mais un astre, le plus bel astre qui soit dans le pays des astres... Frosine, elle ne répond mot, et ne témoigne, ce me semble, aucune joie de me voir.

FROSINE.

C'est qu'elle est encore toute surprise : et puis les filles ont toujours honte à témoigner d'abord ce qu'elles ont dans l'ame.

HARPAGON, *à Frosine.*

Tu as raison. (*à Mariane.*) Voilà, belle mignonne, ma fille qui vient vous saluer.

SCÈNE X.

HARPAGON, ÉLISE, MARIANE, FROSINE.

MARIANE.

Je m'acquitte bien tard, madame, d'une telle visite.

ÉLISE.

Vous avez fait, madame, ce que je devois faire ; et c'étoit à moi de vous prévenir.

HARPAGON.

Vous voyez qu'elle est grande ; mais mauvaise herbe croît toujours.

MARIANE, *bas, à Frosine.*

O l'homme déplaisant !

HARPAGON, *bas, à Frosine.*

Que dit la belle ?

FROSINE.

Qu'elle vous trouve admirable.

HARPAGON.

C'est trop d'honneur que vous me faites, adorable mignonne.

MARIANE, *à part.*

Quel animal !

HARPAGON.

Je vous suis trop obligé de ces sentiments.

MARIANE, *à part.*

Je n'y puis plus tenir.

SCÈNE XI.

HARPAGON, MARIANE, ÉLISE, CLÉANTE, VALÈRE, FROSINE, BRINDAVOINE.

HARPAGON.

Voici mon fils aussi qui vous vient faire la révérence.

MARIANE, *bas, à Frosine.*

Ah! Frosine, quelle rencontre! C'est justement celui dont je t'ai parlé.

FROSINE, *à Mariane.*

L'aventure est merveilleuse.

HARPAGON.

Je vois que vous vous étonnez de me voir de si grands enfants; mais je serai bientôt défait et de l'un et de l'autre.

CLÉANTE, *à Mariane.*

Madame, à vous dire le vrai, c'est ici une aventure où, sans doute, je ne m'attendois pas; et mon père ne m'a pas peu surpris, lorsqu'il m'a dit tantôt le dessein qu'il avoit formé.

MARIANE.

Je puis dire la même chose : c'est une rencontre imprévue qui m'a surprise autant que vous; et je n'étois point préparée à une telle aventure.

CLÉANTE.

Il est vrai que mon père, madame, ne peut pas faire un plus beau choix, et que ce m'est une sensible joie que l'honneur de vous voir; mais, avec tout

ACTE III, SCÈNE XI.

cela, je ne vous assurerai point que je me réjouis du dessein où vous pourriez être de devenir ma belle-mère. Le compliment, je vous l'avoue, est trop difficile pour moi; et c'est un titre, s'il vous plaît, que je ne vous souhaite point. Ce discours paroîtra brutal aux yeux de quelques-uns; mais je suis assuré que vous serez personne à le prendre comme il faudra; que c'est un mariage, madame, où vous vous imaginez bien que je dois avoir de la répugnance; que vous n'ignorez pas, sachant ce que je suis, comme il choque mes intérêts; et que vous voulez bien enfin que je vous dise, avec la permission de mon père, que, si les choses dépendoient de moi, cet hymen ne se feroit point.

HARPAGON.

Voilà un compliment bien impertinent! Quelle belle confession à lui faire!

MARIANE.

Et moi, pour vous répondre, j'ai à vous dire que les choses sont fort égales; et que, si vous auriez de la répugnance à me voir votre belle-mère, je n'en aurois pas moins, sans doute, à vous voir mon beau-fils. Ne croyez pas, je vous prie, que ce soit moi qui cherche à vous donner cette inquiétude. Je serois fort fâchée de vous causer du déplaisir; et, si je ne m'y vois forcée par une puissance absolue, je vous donne ma parole que je ne consentirai point au mariage qui vous chagrine.

HARPAGON.

Elle a raison : à sot compliment il faut une réponse

de même. Je vous demande pardon, ma belle, de l'impertinence de mon fils; c'est un jeune sot qui ne sait pas encore la conséquence des paroles qu'il dit.

MARIANE.

Je vous promets que ce qu'il m'a dit ne m'a point du tout offensée; au contraire, il m'a fait plaisir de m'expliquer ainsi ses véritables sentiments. J'aime de lui un aveu de la sorte; et s'il avoit parlé d'autre façon, je l'en estimerois bien moins.

HARPAGON.

C'est beaucoup de bonté à vous de vouloir ainsi excuser ses fautes. Le temps le rendra plus sage; et vous verrez qu'il changera de sentiments.

CLÉANTE.

Non, mon père, je ne suis point capable d'en changer, et je prie instamment madame de le croire.

HARPAGON.

Mais voyez quelle extravagance! il continue encore plus fort.

CLÉANTE.

Voulez-vous que je trahisse mon cœur?

HARPAGON.

Encore! Avez-vous envie de changer de discours?

CLÉANTE.

Hé bien! puisque vous voulez que je parle d'autre façon : Souffrez, madame, que je me mette ici à la place de mon père, et que je vous avoue que je n'ai rien vu dans le monde de si charmant que vous; que je ne connois rien d'égal au bonheur de vous plaire, et que le titre de votre époux est une gloire, une félicité que je préférerois aux destinées des plus grands princes de la terre. Oui, madame, le bonheur de vous posséder est, à mes regards, la plus belle de toutes les fortunes; c'est où j'attache toute mon ambition. Il n'y a rien que je ne sois capable de faire pour une conquête si précieuse; et les obstacles les plus puissants...

HARPAGON.

Doucement, mon fils, s'il vous plaît.

CLÉANTE.

C'est un compliment que je fais pour vous à madame.

HARPAGON.

Mon dieu! j'ai une langue pour m'expliquer moi-même, et je n'ai pas besoin d'un procureur comme vous. Allons, donnez des siéges.

FROSINE.

Non, il vaut mieux que de ce pas nous allions à la foire, afin d'en revenir plus tôt, et d'avoir tout le temps ensuite de nous entretenir.

HARPAGON, *à Brindavoine.*

Qu'on mette donc les chevaux au carrosse.

SCÈNE XII.

HARPAGON, MARIANE, ÉLISE, CLÉANTE, VALÈRE, FROSINE.

HARPAGON, *à Mariane.*

Je vous prie de m'excuser, ma belle, si je n'ai pas songé à vous donner un peu de collation avant que de partir.

CLÉANTE.

J'y ai pourvu, mon père; et j'ai fait apporter ici quelques bassins d'oranges de la Chine, de citrons doux, et de confitures, que j'ai envoyé querir de votre part.

HARPAGON, *bas, à Valère.*

Valère!

VALÈRE, *à Harpagon.*

Il a perdu le sens.

CLÉANTE.

Est-ce que vous trouvez, mon père, que ce ne soit pas assez? Madame aura la bonté d'excuser cela, s'il lui plaît.

MARIANE.

C'est une chose qui n'étoit pas nécessaire.

CLÉANTE.

Avez-vous jamais vu, madame, un diamant plus vif que celui que vous voyez que mon père a au doigt?

MARIANE.

Il est vrai qu'il brille beaucoup.

CLÉANTE, *ôtant du doigt de son père le diamant, et le donnant à Mariane.*

Il faut que vous le voyiez de près.

MARIANE.

Il est fort beau, sans doute, et jette quantité de feux.

CLÉANTE, *se mettant au-devant de Mariane, qui veut rendre le diamant.*

Non, madame, il est en de trop belles mains; c'est un présent que mon père vous fait.

ACTE III, SCÈNE XII.

HARPAGON.

Moi?

CLÉANTE.

N'est-il pas vrai, mon père, que vous voulez que madame le garde pour l'amour de vous?

HARPAGON, *bas, à son fils.*

Comment?

CLÉANTE, *à Mariane.*

Belle demande! il me fait signe de vous le faire accepter.

MARIANE.

Je ne veux point...

CLÉANTE, *à Mariane.*

Vous moquez-vous? il n'a garde de le reprendre.

HARPAGON, *à part.*

J'enrage.

MARIANE.

Ce seroit...

CLÉANTE, *empêchant toujours Mariane de rendre le diamant.*

Non, vous dis-je; c'est l'offenser.

MARIANE.

De grâce...

CLÉANTE.

Point du tout.

HARPAGON, *à part.*

Peste soit...!

CLÉANTE.

Le voilà qui se scandalise de votre refus.

HARPAGON, *bas, à son fils.*

Ah! traître!

CLÉANTE, *à Mariane.*

Vous voyez qu'il se désespère.

HARPAGON, *bas, à son fils en le menaçant.*

Bourreau que tu es!

CLÉANTE.

Mon père, ce n'est pas ma faute : je fais ce que je puis pour l'obliger à le garder; mais elle est obstinée.

HARPAGON, *bas, à son fils avec emportement.*

Pendard!

CLÉANTE.

Vous êtes cause, madame, que mon père me querelle.

HARPAGON, *bas, à son fils, avec les mêmes gestes.*

Le coquin!

CLÉANTE, *à Mariane.*

Vous le ferez tomber malade. De grâce, madame, ne résistez pas davantage.

FROSINE, *à Mariane.*

Mon dieu! que de façons! Gardez la bague, puisque monsieur le veut.

MARIANE, *à Harpagon.*

Pour ne vous point mettre en colère, je la garde maintenant, et je prendrai un autre temps pour vous la rendre.

SCÈNE XIII.

HARPAGON, MARIANE, ÉLISE, CLÉANTE, VALÈRE, FROSINE, BRINDAVOINE.

BRINDAVOINE.

Monsieur, il y a là un homme qui veut vous parler.

HARPAGON.

Dis-lui que je suis empêché, et qu'il revienne une autre fois.

BRINDAVOINE.

Il dit qu'il vous apporte de l'argent.

HARPAGON, *à Mariane*.

Je vous demande pardon; je reviens tout-à-l'heure.

SCÈNE XIV.

HARPAGON, MARIANE, ÉLISE, CLÉANTE, VALÈRE, FROSINE, LA MERLUCHE.

LA MERLUCHE, *courant et faisant tomber Harpagon*.
Monsieur...

HARPAGON.

Ah! je suis mort.

CLÉANTE.

Qu'est-ce, mon père? Vous êtes-vous fait mal?

HARPAGON.

Le traître assurément a reçu de l'argent de mes débiteurs pour me faire rompre le cou.

VALÈRE, *à Harpagon*.

Cela ne sera rien.

LA MERLUCHE, *à Harpagon.*

Monsieur, je vous demande pardon; je croyois bien faire d'accourir vite.

HARPAGON.

Que viens-tu faire ici, bourreau?

LA MERLUCHE.

Vous dire que vos deux chevaux sont déferrés.

HARPAGON.

Qu'on les mène promptement chez le maréchal.

CLÉANTE.

En attendant qu'ils soient ferrés, je vais faire pour vous, mon père, les honneurs de votre logis, et conduire madame dans le jardin, où je ferai porter la collation.

SCÈNE XV.

HARPAGON, VALÈRE.

HARPAGON.

Valère, aie un peu l'œil à tout cela; et prends soin, je te prie, de m'en sauver le plus que tu pourras, pour le renvoyer au marchand.

VALÈRE.

C'est assez.

HARPAGON, *seul.*

O fils impertinent! as-tu envie de me ruiner?

FIN DU TROISIÈME ACTE.

ACTE QUATRIÈME.

SCÈNE I.

CLÉANTE, MARIANE, ÉLISE, FROSINE.

CLÉANTE.

Rentrons ici; nous serons beaucoup mieux : il n'y a plus autour de nous personne de suspect, et nous pouvons parler librement.

ÉLISE, *à Mariane.*

Oui, madame, mon frère m'a fait confidence de la passion qu'il a pour vous. Je sais les chagrins et les déplaisirs que sont capables de causer de pareilles traverses; et c'est, je vous assure, avec une tendresse extrême que je m'intéresse à votre aventure.

MARIANE.

C'est une douce consolation que de voir dans ses intérêts une personne comme vous; et je vous conjure, madame, de me garder toujours cette généreuse amitié, si capable de m'adoucir les cruautés de la fortune.

FROSINE.

Vous êtes, par ma foi, de malheureuses gens, l'un et l'autre, de ne m'avoir point, avant tout ceci, avertie de votre affaire. Je vous aurois sans doute détourné cette inquiétude, et n'aurois point amené les choses où l'on voit qu'elles sont.

CLÉANTE.

Que veux-tu? c'est ma mauvaise destinée qui l'a voulu ainsi. Mais, belle Mariane, quelles résolutions sont les vôtres?

MARIANE.

Hélas! suis-je en pouvoir de faire des résolutions? et, dans la dépendance où je me vois, puis-je former que des souhaits?

CLÉANTE.

Point d'autre appui pour moi dans votre cœur que de simples souhaits? point de pitié officieuse? point de secourable bonté? point d'affection agissante?

MARIANE.

Que saurois-je vous dire? mettez-vous en ma place, et voyez ce que je puis faire. Avisez, ordonnez vous-même : je m'en remets à vous; et je vous crois trop raisonnable pour vouloir exiger de moi que ce qui peut m'être permis par l'honneur et la bienséance.

CLÉANTE.

Hélas! où me réduisez-vous, que de me renvoyer à ce que voudront permettre les fâcheux sentiments d'un rigoureux honneur et d'une scrupuleuse bienséance?

MARIANE.

Mais que voulez-vous que je fasse? Quand je pourrois passer sur quantité d'égards où notre sexe est obligé, j'ai de la considération pour ma mère : elle m'a toujours élevée avec une tendresse extrême; et je ne saurois me résoudre à lui donner du déplaisir.

Faites, agissez auprès d'elle; employez tous vos soins à gagner son esprit; vous pouvez faire et dire tout ce que vous voudrez, je vous en donne la licence; et, s'il ne tient qu'à me déclarer en votre faveur, je veux bien consentir à lui faire un aveu moi-même de tout ce que je sens pour vous.

CLÉANTE.

Frosine, ma pauvre Frosine, voudrois-tu nous servir?

FROSINE.

Par ma foi, faut-il le demander? je le voudrois de tout mon cœur. Vous savez que de mon naturel je suis assez humaine. Le ciel ne m'a point fait l'ame de bronze; et je n'ai que trop de tendresse à rendre de petits services, quand je vois des gens qui s'entr'aiment en tout bien et en tout honneur. Que pourrions-nous faire à ceci?

CLÉANTE.

Songe un peu, je te prie.

MARIANE.

Ouvre-nous des lumières.

ÉLISE.

Trouve quelque invention pour rompre ce que tu as fait.

FROSINE.

Ceci est assez difficile. (*à Mariane.*) Pour votre mère, elle n'est pas tout-à-fait déraisonnable; et peut-être pourroit-on la gagner et la résoudre à transporter au fils le don qu'elle veut faire au père.

(*à Cléante.*) Mais le mal que j'y trouve, c'est que votre père est votre père.
CLÉANTE.
Cela s'entend.
FROSINE.
Je veux dire qu'il conservera du dépit si l'on montre qu'on le refuse, et qu'il ne sera point d'humeur ensuite à donner son consentement à votre mariage. Il faudroit, pour bien faire, que le refus vînt de lui-même, et tâcher par quelque moyen de le dégoûter de votre personne.
CLÉANTE.
Tu as raison.
FROSINE.
Oui, j'ai raison, je le sais bien. C'est-là ce qu'il faudroit; mais le diantre est d'en pouvoir trouver les moyens... Attendez. Si nous avions quelque femme un peu sur l'âge, qui fût de mon talent, et jouât assez bien pour contrefaire une dame de qualité, par le moyen d'un train fait à la hâte, et d'un bizarre nom de marquise ou de vicomtesse, que nous supposerions de la Basse-Bretagne, j'aurois assez d'adresse pour faire accroire à votre père que ce seroit une personne riche, outre ses maisons, de cent mille écus en argent comptant; qu'elle seroit éperdument amoureuse de lui, et souhaiteroit de se voir sa femme, jusqu'à lui donner tout son bien par contrat de mariage : et je ne doute point qu'il ne prêtât l'oreille à la proposition. Car enfin il vous aime fort, je le sais; mais il aime un peu plus l'argent : et quand, ébloui

de ce leurre, il auroit une fois consenti à ce qui vous touche, il importeroit peu ensuite qu'il se désabusât, en venant à vouloir voir clair aux affaires de notre marquise.

CLÉANTE.

Tout cela est fort bien pensé.

FROSINE.

Laissez-moi faire. Je viens de me ressouvenir d'une de mes amies, qui sera notre fait.

CLÉANTE.

Sois assurée, Frosine, de ma reconnoissance, si tu viens à bout de la chose. Mais, charmante Mariane, commençons, je vous prie, par gagner votre mère; c'est toujours beaucoup faire que de rompre ce mariage. Faites-y de votre part, je vous conjure, tous les efforts qu'il vous sera possible. Servez-vous de tout le pouvoir que vous donne sur elle cette amitié qu'elle a pour vous : déployez sans réserve les grâces éloquentes, les charmes tout-puissants que le ciel a placés dans vos yeux et dans votre bouche, et n'oubliez rien, s'il vous plaît, de ces tendres paroles, de ces douces prières, et de ces caresses touchantes à qui je suis persuadé qu'on ne sauroit rien refuser.

MARIANE.

J'y ferai tout ce que je puis, et n'oublierai aucune chose.

SCÈNE II.

HARPAGON, CLÉANTE, MARIANE, ÉLISE, FROSINE.

HARPAGON, *à part, sans être aperçu.*

Ouais! mon fils baise la main de sa prétendue belle-mère, et sa prétendue belle-mère ne s'en défend pas fort. Y auroit-il quelque mystère là-dessous?

ÉLISE.

Voilà mon père.

HARPAGON.

Le carrosse est tout prêt; vous pouvez partir quand il vous plaira.

CLÉANTE.

Puisque vous n'y allez pas, mon père, je m'en vais les conduire.

HARPAGON.

Non, demeurez; elles iront bien toutes seules, et j'ai besoin de vous.

SCÈNE III.

HARPAGON, CLÉANTE.

HARPAGON.

Oh çà, intérêt de belle-mère à part, que te semble, à toi, de cette personne?

CLÉANTE.

Ce qu'il m'en semble?

ACTE IV, SCÈNE III.

HARPAGON.

Oui, de son air, de sa taille, de sa beauté, de son esprit?

CLÉANTE.

Là, là.

HARPAGON.

Mais encore?

CLÉANTE.

A vous en parler franchement, je ne l'ai pas trouvée ici ce que je l'avois crue. Son air est de franche coquette, sa taille est assez gauche, sa beauté très-médiocre, et son esprit des plus communs. Ne croyez pas que ce soit, mon père, pour vous en dégoûter; car, belle-mère pour belle-mère, j'aime autant celle-là qu'une autre.

HARPAGON.

Tu lui disois tantôt pourtant...

CLÉANTE.

Je lui ai dit quelques douceurs en votre nom; mais c'étoit pour vous plaire.

HARPAGON.

Si bien donc que tu n'aurois pas d'inclination pour elle?

CLÉANTE.

Moi? point du tout.

HARPAGON.

J'en suis fâché; car cela rompt une pensée qui m'étoit venue dans l'esprit. J'ai fait, en la voyant ici, réflexion sur mon âge; et j'ai songé qu'on pourra trouver à redire de me voir marier à une si jeune personne. Cette considération m'en faisoit quitter le dessein; et comme je l'ai fait demander, et que je suis pour elle engagé de parole, je te l'aurois donnée, sans l'aversion que tu témoignes.

CLÉANTE.

A moi?

HARPAGON.

A toi.

CLÉANTE.

En mariage?

HARPAGON.

En mariage.

CLÉANTE.

Ecoutez. Il est vrai qu'elle n'est pas fort à mon goût : mais, pour vous faire plaisir, mon père, je me résoudrai à l'épouser, si vous voulez.

HARPAGON.

Moi, je suis plus raisonnable que tu ne penses; je ne veux point forcer ton inclination.

CLÉANTE.

Pardonnez-moi, je me ferai cet effort pour l'amour de vous.

HARPAGON.

Non, non; un mariage ne sauroit être heureux où l'inclination n'est pas.

CLÉANTE.

C'est une chose, mon père, qui peut-être viendra ensuite; et l'on dit que l'amour est souvent un fruit du mariage.

ACTE IV, SCÈNE III.

HARPAGON.

Non : du côté de l'homme on ne doit point risquer l'affaire ; et ce sont des suites fâcheuses où je n'ai garde de me commettre. Si tu avois senti quelque inclination pour elle, à la bonne heure ; je te l'aurois fait épouser, au lieu de moi : mais, cela n'étant pas, je suivrai mon premier dessein, et je l'épouserai moi-même.

CLÉANTE.

Hé bien, mon père, puisque les choses sont ainsi, il faut vous découvrir mon cœur, il faut vous révéler notre secret. La vérité est que je l'aime, depuis un jour que je la vis dans une promenade ; que mon dessein étoit tantôt de vous la demander pour femme ; et que rien ne m'a retenu que la déclaration de vos sentiments, et la crainte de vous déplaire.

HARPAGON.

Lui avez-vous rendu visite?

CLÉANTE.

Oui, mon père.

HARPAGON.

Beaucoup de fois?

CLÉANTE.

Assez pour le temps qu'il y a.

HARPAGON.

Vous a-t-on bien reçu?

CLÉANTE.

Fort bien, mais sans savoir qui j'étois ; et c'est ce qui a fait tantôt la surprise de Mariane.

HARPAGON.

Lui avez-vous déclaré votre passion, et le dessein où vous étiez de l'épouser?

CLÉANTE.

Sans doute; et même j'en avois fait à sa mère quelque peu d'ouverture.

HARPAGON.

A-t-elle écouté, pour sa fille, votre proposition?

CLÉANTE.

Oui, fort civilement.

HARPAGON.

Et la fille correspond-elle fort à votre amour?

CLÉANTE.

Si j'en dois croire les apparences, je me persuade, mon père, qu'elle a quelque bonté pour moi.

HARPAGON, *bas, à part.*

Je suis bien aise d'avoir appris un tel secret; et voilà justement ce que je demandois. (*haut.*) Or sus, mon fils, savez-vous ce qu'il y a? C'est qu'il faut songer, s'il vous plaît, à vous défaire de votre amour, à cesser toutes vos poursuites auprès d'une personne que je prétends pour moi, et à vous marier dans peu avec celle qu'on vous destine.

CLÉANTE.

Oui, mon père, c'est ainsi que vous me jouez! Hé bien! puisque les choses en sont venues là, je vous déclare, moi, que je ne quitterai point la passion que j'ai pour Mariane; qu'il n'y a point d'extrémité où je ne m'abandonne pour vous disputer sa conquête; et que, si vous avez pour vous le consentement d'une mère, j'aurai d'autres secours, peut-être, qui combattront pour moi.

HARPAGON.

Comment, pendard! tu as l'audace d'aller sur mes brisées!

CLÉANTE.

C'est vous qui allez sur les miennes, et je suis le premier en date.

HARPAGON.

Ne suis-je pas ton père? et ne me dois-tu pas respect?

CLÉANTE.

Ce ne sont point ici des choses où les enfants soient obligés de déférer aux pères, et l'amour ne connoît personne.

HARPAGON.

Je te ferai bien me connoître avec de bons coups de bâton.

CLÉANTE.

Toutes vos menaces ne feront rien.

HARPAGON.

Tu renonceras à Mariane.

CLÉANTE.

Point du tout.

HARPAGON.

Donnez-moi un bâton tout-à-l'heure.

SCÈNE IV.

HARPAGON, CLÉANTE, MAÎTRE JACQUES.

MAÎTRE JACQUES.

Hé! hé! hé! messieurs, qu'est-ce ci? à quoi songez-vous?

CLÉANTE.

Je me moque de cela.

MAÎTRE JACQUES, *à Cléante.*

Ah! monsieur, doucement.

HARPAGON.

Me parler avec cette impudence!

MAÎTRE JACQUES, *à Harpagon.*

Ah! monsieur, de grâce.

CLÉANTE.

Je n'en démordrai point.

MAÎTRE JACQUES, *à Cléante.*

Hé quoi! à votre père!

HARPAGON.

Laisse-moi faire.

MAÎTRE JACQUES, *à Harpagon.*

Hé quoi! à votre fils! Encore passe pour moi.

HARPAGON.

Je te veux faire toi-même, maître Jacques, juge de cette affaire, pour montrer comme j'ai raison.

MAÎTRE JACQUES.

J'y consens. (*à Cléante.*) Eloignez-vous un peu.

HARPAGON.

J'aime une fille que je veux épouser; et le pendard

ACTE IV, SCÈNE IV.

a l'insolence de l'aimer avec moi, et d'y prétendre malgré mes ordres.

MAÎTRE JACQUES.

Il a tort.

HARPAGON.

N'est-ce pas une chose épouvantable, qu'un fils qui veut entrer en concurrence avec son père? et ne doit-il pas, par respect, s'abstenir de toucher à mes inclinations?

MAÎTRE JACQUES.

Vous avez raison. Laissez-moi lui parler, et demeurez là.

CLÉANTE, *à maître Jacques qui s'approche de lui.*

Hé bien, oui, puisqu'il veut te choisir pour juge, je n'y recule point; il ne m'importe qui ce soit : et je veux bien aussi me rapporter à toi, maître Jacques, de notre différend.

MAÎTRE JACQUES.

C'est beaucoup d'honneur que vous me faites.

CLÉANTE.

Je suis épris d'une jeune personne qui répond à mes vœux, et reçoit tendrement les offres de ma foi; et mon père s'avise de venir troubler notre amour par la demande qu'il en fait faire.

MAÎTRE JACQUES.

Il a tort, assurément.

CLÉANTE.

N'a-t-il point de honte à son âge de songer à se marier? Lui sied-il bien d'être encore amoureux? et ne devroit-il pas laisser cette occupation aux jeunes gens?

MAÎTRE JACQUES.

Vous avez raison, il se moque : laissez-moi lui dire deux mots. (*à Harpagon.*) Hé bien! votre fils n'est pas si étrange que vous le dites, et il se met à la raison : il dit qu'il sait le respect qu'il vous doit, qu'il ne s'est emporté que dans la première chaleur, et qu'il ne fera point refus de se soumettre à ce qu'il vous plaira, pourvu que vous vouliez le traiter mieux que vous ne faites, et lui donner quelque personne en mariage dont il ait lieu d'être content.

HARPAGON.

Ah! dis-lui, maître Jacques, que, moyennant cela, il pourra espérer toutes choses de moi, et que, hors Mariane, je lui laisse la liberté de choisir celle qu'il voudra.

MAÎTRE JACQUES.

Laissez-moi faire. (*à Cléante.*) Hé bien! votre père n'est pas si déraisonnable que vous le faites; et il m'a témoigné que ce sont vos emportements qui l'ont mis en colère; qu'il n'en veut seulement qu'à votre manière d'agir; et qu'il sera fort disposé à vous accorder ce que vous souhaitez, pourvu que vous vouliez vous y prendre par la douceur, et lui rendre les déférences, les respects et les soumissions qu'un fils doit à son père.

CLÉANTE.

Ah! maître Jacques, tu lui peux assurer que, s'il m'accorde Mariane, il me verra toujours le plus soumis de tous les hommes, et que jamais je ne ferai aucune chose que par ses volontés.

MAÎTRE JACQUES, *à Harpagon.*
Cela est fait; il consent à ce que vous dites.
HARPAGON.
Voilà qui va le mieux du monde.
MAÎTRE JACQUES, *à Cléante.*
Tout est conclu; il est content de vos promesses.
CLÉANTE.
Le ciel en soit loué!
MAÎTRE JACQUES.
Messieurs, vous n'avez qu'à parler ensemble, vous voilà d'accord maintenant; et vous alliez vous quereller, faute de vous entendre.
CLÉANTE.
Mon pauvre maître Jacques, je te serai obligé toute ma vie.
MAÎTRE JACQUES.
Il n'y a pas de quoi, monsieur.
HARPAGON.
Tu m'as fait plaisir, maître Jacques; et cela mérite une récompense.
(*Harpagon fouille dans sa poche, maître Jacques tend la main; mais Harpagon ne tire que son mouchoir en disant:*)
Va, je m'en souviendrai, je t'assure.
MAÎTRE JACQUES.
Je vous baise les mains.

SCÈNE V.

HARPAGON, CLÉANTE.

CLÉANTE.

Je vous demande pardon, mon père de l'emportement que j'ai fait paroître.

HARPAGON.

Cela n'est rien.

CLÉANTE.

Je vous assure que j'en ai tous les regrets du monde.

HARPAGON.

Et moi, j'ai toutes les joies du monde de te voir raisonnable.

CLÉANTE.

Quelle bonté à vous d'oublier si vite ma faute!

HARPAGON.

On oublie aisément les fautes des enfants lorsqu'ils rentrent dans leur devoir.

CLÉANTE.

Quoi! ne garder aucun ressentiment de toutes mes extravagances?

HARPAGON.

C'est une chose où tu m'obliges par la soumission et le respect où tu te ranges.

CLÉANTE.

Je vous promets, mon père, que, jusqu'au tombeau, je conserverai dans mon cœur le souvenir de vos bontés.

ACTE IV, SCÈNE V.

HARPAGON.

Et moi, je te promets qu'il n'y aura aucune chose que tu n'obtiennes de moi.

CLÉANTE.

Ah! mon père, je ne vous demande plus rien, et c'est m'avoir assez donné que de me donner Mariane.

HARPAGON.

Comment?

CLÉANTE.

Je dis, mon père, que je suis trop content de vous, et que je trouve toutes choses dans la bonté que vous avez de m'accorder Mariane.

HARPAGON.

Qui est-ce qui parle de t'accorder Mariane?

CLÉANTE.

Vous, mon père?

HARPAGON.

Moi?

CLÉANTE.

Sans doute.

HARPAGON.

Comment! c'est toi qui as promis d'y renoncer.

CLÉANTE.

Moi, y renoncer?

HARPAGON.

Oui.

CLÉANTE.

Point du tout.

HARPAGON.

Tu ne t'es pas départi d'y prétendre?

CLÉANTE.

Au contraire, j'y suis porté plus que jamais.

HARPAGON.

Quoi, pendard! derechef?

CLÉANTE.

Rien ne me peut changer.

HARPAGON.

Laisse-moi faire, traître.

CLÉANTE.

Faites tout ce qu'il vous plaira.

HARPAGON.

Je te défends de me jamais voir.

CLÉANTE.

A la bonne heure.

HARPAGON.

Je t'abandonne.

CLÉANTE.

Abandonnez.

HARPAGON.

Je te renonce pour mon fils.

CLÉANTE.

Soit.

HARPAGON.

Je te déshérite.

CLÉANTE.

Tout ce que vous voudrez.

HARPAGON.

Et je te donne ma malédiction.

CLÉANTE.

Je n'ai que faire de vos dons.

SCÈNE VI.

CLÉANTE, LA FLÈCHE.

LA FLÈCHE, *sortant du jardin avec une cassette.*
Ah! monsieur, que je vous trouve à propos! Suivez-moi vite.

CLÉANTE.
Qu'y a-t-il?

LA FLÈCHE.
Suivez-moi, vous dis-je; nous sommes bien.

CLÉANTE.
Comment?

LA FLÈCHE.
Voici votre affaire.

CLÉANTE.
Quoi?

LA FLÈCHE.
J'ai guigné ceci tout le jour.

CLÉANTE.
Qu'est-ce que c'est?

LA FLÈCHE.
Le trésor de votre père, que j'ai attrapé.

CLÉANTE.
Comment as-tu fait?

LA FLÈCHE.
Vous saurez tout. Sauvons-nous, je l'entends crier.

ACTE CINQUIÈME.

SCÈNE I.

HARPAGON, UN COMMISSAIRE.

LE COMMISSAIRE.

Laissez-moi faire, je sais mon métier, dieu merci. Ce n'est pas d'aujourd'hui que je me mêle de découvrir des vols; et je voudrois avoir autant de sacs de mille francs que j'ai fait pendre de personnes.

HARPAGON.

Tous les magistrats sont intéressés à prendre cette affaire en main; et, si l'on ne me fait retrouver mon argent, je demanderai justice de la justice.

LE COMMISSAIRE.

Il faut faire toutes les poursuites requises. Vous dites qu'il y avoit dans cette cassette...

HARPAGON.

Dix mille écus bien comptés.

LE COMMISSAIRE.

Dix mille écus!

HARPAGON.

Dix mille écus.

LE COMMISSAIRE.

Le vol est considérable!

HARPAGON.

Il n'y a point de supplice assez grand pour l'énormité de ce crime; et s'il demeure impuni, les choses les plus sacrées ne sont plus en sûreté.

LE COMMISSAIRE.

En quelles espèces étoit cette somme?

HARPAGON.

En bons louis d'or et pistoles bien trébuchantes.

LE COMMISSAIRE.

Qui soupçonnez-vous de ce vol?

HARPAGON.

Tout le monde; et je veux que vous arrêtiez prisonniers la ville et les faubourgs.

LE COMMISSAIRE.

Il faut, si vous m'en croyez, n'effaroucher personne, et tâcher doucement d'attraper quelques preuves, afin de procéder après, par la rigueur, au recouvrement des deniers qui vous ont été pris.

SCÈNE II.

HARPAGON, LE COMMISSAIRE, MAÎTRE JACQUES.

MAÎTRE JACQUES, *dans le fond du théâtre, en se retournant du côté par lequel il est entré.*
Je m'en vais revenir : qu'on me l'égorge tout-à-l'heure; qu'on me lui fasse griller les pieds; qu'on me le mette dans l'eau bouillante; et qu'on me le pende au plancher.

HARPAGON, *à maître Jacques.*

Qui? celui qui m'a dérobé?

MAÎTRE JACQUES.

Je parle d'un cochon de lait que votre intendant me vient d'envoyer, et je veux vous l'accommoder à ma fantaisie.

HARPAGON.

Il n'est pas question de cela; et voilà monsieur à qui il faut parler d'autre chose.

LE COMMISSAIRE, *à maître Jacques.*

Ne vous épouvantez point; je suis homme à ne vous point scandaliser, et les choses iront dans la douceur.

MAÎTRE JACQUES.

Monsieur est de votre souper?

LE COMMISSAIRE.

Il faut ici, mon cher ami, ne rien cacher à votre maître.

MAÎTRE JACQUES.

Ma foi, monsieur, je montrerai tout ce que je sais faire, et je vous traiterai du mieux qu'il me sera possible.

HARPAGON.

Ce n'est pas là l'affaire.

MAÎTRE JACQUES.

Si je ne vous fais pas aussi bonne chère que je voudrois, c'est la faute de monsieur votre intendant, qui m'a rogné les ailes avec les ciseaux de son économie.

HARPAGON.

Traître! il s'agit d'autre chose que de souper; et je

veux que tu me dises des nouvelles de l'argent qu'on m'a pris.

MAÎTRE JACQUES.

On vous a pris de l'argent?

HARPAGON.

Oui, coquin; et je m'en vais te faire pendre si tu ne me le rends.

LE COMMISSAIRE, *à Harpagon.*

Mon dieu! ne le maltraitez point. Je vois à sa mine qu'il est honnête homme, et que, sans se faire mettre en prison, il vous découvrira ce que vous voulez savoir. Oui, mon ami, si vous nous confessez la chose, il ne vous sera fait aucun mal, et vous serez récompensé comme il faut par votre maître. On lui a pris aujourd'hui son argent; et il n'est pas que vous ne sachiez quelque nouvelle de cette affaire.

MAÎTRE JACQUES, *bas, à part.*

Voici justement ce qu'il me faut pour me venger de notre intendant. Depuis qu'il est entré céans, il est le favori : on n'écoute que ses conseils; et j'ai aussi sur le cœur les coups de bâton de tantôt.

HARPAGON.

Qu'as-tu à ruminer?

LE COMMISSAIRE, *à Harpagon.*

Laissez-le faire : il se prépare à vous contenter; et je vous ai bien dit qu'il étoit honnête homme.

MAÎTRE JACQUES.

Monsieur, si vous voulez que je vous dise les choses, je crois que c'est monsieur votre cher intendant qui a fait le coup.

HARPAGON.

Valère?

MAÎTRE JACQUES.

Oui.

HARPAGON.

Lui, qui me paroît si fidèle?

MAÎTRE JACQUES.

Lui-même. Je crois que c'est lui qui vous a dérobé.

HARPAGON.

Et sur quoi le crois-tu?

MAÎTRE JACQUES.

Sur quoi?

HARPAGON.

Oui.

MAÎTRE JACQUES.

Je le crois... sur ce que je le crois.

LE COMMISSAIRE.

Mais il est nécessaire de dire les indices que vous avez.

HARPAGON.

L'as-tu vu rôder autour du lieu où j'avois mis mon argent?

MAÎTRE JACQUES.

Oui, vraiment. Où étoit-il, votre argent?

HARPAGON.

Dans le jardin.

MAÎTRE JACQUES.

Justement. Je l'ai vu rôder dans le jardin. Et dans quoi est-ce que cet argent étoit?

ACTE V, SCÈNE II.

HARPAGON.

Dans une cassette.

MAÎTRE JACQUES.

Voilà l'affaire. Je lui ai vu une cassette.

HARPAGON.

Et cette cassette, comment est-elle faite? Je verrai bien si c'est la mienne.

MAÎTRE JACQUES.

Comment elle est faite?

HARPAGON.

Oui.

MAÎTRE JACQUES.

Elle est faite... Elle est faite comme une cassette.

LE COMMISSAIRE.

Cela s'entend. Mais dépeignez-là un peu, pour voir.

MAÎTRE JACQUES.

C'est une grande cassette.

HARPAGON.

Celle qu'on m'a volée est petite.

MAÎTRE JACQUES.

Hé oui, elle est petite, si on le veut prendre par-là; mais je l'appelle grande pour ce qu'elle contient.

LE COMMISSAIRE.

Et de quelle couleur est-elle?

MAÎTRE JACQUES.

De quelle couleur?

LE COMMISSAIRE.

Oui.

MAÎTRE JACQUES.

Elle est de couleur... là, d'une certaine couleur... Ne sauriez-vous m'aider à dire?

HARPAGON.

Hé?

MAÎTRE JACQUES.

N'est-elle pas rouge?

HARPAGON.

Non, grise.

MAÎTRE JACQUES.

Hé oui, gris-rouge, c'est ce que je voulois dire.

HARPAGON.

Il n'y a point de doute, c'est elle assurément. Ecrivez, monsieur, écrivez sa déposition. Ciel! à qui désormais se fier? il ne faut plus jurer de rien; et je crois, après cela, que je suis homme à me voler moi-même.

MAÎTRE JACQUES, *à Harpagon.*

Monsieur, le voici qui revient. Ne lui allez pas dire au moins que c'est moi qui vous ai découvert cela.

SCÈNE III.

HARPAGON, LE COMMISSAIRE, VALÈRE, MAÎTRE JACQUES.

HARPAGON.

Approche, viens confesser l'action la plus noire, l'attentat le plus horrible qui jamais ait été commis.

VALÈRE.

Que voulez-vous, monsieur?

ACTE V, SCÈNE III.

HARPAGON.

Comment, traître! tu ne rougis pas de ton crime!

VALÈRE.

De quel crime voulez-vous donc parler?

HARPAGON.

De quel crime je veux parler, infame! comme si tu ne savois pas ce que je veux dire! C'est en vain que tu prétendrois de le déguiser : l'affaire est découverte, et l'on vient de m'apprendre tout. Comment abuser ainsi de ma bonté, et s'introduire exprès chez moi pour me trahir, pour me jouer un tour de cette nature?

VALÈRE.

Monsieur, puisqu'on vous a découvert tout, je ne veux point chercher de détours, et vous nier la chose.

MAÎTRE JACQUES, *à part*.

Oh! oh! aurois-je deviné sans y penser?

VALÈRE.

C'étoit mon dessein de vous en parler, et je voulois attendre pour cela des conjonctures favorables; mais, puisqu'il est ainsi, je vous conjure de ne vous point fâcher, et de vouloir entendre mes raisons.

HARPAGON.

Et quelles belles raisons peux-tu me donner, voleur infame?

VALÈRE.

Ah! monsieur, je n'ai pas mérité ces noms. Il est vrai que j'ai commis une offense envers vous; mais, après tout, ma faute est pardonnable.

HARPAGON.

Comment! pardonnable? un guet-apens, un assassinat de la sorte!

VALÈRE.

De grâce, ne vous mettez point en colère. Quand vous m'aurez ouï, vous verrez que le mal n'est pas si grand que vous le faites.

HARPAGON.

Le mal n'est pas si grand que je le fais! Quoi! mon sang, mes entrailles, pendard!

VALÈRE.

Votre sang, monsieur, n'est pas tombé dans de mauvaises mains. Je suis d'une condition à ne lui point faire de tort; et il n'y a rien, en tout ceci, que je ne puisse bien réparer.

HARPAGON.

C'est bien mon intention, et que tu me restitues ce que tu m'as ravi.

VALÈRE.

Votre honneur, monsieur, sera pleinement satisfait.

HARPAGON.

Il n'est pas question d'honneur là-dedans. Mais, dis-moi qui t'a porté à cette action?

VALÈRE.

Hélas! me le demandez-vous?

HARPAGON.

Oui, vraiment, je te le demande.

ACTE V, SCÈNE III.

VALÈRE.

Un dieu qui porte les excuses de tout ce qu'il fait faire : l'Amour.

HARPAGON.

L'Amour.

VALÈRE.

Oui.

HARPAGON.

Bel amour! bel amour, ma foi! l'amour de mes louis d'or.

VALÈRE.

Non, monsieur, ce ne sont point vos richesses qui m'ont tenté, ce n'est pas cela qui m'a ébloui; et je proteste de ne prétendre rien à tous vos biens, pourvu que vous me laissiez celui que j'ai.

HARPAGON.

Non ferai, de par tous les diables; je ne te le laisserai pas. Mais voyez quelle insolence, de vouloir retenir le vol qu'il m'a fait!

VALÈRE.

Appelez-vous cela un vol?

HARPAGON.

Si je l'appelle un vol? un trésor comme celui-là!

VALÈRE.

C'est un trésor, il est vrai, et le plus précieux que vous ayez, sans doute; mais ce ne sera pas le perdre que de me le laisser. Je vous le demande à genoux, ce trésor plein de charmes; et, pour bien faire, il faut que vous me l'accordiez.

HARPAGON.

Je n'en ferai rien. Qu'est-ce à dire, cela?

VALÈRE.

Nous nous sommes promis une foi mutuelle, et avons fait serment de ne nous point abandonner.

HARPAGON.

Le serment est admirable, et la promesse plaisante!

VALÈRE.

Oui, nous nous sommes engagés d'être l'un à l'autre à jamais.

HARPAGON.

Je vous en empêcherai bien, je vous assure.

VALÈRE.

Rien que la mort ne nous peut séparer.

HARPAGON.

C'est être bien endiablé après mon argent!

VALÈRE.

Je vous ai déjà dit, monsieur, que ce n'étoit point l'intérêt qui m'avoit poussé à faire ce que j'ai fait. Mon cœur n'a point agi par les ressorts que vous pensez, et un motif plus noble m'a inspiré cette résolution.

HARPAGON.

Vous verrez que c'est par charité chrétienne qu'il veut avoir mon bien! Mais j'y donnerai bon ordre; et la justice, pendard effronté, me va faire raison de tout.

VALÈRE.

Vous en userez comme vous voudrez, et me voilà prêt à souffrir toutes les violences qu'il vous plaira: mais je vous prie de croire au moins que, s'il y a du mal, ce n'est que moi qu'il en faut accuser, et que votre fille, en tout ceci, n'est aucunement coupable.

HARPAGON.

Je le crois bien, vraiment! il seroit fort étrange que ma fille eût trempé dans ce crime. Mais je veux ravoir mon affaire, et que tu me confesses en quel endroit tu me l'as enlevée.

VALÈRE.

Moi? je ne l'ai point enlevée; et elle est encore chez vous.

HARPAGON, *à part.*

O ma chère cassette! (*haut.*) Elle n'est point sortie de ma maison?

VALÈRE.

Non, monsieur.

HARPAGON.

Hé! dis-moi donc un peu; tu n'y as point touché?

VALÈRE.

Moi, y toucher! Ah! vous lui faites tort, aussi-bien qu'à moi; et c'est d'une ardeur toute pure et respectueuse que j'ai brûlé pour elle.

HARPAGON, *à part.*

Brûlé pour ma cassette!

VALÈRE.

J'aimerois mieux mourir que de lui avoir fait paroître aucune pensée offensante; elle est trop sage et trop honnête pour cela.

HARPAGON, *à part.*

Ma cassette trop honnête!

VALÈRE.

Tous mes desirs se sont bornés à jouir de sa vue, et rien de criminel n'a profané la passion que ses beaux yeux m'ont inspirée.

HARPAGON, *à part.*

Les beaux yeux de ma cassette! Il parle d'elle comme un amant d'une maîtresse.

VALÈRE.

Dame Claude, monsieur, sait la vérité de cette aventure, et elle vous peut rendre témoignage...

HARPAGON.

Quoi! ma servante est complice de l'affaire?

VALÈRE.

Oui, monsieur, elle a été témoin de notre engagement; et c'est après avoir connu l'honnêteté de ma flamme, qu'elle m'a aidé à persuader votre fille de me donner sa foi, et de recevoir la mienne.

HARPAGON.

Hé! (*à part.*) Est-ce que la peur de la justice le fait extravaguer? (*à Valère.*) Que nous brouilles-tu ici de ma fille?

VALÈRE.

Je dis, monsieur, que j'ai eu toutes les peines du monde à faire consentir sa pudeur à ce que vouloit mon amour.

HARPAGON.

La pudeur de qui?

VALÈRE.

De votre fille; et c'est seulement depuis hier qu'elle

a pu se résoudre à nous signer mutuellement une promesse de mariage.

HARPAGON.

Ma fille t'a signé une promesse de mariage?

VALÈRE.

Oui, monsieur, comme de ma part je lui en ai signé une.

HARPAGON.

O ciel! autre disgrâce!

MAÎTRE JACQUES, *au commissaire.*

Ecrivez, monsieur, écrivez.

HARPAGON.

Rengrègement de mal! surcroît de désespoir! (*au commissaire.*) Allons, monsieur, faites le dû de votre charge, et dressez-lui-moi son procès comme larron et comme suborneur.

MAÎTRE JACQUES.

Comme larron et comme suborneur.

VALÈRE.

Ce sont des noms qui ne me sont point dus; et quand on saura qui je suis...

SCÈNE IV.

HARPAGON, ÉLISE, MARIANE, VALÈRE, FROSINE, MAÎTRE JACQUES, LE COMMISSAIRE.

HARPAGON.

Ah! fille scélérate! fille indigne d'un père comme moi! c'est ainsi que tu pratiques les leçons que je t'ai données! Tu te laisses prendre d'amour pour un voleur infame, et tu lui engages ta foi sans mon consentement! Mais vous serez trompés l'un et l'autre. (*à Elise.*) Quatre bonnes murailles me répondront de ta conduite; (*à Valère*) et une bonne potence me fera raison de ton audace.

VALÈRE.

Ce ne sera point votre passion qui jugera l'affaire; et l'on m'écoutera au moins avant que de me condamner.

HARPAGON.

Je me suis abusé de dire une potence; et tu seras roué tout vif.

ÉLISE, *aux genoux d'Harpagon.*

Ah! mon père, prenez des sentiments un peu plus humains, je vous prie; et n'allez point pousser les choses dans les dernières violences du pouvoir paternel. Ne vous laissez point entraîner aux premiers mouvements de votre passion; et donnez-vous le temps de considérer ce que vous voulez faire. Prenez la peine de mieux voir celui dont vous vous offensez. Il est tout autre que vos yeux ne le jugent; et vous trouverez moins étrange que je me sois donnée à lui, lorsque vous saurez que sans lui vous ne m'auriez plus il y a long-temps. Oui, mon père, c'est celui qui me sauva de ce grand péril que vous savez que je courus dans l'eau, et à qui vous devez la vie de cette fille dont...

HARPAGON.

Tout cela n'est rien; et il valoit bien mieux pour moi qu'il te laissât noyer, que de faire ce qu'il a fait.

ACTE V, SCÈNE IV.

ÉLISE.

Mon père, je vous conjure, par l'amour paternel, de me...

HARPAGON.

Non, non, je ne veux rien entendre ; et il faut que la justice fasse son devoir.

MAÎTRE JACQUES, *à part.*

Tu me paieras mes coups de bâton.

FROSINE, *à part.*

Voici un étrange embarras.

SCÈNE V.

ANSELME, HARPAGON, ÉLISE, MARIANE, FROSINE, VALÈRE, LE COMMISSAIRE, MAÎTRE JACQUES.

ANSELME.

Qu'est-ce, seigneur Harpagon ? je vous vois tout ému.

HARPAGON.

Ah ! seigneur Anselme, vous me voyez le plus infortuné de tous les hommes ; et voici bien du trouble et du désordre au contrat que vous venez faire. On m'assassine dans le bien, on m'assassine dans l'honneur ; et voilà un traître, un scélérat qui a violé tous les droits les plus saints, qui s'est coulé chez moi, sous le titre de domestique, pour me dérober mon argent, et pour me suborner ma fille.

VALÈRE.

Qui songe à votre argent, dont vous me faites un galimatias ?

HARPAGON.

Oui, ils se sont donné l'un à l'autre une promesse de mariage. Cet affront vous regarde, seigneur Anselme; et c'est vous qui devez vous rendre partie contre lui, et faire à vos dépens toutes les poursuites de la justice, pour vous venger de son insolence.

ANSELME.

Ce n'est pas mon dessein de me faire épouser par force, et de rien prétendre à un cœur qui se seroit donné; mais pour vos intérêts, je suis prêt à les embrasser, ainsi que les miens propres.

HARPAGON.

Voilà monsieur, qui est un honnête commissaire, qui n'oubliera rien, à ce qu'il m'a dit, de la fonction de son office. (*au commissaire, montrant Valère.*) Chargez-le comme il faut, monsieur, et rendez les choses bien criminelles.

VALÈRE.

Je ne vois pas quel crime on me peut faire de la passion que j'ai pour votre fille, et le supplice où vous croyez que je puisse être condamné pour notre engagement, lorsqu'on saura ce que je suis.

HARPAGON.

Je me moque de tous ces contes; et le monde aujourd'hui n'est plein que de ces larrons de noblesse, que de ces imposteurs qui tirent avantage de leur obscurité, et s'habillent insolemment du premier nom illustre qu'ils s'avisent de prendre.

VALÈRE.

Sachez que j'ai le cœur trop bon pour me parer

ACTE V, SCÈNE V.

de quelque chose qui ne soit point à moi, et que tout Naples peut rendre témoignage de ma naissance.

ANSELME.

Tout beau, prenez garde à ce que vous allez dire. Vous risquez ici plus que vous ne pensez; et vous parlez devant un homme à qui tout Naples est connu, et qui peut aisément voir clair dans l'histoire que vous ferez.

VALÈRE, *en mettant fièrement son chapeau.*

Je ne suis point homme à rien craindre; et si Naples vous est connu, vous savez qui étoit don Thomas d'Alburci.

ANSELME.

Sans doute, je le sais; et peu de gens l'ont connu mieux que moi.

HARPAGON.

Je ne me soucie ni de don Thomas ni de don Martin.

(*Harpagon voyant deux chandelles allumées en souffle une.*)

ANSELME.

De grâce, laissez-le parler; nous verrons ce qu'il en veut dire.

VALÈRE.

Je veux dire que c'est lui qui m'a donné le jour.

ANSELME.

Lui?

VALÈRE.

Oui.

ANSELME.

Allez, vous vous moquez. Cherchez quelque autre

histoire qui vous puisse mieux réussir; et ne prétendez pas vous sauver sous cette imposture.

VALÈRE.

Songez à mieux parler. Ce n'est point une imposture; et je n'avance rien qu'il ne me soit aisé de justifier.

ANSELME.

Quoi! vous osez vous dire le fils de don Thomas d'Alburci?

VALÈRE.

Oui, je l'ose, et je suis prêt de soutenir cette vérité contre qui que ce soit.

ANSELME.

L'audace est merveilleuse! Apprenez, pour vous confondre, qu'il y a seize ans pour le moins que l'homme dont vous nous parlez périt sur mer avec ses enfants et sa femme, en voulant dérober leur vie aux cruelles persécutions qui ont accompagné les désordres de Naples, et qui en firent exiler plusieurs nobles familles.

VALÈRE.

Oui. Mais apprenez, pour vous confondre, vous, que son fils, âgé de sept ans, avec un domestique, fut sauvé de ce naufrage par un vaisseau espagnol, et que ce fils sauvé est celui qui vous parle. Apprenez que le capitaine de ce vaisseau, touché de ma fortune, prit amitié pour moi; qu'il me fit élever comme son propre fils; et que les armes furent mon emploi dès que je m'en trouvai capable; que j'ai su depuis peu que mon père n'étoit point mort, comme je l'avois toujours cru; que, passant ici pour l'aller chercher, une aventure, par le ciel concertée, me fit voir la charmante Elise; que cette vue me rendit esclave de ses beautés, et que la violence de mon amour et les sévérités de son père me firent prendre la résolution de m'introduire dans son logis, et d'envoyer un autre à la quête de mes parents.

ANSELME.

Mais quels témoignages encore, autres que vos paroles, nous peuvent assurer que ce ne soit point une fable que vous ayez bâtie sur une vérité?

VALÈRE.

Le capitaine espagnol; un cachet de rubis qui étoit à mon père; un bracelet d'agate que ma mère m'avoit mis au bras; le vieux Pédro, ce domestique qui se sauva avec moi du naufrage.

MARIANE.

Hélas! à vos paroles je puis ici répondre, moi, que vous n'imposez point; et tout ce que vous dites me fait connoître clairement que vous êtes mon frère.

VALÈRE.

Vous, ma sœur!

MARIANE.

Oui: mon cœur s'est ému dès le moment que vous avez ouvert la bouche; et notre mère, que vous allez revoir, m'a mille fois entretenue des disgraces de notre famille. Le ciel ne nous fit point aussi périr dans ce triste naufrage: mais il ne nous sauva la vie que par la perte de notre liberté; et ce furent des corsaires qui nous recueillirent, ma mère et moi, sur un débris de notre vaisseau. Après dix ans d'esclavage, une heureuse fortune nous rendit notre liberté, et nous retournâmes dans Naples, où nous trouvâmes tout notre bien vendu, sans y pouvoir trouver des nouvelles de notre père. Nous passâmes à Gênes, où ma mère alla ramasser quelques malheureux restes d'une succession qu'on avoit déchirée; et de là, fuyant la barbare injustice de ses parents, elle vint en ces lieux, où elle n'a presque vécu que d'une vie languissante.

ANSELME.

O ciel, quels sont les traits de ta puissance! et que tu fais bien voir qu'il n'appartient qu'à toi de faire des miracles! Embrassez-moi, mes enfants, et mêlez tous deux vos transports à ceux de votre père.

VALÈRE.

Vous êtes notre père?

MARIANE.

C'est vous que ma mère a tant pleuré?

ANSELME.

Oui, ma fille, oui, mon fils, je suis don Thomas d'Alburci, que le ciel garantit des ondes avec tout l'argent qu'il portoit, et qui, vous ayant tous crus morts durant seize ans, se préparoit, après de longs voyages, à chercher, dans l'hymen d'une douce et sage personne, la consolation de quelque nouvelle famille. Le peu de sécurité que j'ai vu pour ma vie à retourner à Naples, m'a fait y renoncer pour toujours, et ayant su trouver moyen d'y faire vendre ce que j'avois, je me suis habitué ici, où, sous le nom d'Anselme, j'ai voulu m'éloigner les chagrins de cet autre nom qui m'a causé tant de traverses.

HARPAGON, *à Anselme.*

C'est-là votre fils?

ANSELME.

Oui.

HARPAGON.

Je vous prends à partie pour me payer dix mille écus qu'il m'a volés.

ANSELME.

Lui, vous avoir volé?

HARPAGON.

Lui-même.

VALÈRE.

Qui vous dit cela?

HARPAGON.

Maître Jacques.

VALÈRE, *à maître Jacques.*

C'est toi qui le dis?

MAÎTRE JACQUES.

Vous voyez que je ne dis rien.

HARPAGON.

Oui, voilà monsieur le commissaire qui a reçu sa déposition.

VALÈRE.

Pouvez-vous me croire capable d'une action si lâche?

HARPAGON.

Capable ou non capable, je veux ravoir mon argent.

SCÈNE VI.

HARPAGON, ANSELME, ÉLISE, MARIANE, CLÉANTE, VALÈRE, FROSINE, LE COMMISSAIRE, maître JACQUES, LA FLÈCHE.

CLÉANTE.

Ne vous tourmentez point, mon père, et n'accusez personne. J'ai découvert des nouvelles de votre affaire; et je viens ici pour vous dire que, si vous voulez vous résoudre à me laisser épouser Mariane, votre argent vous sera rendu.

HARPAGON.

Où est-il?

CLÉANTE.

Ne vous en mettez point en peine, il est en lieu dont je réponds, et tout ne dépend que de moi : c'est à vous de me dire à quoi vous vous déterminez; et vous pouvez choisir, ou de me donner Mariane, ou de perdre votre cassette.

HARPAGON.

N'en a-t-on rien ôté?

CLÉANTE.

Rien du tout. Voyez si c'est votre dessein de souscrire à ce mariage, et de joindre votre consentement à celui de sa mère, qui lui laisse la liberté de faire un choix entre nous deux.

MARIANE, *à Cléante.*

Mais vous ne savez pas que ce n'est pas assez que ce consentement, et que le ciel, (*montrant Valère*) avec un frère que vous voyez, vient de me rendre un père (*montrant Anselme*) dont vous avez à m'obtenir.

ANSELME.

Le ciel, mes enfants, ne me redonne point à vous pour être contraire à vos vœux. Seigneur Harpagon, vous jugez bien que le choix d'une jeune personne tombera sur le fils plutôt que sur le père. Allons, ne vous faites point dire ce qu'il n'est pas nécessaire d'entendre; et consentez, ainsi que moi, à ce double hyménée.

HARPAGON.

Il faut, pour me donner conseil, que je voie ma cassette.

CLÉANTE.

Vous la verrez saine et entière.

HARPAGON.

Je n'ai point d'argent à donner en mariage à mes enfants.

ANSELME.

Hé bien, j'en ai pour eux; que cela ne vous inquiète point.

HARPAGON.

Vous obligerez-vous à faire tous les frais de ces deux mariages?

ANSELME.

Oui, je m'y oblige. Etes-vous satisfait?

HARPAGON.

Oui, pourvu que, pour les noces, vous me fassiez faire un habit.

ANSELME.

D'accord. Allons jouir de l'allégresse que cet heureux jour nous présente.

LE COMMISSAIRE.

Holà, messieurs, holà! Tout doucement, s'il vous plaît. Qui me paiera mes écritures?

HARPAGON.

Nous n'avons que faire de vos écritures.

LE COMMISSAIRE.

Oui; mais je ne prétends pas, moi, les avoir faites pour rien.

HARPAGON, *montrant maître Jacques.*

Pour votre paiement, voilà un homme que je vous donne à pendre.

MAÎTRE JACQUES.

Hélas! comment faut-il donc faire? On me donne des coups de bâton pour dire vrai, et on me veut pendre pour mentir.

ANSELME.

Seigneur Harpagon, il faut lui pardonner cette imposture.

HARPAGON.

Vous paierez donc le commissaire?

ANSELME.

Soit. Allons vite faire part de notre joie à votre mère.

HARPAGON.

Et moi, voir ma chère cassette.

FIN DE L'AVARE.

GEORGE DANDIN,

OU

LE MARI CONFONDU,

COMÉDIE EN TROIS ACTES.

1668.

PERSONNAGES.

GEORGE DANDIN, riche paysan, mari d'Angélique.

ANGÉLIQUE, femme de George Dandin, et fille de M. de Sotenville.

Monsieur DE SOTENVILLE, gentilhomme campagnard, père d'Angélique.

Madame DE SOTENVILLE.

CLITANDRE, amant d'Angélique.

CLAUDINE, suivante d'Angélique.

LUBIN, paysan servant Clitandre.

COLIN, valet de George Dandin.

La scène est devant la maison de George Dandin, à la campagne.

GEORGE DANDIN,

ou

LE MARI CONFONDU,

COMÉDIE.

ACTE PREMIER.

SCÈNE I.

GEORGE DANDIN.

Ah! qu'une femme demoiselle est une étrange affaire! et que mon mariage est une leçon bien parlante à tous les paysans qui veulent s'élever au-dessus de leur condition, et s'allier, comme j'ai fait, à la maison d'un gentilhomme! La noblesse, de soi, est bonne; c'est une chose considérable, assurément; mais elle est accompagnée de tant de mauvaises circonstances, qu'il est très-bon de ne s'y point frotter. Je suis devenu là-dessus savant à mes dépens, et connois le style des nobles lorsqu'ils nous font, nous autres, entrer dans leur famille. L'alliance qu'ils font est petite avec nos personnes : c'est notre bien seul qu'ils épousent; et j'aurois bien mieux fait, tout riche que je suis, de m'allier en bonne et franche paysannerie, que de prendre une femme qui se tient au-dessus de moi, s'offense de porter mon nom, et pense qu'avec tout mon bien je n'ai pas assez acheté la qualité de son mari. George Dandin! George Dandin! vous avez fait une sottise la plus grande du monde. Ma maison m'est effroyable maintenant, et je n'y rentre point sans y trouver quelque chagrin.

SCÈNE II.

GEORGE DANDIN, LUBIN.

GEORGE DANDIN, *à part, voyant sortir Lubin de chez lui.*

Que diantre ce drôle-là vient-il faire chez moi?

LUBIN, *à part, apercevant George Dandin.*

Voilà un homme qui me regarde!

GEORGE DANDIN, *à part.*

Il ne me connoît pas.

LUBIN, *à part.*

Il se doute de quelque chose.

GEORGE DANDIN, *à part.*

Ouais? il a grand' peine à saluer.

LUBIN, *à part.*

J'ai peur qu'il n'aille dire qu'il m'a vu sortir de là-dedans.

GEORGE DANDIN.

Bonjour.

LUBIN.

Serviteur.

ACTE I, SCÈNE II.

GEORGE DANDIN.

Vous n'êtes pas d'ici, que je crois?

LUBIN.

Non; je n'y suis venu que pour voir la fête de demain.

GEORGE DANDIN.

Hé! dites-moi un peu, s'il vous plaît, vous venez de là-dedans?

LUBIN.

Chut!

GEORGE DANDIN.

Comment?

LUBIN.

Paix!

GEORGE DANDIN.

Quoi donc?

LUBIN.

Motus! il ne faut pas dire que vous m'ayez vu sortir de-là.

GEORGE DANDIN.

Pourquoi?

LUBIN.

Mon dieu! parce...

GEORGE DANDIN.

Mais encore?

LUBIN.

Doucement; j'ai peur qu'on ne nous écoute.

GEORGE DANDIN.

Point, point.

LUBIN.

C'est que je viens de parler à la maîtresse du logis, de la part d'un certain monsieur qui lui fait les doux yeux; et il ne faut pas qu'on sache cela : entendez-vous?

GEORGE DANDIN.

Oui.

LUBIN.

Voilà la raison. On m'a enchargé de prendre garde que personne ne me vît; et je vous prie au moins de ne pas dire que vous m'ayez vu.

GEORGE DANDIN.

Je n'ai garde.

LUBIN.

Je suis bien aise de faire les choses secrètement, comme on m'a recommandé.

GEORGE DANDIN.

C'est bien fait.

LUBIN.

Le mari, à ce qu'ils disent, est un jaloux qui ne veut pas qu'on fasse l'amour à sa femme; et il feroit le diable à quatre, si cela venoit à ses oreilles. Vous comprenez bien?

GEORGE DANDIN.

Fort bien.

LUBIN.

Il ne faut pas qu'il sache rien de tout ceci.

GEORGE DANDIN.

Sans doute.

ACTE I, SCÈNE II.

LUBIN.

On le veut tromper tout doucement. Vous entendez bien?

GEORGE DANDIN.

Le mieux du monde.

LUBIN.

Si vous alliez dire que vous m'avez vu sortir de chez lui, vous gâteriez toute l'affaire. Vous comprenez bien?

GEORGE DANDIN.

Assurément. Hé! comment nommez-vous celui qui vous a envoyé la-dedans?

LUBIN.

C'est le seigneur de notre pays, monsieur le vicomte de... chose... Foin! je ne me souviens jamais comment diantre ils baragouinent ce nom-là; monsieur Cli... Clitandre.

GEORGE DANDIN.

Est-ce ce jeune courtisan qui demeure...?

LUBIN.

Oui, auprès de ces arbres.

GEORGE DANDIN, *à part.*

C'est pour cela que depuis peu ce damoiseau poli s'est venu loger contre moi : j'avois bon nez, sans doute; et son voisinage déjà m'avoit donné quelque soupçon.

LUBIN.

Tétigué! c'est le plus honnête homme que vous ayez jamais vu. Il m'a donné trois pièces d'or pour aller dire seulement à la femme qu'il est amoureux d'elle, et qu'il souhaite fort l'honneur de pouvoir lui parler. Voyez s'il y a là une grande fatigue pour me payer si bien ; et ce qu'est, au prix de cela, une journée de travail où je ne gagne que dix sous.

GEORGE DANDIN.

Hé bien ! avez-vous fait votre message ?

LUBIN.

Oui : j'ai trouvé là-dedans une certaine Claudine qui, tout du premier coup, a compris ce que je voulois, et qui m'a fait parler à sa maîtresse.

GEORGE DANDIN, *à part.*

Ah ! coquine de servante !

LUBIN.

Morguienne ! cette Claudine-là est tout-à-fait jolie ; elle a gagné mon amitié, et il ne tiendra qu'à elle que nous soyons mariés ensemble.

GEORGE DANDIN.

Mais quelle réponse a faite la maîtresse à ce monsieur le courtisan ?

LUBIN.

Elle m'a dit de lui dire... attendez, je ne sais si je me souviendrai bien de tout cela : qu'elle lui est tout-à-fait obligée de l'affection qu'il a pour elle ; et qu'à cause de son mari, qui est fantasque, il garde d'en rien faire paroître ; et qu'il faudra songer à chercher quelque invention pour se pouvoir entretenir tous deux.

GEORGE DANDIN, *à part.*

Ah ! pendarde de femme !

LUBIN.

Tétiguienne! cela sera drôle; car le mari ne se doutera point de la manigance : voilà ce qui est de bon; et il aura un pied de nez avec sa jalousie : est-ce pas?

GEORGE DANDIN.

Cela est vrai.

LUBIN.

Adieu. Bouche cousue, au moins. Gardez bien le secret, afin que le mari ne le sache pas.

GEORGE DANDIN.

Oui, oui.

LUBIN.

Pour moi, je vais faire semblant de rien. Je suis un fin matois, et l'on ne diroit pas que j'y touche.

SCÈNE III.

GEORGE DANDIN.

Hé bien! George Dandin, vous voyez de quel air votre femme vous traite! voilà ce que c'est d'avoir voulu épouser une demoiselle! L'on vous accommode de toutes pièces sans que vous puissiez vous venger; et la gentilhommerie vous tient les bras liés. L'égalité de condition laisse du moins à l'honneur d'un mari liberté de ressentiment; et, si c'étoit une paysanne, vous auriez maintenant toutes vos coudées franches à vous en faire la justice à bons coups de bâton. Mais vous avez voulu tâter de la noblesse, et il vous ennuyoit d'être maître chez vous. Ah! j'enrage de tout mon cœur, et je me donnerois volontiers des soufflets. Quoi ! écouter impudemment l'amour d'un damoiseau, et y promettre en même temps de la correspondance ! Morbleu ! je ne veux point laisser passer une occasion de la sorte. Il me faut de ce pas aller faire mes plaintes au père et à la mère, et les rendre témoins, à telle fin que de raison, des sujets de chagrin et de ressentiment que leur fille me donne. Mais les voici l'un et l'autre fort à propos.

SCÈNE IV.

MONSIEUR DE SOTENVILLE, MADAME DE SOTENVILLE, GEORGE DANDIN.

M. DE SOTENVILLE.

Qu'est-ce, mon gendre ? vous me paroissez tout troublé.

GEORGE DANDIN.

Aussi en ai-je du sujet, et...

MADAME DE SOTENVILLE.

Mon dieu ! notre gendre, que vous avez peu de civilité de ne pas saluer les gens quand vous les approchez !

GEORGE DANDIN.

Ma foi, ma belle-mère, c'est que j'ai d'autres choses en tête ; et...

MADAME DE SOTENVILLE.

Encore ! est-il possible, notre gendre, que vous sachiez si peu votre monde, et qu'il n'y ait pas moyen de vous instruire de la manière qu'il faut vivre parmi les personnes de qualité?

GEORGE DANDIN.

Comment?

MADAME DE SOTENVILLE.

Ne vous déferez-vous jamais avec moi de la familiarité de ce mot de ma belle-mère? et ne sauriez-vous vous accoutumer à me dire madame?

GEORGE DANDIN.

Parbleu! si vous m'appelez votre gendre, il me semble que je puis vous appeler ma belle-mère.

MADAME DE SOTENVILLE.

Il y a fort à dire, et les choses ne sont pas égales. Apprenez, s'il vous plaît, que ce n'est pas à vous à vous servir de ce mot-là avec une personne de ma condition; que, tout notre gendre que vous soyez, il y a grande différence de vous à nous, et que vous devez vous connoître.

M. DE SOTENVILLE.

C'en est assez, m'amour; laissons cela.

MADAME DE SOTENVILLE.

Mon dieu! monsieur de Sotenville, vous avez des indulgences qui n'appartiennent qu'à vous, et vous ne savez pas vous faire rendre par les gens ce qui vous est dû.

M. DE SOTENVILLE.

Corbleu! pardonnez-moi, on ne peut point me faire de leçons là-dessus; et j'ai su montrer en ma vie, par vingt actions de vigueur, que je ne suis point homme à démordre jamais d'un pouce de mes prétentions : mais il suffit de lui avoir donné un petit avertissement. Sachons un peu, mon gendre, ce que vous avez dans l'esprit.

GEORGE DANDIN.

Puisqu'il faut donc parler catégoriquement, je vous dirai, monsieur de Sotenville, que j'ai lieu de...

M. DE SOTENVILLE.

Doucement, mon gendre, apprenez qu'il n'est pas respectueux d'appeler les gens par leur nom, et qu'à ceux qui sont au-dessus de nous il faut dire monsieur tout court.

GEORGE DANDIN.

Hé bien! monsieur tout court, et non plus monsieur de Sotenville, j'ai à vous dire que ma femme me donne...

M. DE SOTENVILLE.

Tout beau! apprenez aussi que vous ne devez pas dire ma femme, quand vous parlez de notre fille.

GEORGE DANDIN.

J'enrage. Comment! ma femme n'est pas ma femme?

MADAME DE SOTENVILLE.

Oui, notre gendre, elle est votre femme; mais il ne vous est pas permis de l'appeler ainsi, et c'est tout ce que vous pourriez faire si vous aviez épousé une de vos pareilles.

GEORGE DANDIN, *à part*.

Ah! George Dandin, où t'es-tu fourré? (*haut.*) Hé! de grâce, mettez pour un moment votre gentilhommerie à côté, et souffrez que je vous parle maintenant comme je pourrai. (*à part.*) Au diantre soit la tyrannie de toutes ces histoires-là! (*à M. de Sotenville.*) Je vous dis donc que je suis mal satisfait de mon mariage.

M. DE SOTENVILLE.

Et la raison, mon gendre?

MADAME DE SOTENVILLE.

Quoi! parler ainsi d'une chose dont vous avez tiré de si grands avantages!

GEORGE DANDIN.

Et quels avantages, madame, puisque madame y a? L'aventure n'a pas été mauvaise pour vous; car sans moi vos affaires, avec votre permission, étoient fort délabrées, et mon argent a servi à reboucher d'assez bons trous : mais moi, de quoi ai-je profité, je vous prie, que d'un alongement de nom, et, au lieu de George Dandin, d'avoir reçu par vous le titre de M. de La Dandinière?

M. DE SOTENVILLE.

Ne comptez-vous pour rien, mon gendre, l'avantage d'être allié à la maison de Sotenville?

MADAME DE SOTENVILLE.

Et à celle de La Prudoterie, dont j'ai l'honneur d'être issue; mais où le ventre anoblit, et qui par ce beau privilége rendra vos enfants gentilshommes?

GEORGE DANDIN.

Oui, voilà qui est bien, mes enfants seront gentilshommes; mais je serai cocu, moi, si l'on n'y met ordre.

M. DE SOTENVILLE.

Que veut dire cela, mon gendre?

GEORGE DANDIN.

Cela veut dire que votre fille ne vit pas comme il faut qu'une femme vive, et qu'elle fait des choses qui sont contre l'honneur.

MADAME DE SOTENVILLE.

Tout beau! prenez garde à ce que vous dites. Ma fille est d'une race trop pleine de vertu pour se porter jamais à faire aucune chose dont l'honnêteté soit blessée; et, de la maison de La Prudoterie, il y a plus de trois cents ans qu'on n'a point remarqué qu'il y ait eu de femme, dieu merci, qui ait fait parler d'elle.

M. DE SOTENVILLE.

Corbleu! dans la maison de Sotenville on n'a jamais vu de coquette; et la bravoure n'y est pas plus héréditaire aux mâles, que la chasteté aux femelles.

MADAME DE SOTENVILLE.

Nous avons eu une Jacqueline de la Prudoterie qui ne voulut jamais être la maîtresse d'un duc et pair, gouverneur de notre province.

M. DE SOTENVILLE.

Il y a eu une Mathurine de Sotenville qui refusa vingt mille écus d'un favori du roi, qui ne demandoit seulement que la faveur de lui parler.

GEORGE DANDIN.

Oh bien! votre fille n'est pas si difficile que cela; et elle s'est apprivoisée depuis qu'elle est chez moi.

M. DE SOTENVILLE.

Expliquez-vous, mon gendre. Nous ne sommes

point gens à la supporter dans de mauvaises actions ; et nous serons les premiers, sa mère et moi, à vous en faire la justice.

MADAME DE SOTENVILLE.

Nous n'entendons point raillerie sur les matières de l'honneur; et nous l'avons élevée dans toute la sévérité possible.

GEORGE DANDIN.

Tout ce que je vous puis dire, c'est qu'il y a ici un certain courtisan que vous avez vu, qui est amoureux d'elle à ma barbe, et qui lui a fait faire des protestations d'amour, qu'elle a très-humainement écoutées.

MADAME DE SOTENVILLE.

Jour de dieu! je l'étranglerois de mes propres mains, s'il falloit qu'elle forlignât de l'honnêteté de sa mère.

M. DE SOTENVILLE.

Corbleu! je lui passerois mon épée au travers du corps, à elle et au galant, si elle avoit forfait à son honneur.

GEORGE DANDIN.

Je vous ai dit ce qui se passe, pour vous faire mes plaintes; et je vous demande raison de cette affaire-là.

M. DE SOTENVILLE.

Ne vous tourmentez point, je vous la ferai de tous deux; et je suis homme pour serrer le bouton à qui que ce puisse être. Mais êtes-vous bien sûr de ce que vous nous dites?

GEORGE DANDIN.

Très-sûr.

M. DE SOTENVILLE.

Prenez bien garde, au moins; car, entre gentilshommes, ce sont des choses chatouilleuses, et il n'est pas question d'aller faire ici un pas de clerc.

GEORGE DANDIN.

Je ne vous ai rien dit, vous dis-je, qui ne soit véritable.

M. DE SOTENVILLE.

M'amour, allez-vous-en parler à votre fille, tandis qu'avec mon gendre j'irai parler à l'homme.

MADAME DE SOTENVILLE.

Se pourroit-il, mon fils, qu'elle s'oubliât de la sorte, après le sage exemple que vous savez vous-même que je lui ai donné!

M. DE SOTENVILLE.

Nous allons éclaircir l'affaire. Suivez-moi, mon gendre, et ne vous mettez pas en peine. Vous verrez de quel bois nous nous chauffons, lorsqu'on s'attaque à ceux qui nous peuvent appartenir.

GEORGE DANDIN.

Le voici qui vient vers nous.

SCÈNE V.

MONSIEUR DE SOTENVILLE, CLITANDRE, GEORGE DANDIN.

M. DE SOTENVILLE.

Monsieur, suis-je connu de vous?

CLITANDRE.

Non pas, que je sache, monsieur.

M. DE SOTENVILLE.

Je m'appelle le baron de Sotenville.

CLITANDRE.

Je m'en réjouis fort.

M. DE SOTENVILLE.

Mon nom est connu à la cour; et j'eus l'honneur, dans ma jeunesse, de me signaler des premiers à l'arrière-ban de Nancy.

CLITANDRE.

A la bonne heure.

M. DE SOTENVILLE.

Monsieur mon père, Jean-Gilles de Sotenville, eut la gloire d'assister en personne au grand siége de Montauban.

CLITANDRE.

J'en suis ravi.

M. DE SOTENVILLE.

Et j'ai eu un aïeul, Bertrand de Sotenville, qui fut si considéré en son temps, que d'avoir permission de vendre tout son bien pour le voyage d'outre-mer.

CLITANDRE.

Je le veux croire.

M. DE SOTENVILLE.

Il m'a été rapporté, monsieur, que vous aimez et poursuivez une jeune personne, qui est ma fille, pour laquelle je m'intéresse, (*montrant George Dandin*) et pour l'homme que vous voyez, qui a l'honneur d'être mon gendre.

CLITANDRE.

Qui? moi?

M. DE SOTENVILLE.

Oui; et je suis bien aise de vous parler, pour tirer de vous, s'il vous plaît, un éclaircissement de cette affaire.

CLITANDRE.

Voilà une étrange médisance! Qui vous a dit cela, monsieur?

M. DE SOTENVILLE.

Quelqu'un qui croit le bien savoir.

CLITANDRE.

Ce quelqu'un-là en a menti. Je suis honnête homme. Me croyez-vous, capable, monsieur, d'une action aussi lâche que celle-là? Moi, aimer une jeune et belle personne qui a l'honneur d'être la fille de monsieur le baron de Sotenville! je vous révère trop pour cela, et suis trop votre serviteur. Quiconque vous l'a dit, est un sot.

M. DE SOTENVILLE.

Allons, mon gendre.

GEORGE DANDIN.

Quoi?

CLITANDRE.

C'est un coquin et un maraud.

M. DE SOTENVILLE, *à George Dandin.*

Répondez.

GEORGE DANDIN.

Répondez vous-même.

CLITANDRE.

Si je savois qui ce peut être, je lui donnerois, en votre présence, de l'épée dans le ventre.

ACTE I, SCÈNE V.

M. DE SOTENVILLE, *à George Dandin.*

Soutenez donc la chose.

GEORGE DANDIN.

Elle est toute soutenue. Cela est vrai.

CLITANDRE.

Est-ce votre gendre, monsieur, qui...

M. DE SOTENVILLE.

Oui, c'est lui-même qui s'en est plaint à moi.

CLITANDRE.

Certes, il peut remercier l'avantage qu'il a de vous appartenir; et sans cela je lui apprendrois bien à tenir de pareils discours d'une personne comme moi.

SCÈNE VI.

MONSIEUR DE SOTENVILLE, MADAME DE SOTENVILLE, ANGÉLIQUE, CLITANDRE, GEORGE DANDIN, CLAUDINE.

MADAME DE SOTENVILLE.

Pour ce qui est de cela, la jalousie est une étrange chose! J'amène ici ma fille pour éclaircir l'affaire en présence de tout le monde.

CLITANDRE, *à Angélique.*

Est-ce donc vous, madame, qui avez dit à votre mari que je suis amoureux de vous?

ANGÉLIQUE.

Moi? Hé! comment lui aurois-je dit? Est-ce que cela est? Je voudrois bien le voir, vraiment, que vous fussiez amoureux de moi. Jouez-vous-y, je vous en prie; vous trouverez à qui parler; c'est une chose que je vous conseille de faire. Ayez recours, pour voir, à tous les détours des amants : essayez un peu, par plaisir, à m'envoyer des ambassades, à m'écrire secrètement de petits billets-doux, à épier les moments que mon mari n'y sera pas, ou le temps que je sortirai, pour me parler de votre amour; vous n'avez qu'à y venir, je vous promets que vous serez reçu comme il faut.

CLITANDRE.

Hé! là, là, madame, tout doucement. Il n'est pas nécessaire de me faire tant de leçons, et de vous tant scandaliser. Qui vous dit que je songe à vous aimer?

ANGÉLIQUE.

Que sais-je, moi, ce qu'on me vient conter ici?

CLITANDRE.

On dira ce que l'on voudra; mais vous savez si je vous ai parlé d'amour lorsque je vous ai rencontrée.

ANGÉLIQUE.

Vous n'aviez qu'à le faire, vous auriez été bien venu!

CLITANDRE.

Je vous assure qu'avec moi vous n'avez rien à craindre; que je ne suis point homme à donner du chagrin aux belles; et que je vous respecte trop, et vous, et messieurs vos parents, pour avoir la pensée d'être amoureux de vous.

MADAME DE SOTENVILLE, *à George Dandin.*

Hé bien! vous le voyez.

M. DE SOTENVILLE.

Vous voilà satisfait, mon gendre. Que dites-vous à cela?

GEORGE DANDIN.

Je dis que ce sont là des contes à dormir debout; que je sais bien ce que je sais; et que tantôt, puisqu'il faut parler net, elle a reçu une ambassade de sa part.

ANGÉLIQUE.

Moi? j'ai reçu une ambassade?

CLITANDRE.

J'ai envoyé une ambassade?

ANGÉLIQUE.

Claudine?

CLITANDRE, *à Claudine.*

Est-il vrai?

CLAUDINE.

Par ma foi, voilà une étrange fausseté!

GEORGE DANDIN.

Taisez-vous, carogne que vous êtes. Je sais de vos nouvelles; et c'est vous qui tantôt avez introduit le courrier.

CLAUDINE.

Qui? moi?

GEORGE DANDIN.

Oui, vous. Ne faites point tant la sucrée.

CLAUDINE.

Hélas! que le monde aujourd'hui est rempli de méchanceté, de m'aller soupçonner ainsi, moi qui suis l'innocence même!

GEORGE DANDIN.

Taisez-vous, bonne pièce. Vous faites la sournoise,

mais je vous connois il y a long-temps; et vous êtes une dessalée.

CLAUDINE, *à Angélique.*

Madame, est-ce que...?

GEORGE DANDIN.

Taisez-vous, vous dis-je; vous pourriez bien porter la folle enchère de tous les autres, et vous n'avez point de père gentilhomme.

ANGÉLIQUE.

C'est une imposture si grande, et qui me touche si fort au cœur, que je ne puis pas même avoir la force d'y répondre. Cela est bien horrible d'être accusée par un mari, lorsqu'on ne lui fait rien qui ne soit à faire! Hélas! si je suis blâmable de quelque chose, c'est d'en user trop bien avec lui.

CLAUDINE.

Assurément.

ANGÉLIQUE.

Tout mon malheur est de le trop considérer; et plût au ciel que je fusse capable de souffrir, comme il dit, les galanteries de quelqu'un! je ne serois point tant à plaindre. Adieu, je me retire; je ne puis plus endurer qu'on m'outrage de cette sorte.

SCÈNE VII.

MONSIEUR DE SOTENVILLE, MADAME DE SOTENVILLE, CLITANDRE, GEORGE DANDIN, CLAUDINE.

MADAME DE SOTENVILLE, *à George Dandin.*

Allez, vous ne méritez pas l'honnête femme qu'on vous a donnée.

CLAUDINE.

Par ma foi, il mériteroit qu'elle lui fît dire vrai : et, si j'étois en sa place, je n'y marchanderois pas. (*à Clitandre.*) Oui, monsieur, vous devez, pour le punir, faire l'amour à ma maîtresse. Poussez, c'est moi qui vous le dis, ce sera fort bien employé ; et je m'offre à vous y servir, puisqu'il m'en a déjà taxée.

(*Claudine sort.*)

M. DE SOTENVILLE.

Vous méritez, mon gendre, qu'on vous dise ces choses-là ; et votre procédé met tout le monde contre vous.

MADAME DE SOTENVILLE.

Allez, songez à mieux traiter une demoiselle bien née ; et prenez garde désormais à ne plus faire de pareilles bévues.

GEORGE DANDIN, *à part.*

J'enrage de bon cœur d'avoir tort lorsque j'ai raison.

SCÈNE VIII.

MONSIEUR DE SOTENVILLE, CLITANDRE,
GEORGE DANDIN.

CLITANDRE, *à M. de Sotenville.*

Monsieur, vous voyez comme j'ai été faussement accusé : vous êtes homme qui savez les maximes du point d'honneur; et je vous demande raison de l'affront qui m'a été fait.

M. DE SOTENVILLE.

Cela est juste, et c'est l'ordre des procédés. Allons, mon gendre, faites satisfaction à monsieur.

GEORGE DANDIN.

Comment! satisfaction?

M. DE SOTENVILLE.

Oui, cela se doit dans les règles, pour l'avoir à tort accusé.

GEORGE DANDIN.

C'est une chose, moi, dont je ne demeure pas d'accord, de l'avoir à tort accusé; et je sais bien ce que j'en pense.

M. DE SOTENVILLE.

Il n'importe. Quelque pensée qui vous puisse rester : il a nié, c'est satisfaire les personnes; et l'on n'a nul droit de se plaindre de tout homme qui se dédit.

GEORGE DANDIN.

Si bien donc que, si je le trouvois couché avec ma femme, il en seroit quitte pour se dédire?

ACTE I, SCÈNE VIII.

M. DE SOTENVILLE.

Point de raisonnement. Faites-lui les excuses que je vous dis.

GEORGE DANDIN.

Moi! je lui ferai encore des excuses après...!

M. DE SOTENVILLE.

Allons, vous dis-je, il n'y a rien à balancer; et vous n'avez que faire d'avoir peur d'en trop faire, puisque c'est moi qui vous conduis.

GEORGE DANDIN.

Je ne saurois...

M. DE SOTENVILLE.

Corbleu! mon gendre, ne m'échauffez pas la bile. Je me mettrois avec lui contre vous. Allons, laissez-vous gouverner par moi.

GEORGE DANDIN, *à part.*

Ah! George Dandin!

M. DE SOTENVILLE.

Votre bonnet à la main le premier; monsieur est gentilhomme, et vous ne l'êtes pas.

GEORGE DANDIN, *à part, le bonnet à la main.*

J'enrage!

M. DE SOTENVILLE.

Répétez après moi... Monsieur...

GEORGE DANDIN.

Monsieur...

M. DE SOTENVILLE.

Je vous demande pardon...

(*voyant que George Dandin fait difficulté de lui obéir.*)

Ah!

GEORGE DANDIN.

Je vous demande pardon...

M. DE SOTENVILLE.

Des mauvaises pensées que j'ai eues de vous.

GEORGE DANDIN.

Des mauvaises pensées que j'ai eues de vous.

M. DE SOTENVILLE.

C'est que je n'avois pas l'honneur de vous connoître.

GEORGE DANDIN.

C'est que je n'avois pas l'honneur de vous connoître.

M. DE SOTENVILLE.

Et je vous prie de croire...

GEORGE DANDIN.

Et je vous prie de croire...

M. DE SOTENVILLE.

Que je suis votre serviteur.

GEORGE DANDIN.

Voulez-vous que je sois serviteur d'un homme qui me veut faire cocu?

M. DE SOTENVILLE, *le menaçant encore.*

Ah!

CLITANDRE.

Il suffit, monsieur.

M. DE SOTENVILLE.

Non, je veux qu'il achève, et que tout aille dans les formes... Que je suis votre serviteur.

GEORGE DANDIN.

Que je suis votre serviteur.

ACTE I, SCÈNE VIII.

CLITANDRE, *à George Dandin.*

Monsieur, je suis le vôtre de tout mon cœur, et je ne songe plus à ce qui s'est passé. (*à M. de Sotenville.*) Pour vous, monsieur, je vous donne le bonjour, et suis fâché du petit chagrin que vous avez eu.

M. DE SOTENVILLE.

Je vous baise les mains; et, quand il vous plaira, je vous donnerai le divertissement de courre un lièvre.

CLITANDRE.

C'est trop de grâce que vous me faites.

(*Clitandre sort.*)

M. DE SOTENVILLE.

Voilà, mon gendre, comme il faut pousser les choses. Adieu. Sachez que vous êtes entré dans une famille qui vous donnera de l'appui, et ne souffrira point que l'on vous fasse aucun affront.

SCÈNE IX.

GEORGE DANDIN.

Ah! que je... Vous l'avez voulu; vous l'avez voulu, George Dandin, vous l'avez voulu; cela vous sied fort bien, et vous voilà ajusté comme il faut : vous avez justement ce que vous méritez. Allons, il s'agit seulement de désabuser le père et la mère; et je pourrai trouver peut-être quelque moyen d'y réussir.

FIN DU PREMIER ACTE.

ACTE SECOND.

SCÈNE I.

CLAUDINE, LUBIN.

CLAUDINE.

Oui, j'ai bien deviné qu'il falloit que cela vînt de toi, et que tu l'eusses dit à quelqu'un qui l'ait rapporté à notre maître.

LUBIN.

Par ma foi, je n'en ai touché qu'un petit mot en passant à un homme, afin qu'il ne dît point qu'il m'avoit vu sortir; et il faut que les gens, en ce pays-ci, soient de grands babillards.

CLAUDINE.

Vraiment, ce monsieur le vicomte a bien choisi son monde, que de te prendre pour son ambassadeur; et il s'est allé servir là d'un homme bien chanceux.

LUBIN.

Va, une autre fois je serai plus fin, et je prendrai mieux garde à moi.

CLAUDINE.

Oui, oui, il sera temps!

LUBIN.

Ne parlons plus de cela. Ecoute.

CLAUDINE.

Que veux-tu que j'écoute?

LUBIN.

Tourne un peu ton visage devers moi.

CLAUDINE.

Hé bien! qu'est-ce?

LUBIN.

Claudine.

CLAUDINE.

Quoi?

LUBIN.

Hé! là! ne sais-tu pas bien ce que je veux dire?

CLAUDINE.

Non.

LUBIN.

Morgué! je t'aime.

CLAUDINE.

Tout de bon?

LUBIN.

Oui, le diable m'emporte! tu me peux croire, puisque j'en jure.

CLAUDINE.

A la bonne heure.

LUBIN.

Je me sens tout tribouiller le cœur quand je te regarde.

CLAUDINE.

Je m'en réjouis.

LUBIN.

Comment est-ce que tu fais pour être si jolie?

CLAUDINE.

Je fais comme font les autres.

LUBIN.

Vois-tu, il ne faut point tant de beurre pour faire un quarteron : si tu veux tu seras ma femme, je serai ton mari; et nous serons tous deux mari et femme.

CLAUDINE.

Tu serois peut-être jaloux comme notre maître.

LUBIN.

Point.

CLAUDINE.

Pour moi, je hais les maris soupçonneux; et j'en veux un qui ne s'épouvante de rien, un si plein de confiance, et si sûr de ma chasteté, qu'il me vît sans inquiétude au milieu de trente hommes.

LUBIN.

Hé bien! je serai comme tout cela.

CLAUDINE.

C'est la plus sotte chose du monde que de se défier d'une femme, et de la tourmenter. La vérité de l'affaire est qu'on n'y gagne rien de bon : cela nous fait songer à mal; et ce sont souvent les maris qui, avec leurs vacarmes, se font eux-mêmes ce qu'ils sont.

LUBIN.

Hé bien! je te donnerai la liberté de faire tout ce qu'il te plaira.

CLAUDINE.

Voilà comme il faut faire pour n'être point trompé. Lorsqu'un mari se met à notre discrétion, nous ne prenons de liberté que ce qu'il nous en faut; et il en est comme avec ceux qui nous ouvrent leur bourse, et nous disent, Prenez : nous en usons honnêtement, et nous nous contentons de la raison. Mais ceux qui nous chicanent, nous nous efforçons de les tondre, et nous ne les épargnons point.

LUBIN.

Va, je serai de ceux qui ouvrent leur bourse; et tu n'as qu'à te marier avec moi.

CLAUDINE.

Hé bien! bien, nous verrons.

LUBIN.

Viens donc ici, Claudine.

CLAUDINE.

Que veux-tu?

LUBIN.

Viens, te dis-je.

CLAUDINE.

Ah! doucement. Je n'aime pas les patineurs.

LUBIN.

Hé! un petit brin d'amitié.

CLAUDINE.

Laisse-moi là, te dis-je; je n'entends pas raillerie.

LUBIN.

Claudine.

CLAUDINE, *repoussant Lubin.*

Hai!

LUBIN.

Ah! que tu es rude à pauvres gens! Fi! que cela est malhonnête de refuser les personnes! N'as-tu point de honte d'être belle, et de ne vouloir pas qu'on te caresse? Hé! là!

CLAUDINE.

Je te donnerai sur le nez.

LUBIN.

Oh! la farouche! la sauvage! Fi! pouas! la vilaine, qui est cruelle!

CLAUDINE.

Tu t'émancipes trop.

LUBIN.

Qu'est-ce que cela te coûteroit de me laisser un peu faire?

CLAUDINE.

Il faut que tu te donnes patience.

LUBIN.

Un petit baiser seulement, en rabattant sur notre mariage.

CLAUDINE.

Je suis votre servante.

LUBIN.

Claudine, je t'en prie, sur l'et-tant-moins.

CLAUDINE.

Hé! que nenni! J'y ai déjà été attrapée. Adieu. Va-t'en, et dis à monsieur le vicomte que j'aurai soin de rendre son billet.

LUBIN.

Adieu, beauté rude-anière.

CLAUDINE.

Le mot est amoureux.

ACTE II, SCÈNE I.

LUBIN.

Adieu, rocher, caillou, pierre de taille, et tout ce qu'il y a de plus dur au monde.

CLAUDINE, seule.

Je vais remettre aux mains de ma maîtresse... Mais la voici avec son mari : éloignons-nous, et attendons qu'elle soit seule.

SCÈNE II.

GEORGE DANDIN, ANGÉLIQUE.

GEORGE DANDIN.

Non, non, on ne m'abuse pas avec tant de facilité ; et je ne suis que trop certain que le rapport que l'on m'a fait est véritable. J'ai de meilleurs yeux qu'on ne pense, et votre galimatias ne m'a point tantôt ébloui.

SCÈNE III.

CLITANDRE, ANGÉLIQUE, GEORGE DANDIN.

CLITANDRE, *à part, dans le fond du théâtre.*
Ah ! la voilà ; mais le mari est avec elle.

GEORGE DANDIN, *sans voir Clitandre.*

Au travers de toutes vos grimaces, j'ai vu la vérité de ce que l'on m'a dit, et le peu de respect que vous avez pour le nœud qui nous joint.

(*Clitandre et Angélique se saluent.*)

Mon dieu ! laissez là votre révérence ; ce n'est pas de ces sortes de respect dont je vous parle, et vous n'avez que faire de vous moquer.

ANGÉLIQUE.

Moi, me moquer! en aucune façon.

GEORGE DANDIN.

Je sais votre pensée, et connois...

(*Clitandre et Angélique se saluent encore.*)

Encore! Ah! ne raillons point davantage. Je n'ignore pas qu'à cause de votre noblesse vous me tenez fort au-dessous de vous : et le respect que je veux dire ne regarde point ma personne; j'entends parler de celui que vous devez à des nœuds aussi vénérables que le sont ceux du mariage.

(*Angélique fait signe à Clitandre.*)

Il ne faut point lever les épaules, et je ne dis point de sottises.

ANGÉLIQUE.

Qui songe à lever les épaules?

GEORGE DANDIN.

Mon dieu! nous voyons clair. Je vous dis, encore une fois, que le mariage est une chaîne à laquelle on doit porter toute sorte de respect; et que c'est fort mal fait à vous d'en user comme vous faites.

(*Angélique fait signe de la tête à Clitandre.*)

Oui, oui, mal fait à vous; et vous n'avez que faire de hocher la tête et de me faire la grimace.

ANGÉLIQUE.

Moi? je ne sais ce que vous voulez dire.

GEORGE DANDIN.

Je le sais fort bien, moi; et vos mépris me sont connus. Si je ne suis pas né noble, au moins suis-je d'une race où il n'y a point de reproche; et la famille des Dandins...

CLITANDRE, *derrière Angélique, sans être aperçu de George Dandin.*

Un moment d'entretien.

GEORGE DANDIN, *sans voir Clitandre.*

Hé!

ANGÉLIQUE.

Quoi? je ne dis mot.

(*George Dandin tourne autour de sa femme, et Clitandre se retire en faisant une grande révérence à George Dandin.*

SCÈNE IV.

GEORGE DANDIN, ANGÉLIQUE.

GEORGE DANDIN.

Le voilà qui vient rôder autour de vous.

ANGÉLIQUE.

Hé bien! est-ce ma faute? Que voulez-vous que j'y fasse?

GEORGE DANDIN.

Je veux que vous y fassiez ce que fait une femme qui ne veut plaire qu'à son mari. Quoi qu'on en puisse dire, les galants n'obsèdent jamais que quand on le veut bien : il y a un certain air doucereux qui les attire, ainsi que le miel fait les mouches; et les honnêtes femmes ont des manières qui les savent chasser d'abord.

ANGÉLIQUE.

Moi, les chasser! et par quelle raison? Je ne me

scandalise point qu'on me trouve bien faite; et cela me fait du plaisir.

GEORGE DANDIN.

Oui! mais quel personnage voulez-vous que joue un mari pendant cette galanterie?

ANGÉLIQUE.

Le personnage d'un honnête homme, qui est bien aise de voir sa femme considérée.

GEORGE DANDIN.

Je suis votre valet. Ce n'est pas là mon compte; et les Dandins ne sont point accoutumés à cette mode-là.

ANGÉLIQUE.

Oh! les Dandins s'y accoutumeront s'ils veulent; car pour moi je vous déclare que mon dessein n'est pas de renoncer au monde, et de m'enterrer toute vive dans un mari. Comment! parce qu'un homme s'avise de nous épouser, il faut d'abord que toutes choses soient finies pour nous, et que nous rompions tout commerce avec les vivants! C'est une chose merveilleuse que cette tyrannie de messieurs les maris; et je les trouve bons de vouloir qu'on soit morte à tous les divertissements, et qu'on ne vive que pour eux! Je me moque de cela, et ne veux point mourir si jeune.

GEORGE DANDIN.

C'est ainsi que vous satisfaites aux engagements de la foi que vous m'avez donnée publiquement?

ANGÉLIQUE.

Moi? je ne vous l'ai point donnée de bon cœur, et vous me l'avez arrachée. M'avez-vous, avant le ma-

ACTE II, SCÈNE IV.

riage, demandé mon consentement, et si je voulois bien de vous? Vous n'avez consulté pour cela que mon père et ma mère : ce sont eux proprement qui vous ont épousé ; et c'est pourquoi vous ferez bien de vous plaindre toujours à eux des torts que l'on pourra vous faire. Pour moi, qui ne vous ai point dit de vous marier avec moi, et que vous avez prise sans consulter mes sentiments, je prétends n'être point obligée à me soumettre en esclave à vos volontés ; et je veux jouir, s'il vous plaît, de quelque nombre de beaux jours que m'offre la jeunesse, prendre les douces libertés que l'âge me permet, voir un peu le beau monde, et goûter le plaisir de m'ouïr dire des douceurs. Préparez-vous-y pour votre punition ; et rendez grâce au ciel de ce que je ne suis pas capable de quelque chose de pis.

GEORGE DANDIN.

Oui! c'est ainsi que vous le prenez? Je suis votre mari, et je vous dis que je n'entends pas cela.

ANGÉLIQUE.

Moi, je suis votre femme, et je vous dis que je l'entends.

GEORGE DANDIN, *à part.*

Il me prend des tentations d'accommoder tout son visage à la compote, et le mettre en état de ne plaire de sa vie aux diseurs de fleurettes. Ah! allons, George Dandin ; je ne pourrois me retenir, et il vaut mieux quitter la place.

SCÈNE V.

ANGÉLIQUE, CLAUDINE.

CLAUDINE.

J'avois, madame, impatience qu'il s'en allât, pour vous rendre ce mot de la part que vous savez.

ANGÉLIQUE.

Voyons.

CLAUDINE, *à part*.

A ce que je puis remarquer, ce qu'on lui écrit ne lui déplaît pas trop.

ANGÉLIQUE.

Ah! Claudine, que ce billet s'explique d'une façon galante! Que, dans tous leurs discours et dans toutes leurs actions, les gens de cour ont un air agréable! et qu'est-ce que c'est auprès d'eux que nos gens de province?

CLAUDINE.

Je crois qu'après les avoir vus, les Dandins ne vous plaisent guère.

ANGÉLIQUE.

Demeure ici; je m'en vais faire la réponse.

CLAUDINE, *seule*.

Je n'ai pas besoin, que je pense, de lui recommander de la faire agréable. Mais voici...

SCÈNE VI.

CLITANDRE, LUBIN, CLAUDINE.

CLAUDINE.

Vraiment, monsieur, vous avez pris là un habile messager!

CLITANDRE.

Je n'ai pas osé envoyer de mes gens. Mais, ma pauvre Claudine, il faut que je te récompense des bons offices que je sais que tu m'as rendus.

(*Il fouille dans sa poche.*)

CLAUDINE.

Hé! monsieur, il n'est pas nécessaire. Non, monsieur, vous n'avez que faire de vous donner cette peine-là; et je vous rends service parce que vous le méritez, et que je me sens au cœur de l'inclination pour vous.

CLITANDRE, *donnant de l'argent à Claudine.*
Je te suis obligé.

LUBIN, *à Claudine.*
Puisque nous serons mariés, donne-moi cela, que je le mette avec le mien.

CLAUDINE.
Je te le garde, aussi-bien que le baiser.

CLITANDRE, *à Claudine.*
Dis-moi, as-tu rendu mon billet à ta belle maîtresse?

CLAUDINE.
Oui; elle est allée y répondre.

CLITANDRE.

Mais, Claudine, n'y a-t-il pas moyen que je la puisse entretenir?

CLAUDINE.

Oui; venez avec moi, je vous ferai parler à elle.

CLITANDRE.

Mais le trouvera-t-elle bon? et n'y a-t-il rien à risquer?

CLAUDINE.

Non, non, son mari n'est pas au logis : et puis, ce n'est pas lui qu'elle a le plus à ménager, c'est son père et sa mère; et pourvu qu'ils soient prévenus, tout le reste n'est point à craindre.

CLITANDRE.

Je m'abandonne à ta conduite.

LUBIN, *seul.*

Tétiguenne! que j'aurai là une habile femme! Elle a de l'esprit comme quatre.

SCÈNE VII.

GEORGE DANDIN, LUBIN.

GEORGE DANDIN, *bas, à part.*

Voici mon homme de tantôt. Plût au ciel qu'il pût se résoudre à vouloir rendre témoignage au père et à la mère de ce qu'ils ne veulent point croire!

LUBIN.

Ah! vous voilà, monsieur le babillard, à qui j'avois tant recommandé de ne point parler, et qui me l'aviez tant promis! Vous êtes donc un causeur, et vous allez redire ce que l'on vous dit en secret?

ACTE II, SCÈNE VII.

GEORGE DANDIN.

Moi ?

LUBIN.

Oui; vous avez été tout rapporter au mari, et vous êtes cause qu'il a fait du vacarme. Je suis bien aise de savoir que vous avez de la langue; et cela m'apprendra à ne vous plus rien dire.

GEORGE DANDIN.

Ecoute, mon ami.

LUBIN.

Si vous n'aviez point babillé, je vous aurois conté ce qui se passe à cette heure ; mais, pour votre punition, vous ne saurez rien du tout.

GEORGE DANDIN.

Comment! qu'est-ce qui se passe?

LUBIN.

Rien, rien. Voilà ce que c'est d'avoir causé ; vous n'en tâterez plus, et je vous laisse sur la bonne bouche.

GEORGE DANDIN.

Arrête un peu.

LUBIN.

Point.

GEORGE DANDIN.

Je ne te veux dire qu'un mot.

LUBIN.

Nennin, nennin. Vous avez envie de me tirer les vers du nez.

GEORGE DANDIN.

Non, ce n'est pas cela.

LUBIN.

Hé! quelque sot... Je vous vois venir.

GEORGE DANDIN.

C'est autre chose. Ecoute.

LUBIN.

Point d'affaire. Vous voudriez que je vous disse que monsieur le vicomte vient de donner de l'argent à Claudine, et qu'elle l'a mené chez sa maîtresse. Mais je ne suis pas si bête.

GEORGE DANDIN.

De grâce.

LUBIN.

Non.

GEORGE DANDIN.

Je te donnerai...

LUBIN.

Tarare.

SCÈNE VIII.

GEORGE DANDIN.

Je n'ai pu me servir, avec cet innocent, de la pensée que j'avois. Mais le nouvel avis qui lui est échappé feroit la même chose; et, si le galant est chez moi, ce seroit pour avoir raison aux yeux du père et de la mère, et les convaincre pleinement de l'effronterie de leur fille. Le mal de tout ceci, c'est que je ne sais comment faire pour profiter d'un tel avis. Si je rentre chez moi, je ferai évader le drôle; et, quelque chose que je puisse voir moi-même de mon déshonneur, je n'en serai point cru à mon serment, et l'on me dira que je rêve. Si, d'autre part, je vais querir beau-père et belle-mère sans être sûr de trouver chez moi le galant, ce sera la même chose; et je retomberai dans l'inconvénient de tantôt. Pourrois-je point m'éclaircir doucement s'il y est encore?

(*après avoir été regarder par le trou de la serrure.*)

Ah! ciel! il n'en faut plus douter, et je viens de l'apercevoir par le trou de la porte. Le sort me donne ici de quoi confondre ma partie; et, pour achever l'aventure, il fait venir à point nommé les juges dont j'avois besoin.

SCÈNE IX.

MONSIEUR DE SOTENVILLE, MADAME DE SOTENVILLE, GEORGE DANDIN.

GEORGE DANDIN.

Enfin, vous ne m'avez pas voulu croire tantôt, et votre fille l'a emporté sur moi; mais j'ai en main de quoi vous faire voir comme elle m'accommode; et, dieu merci, mon déshonneur est si clair maintenant, que vous n'en pourrez plus douter.

M. DE SOTENVILLE.

Comment! mon gendre, vous en êtes encore là-dessus?

GEORGE DANDIN.

Oui, j'y suis, et jamais je n'eus tant de sujet d'y être.

MADAME DE SOTENVILLE.

Vous nous venez encore étourdir la tête?

GEORGE DANDIN.

Oui, madame; et l'on fait bien pis à la mienne.

M. DE SOTENVILLE.

Ne vous lassez-vous point de vous rendre importun?

GEORGE DANDIN.

Non; mais je me lasse fort d'être pris pour dupe.

MADAME DE SOTENVILLE.

Ne voulez-vous point vous défaire de vos pensées extravagantes?

GEORGE DANDIN.

Non, madame; mais je voudrois bien me défaire d'une femme qui me déshonore.

MADAME DE SOTENVILLE.

Jour de dieu! notre gendre, apprenez à parler.

M. DE SOTENVILLE.

Corbleu! cherchez des termes moins offensants que ceux-là.

GEORGE DANDIN.

Marchand qui perd, ne peut rire.

MADAME DE SOTENVILLE.

Souvenez-vous que vous avez épousé une demoiselle.

GEORGE DANDIN.

Je m'en souviens assez, et ne m'en souviendrai que trop.

M. DE SOTENVILLE.

Si vous vous en souvenez, songez donc à parler d'elle avec plus de respect.

GEORGE DANDIN.

Mais que ne songe-t-elle plutôt à me traiter plus honnêtement? Quoi! parce qu'elle est demoiselle, il faut qu'elle ait la liberté de me faire ce qui lui plaît, sans que j'ose souffler?

M. DE SOTENVILLE.

Qu'avez-vous donc? et que pouvez-vous dire? N'avez-vous pas vu ce matin qu'elle s'est défendue de connoître celui dont vous m'étiez venu parler?

GEORGE DANDIN.

Oui; mais, vous, que pourrez-vous dire si je vous fais voir maintenant que le galant est avec elle?

MADAME DE SOTENVILLE.

Avec elle?

GEORGE DANDIN.

Oui, avec elle, et dans ma maison.

M. DE SOTENVILLE.

Dans votre maison?

GEORGE DANDIN.

Oui, dans ma propre maison.

MADAME DE SOTENVILLE.

Si cela est, nous serons pour vous contre elle.

M. DE SOTENVILLE.

Oui, l'honneur de notre famille nous est plus cher que toute chose; et, si vous dites vrai, nous la renoncerons pour notre sang, et l'abandonnerons à votre colère.

GEORGE DANDIN.

Vous n'avez qu'à me suivre.

MADAME DE SOTENVILLE.

Gardez de vous tromper.

M. DE SOTENVILLE.

N'allez pas faire comme tantôt.

GEORGE DANDIN.

Mon dieu! vous allez voir. (*montrant Clitandre qui sort avec Angélique.*) Tenez, ai-je menti?

SCÈNE X.

ANGÉLIQUE, CLITANDRE, CLAUDINE; MONSIEUR DE SOTENVILLE et MADAME DE SOTENVILLE avec GEORGE DANDIN, *dans le fond du théâtre.*

ANGÉLIQUE, *à Clitandre.*

Adieu; j'ai peur qu'on ne vous surprenne ici, et j'ai quelques mesures à garder.

CLITANDRE.

Promettez-moi donc, madame, que je pourrai vous parler cette nuit.

ANGÉLIQUE.

J'y ferai mes efforts.

GEORGE DANDIN, *à M. et à madame de Sotenville.*

Approchons doucement par derrière, et tâchons de n'être point vus.

CLAUDINE, *à Angélique.*

Ah! madame, tout est perdu! Voilà votre père et votre mère, accompagnés de votre mari.

CLITANDRE.

Ah! ciel!

ANGÉLIQUE, *bas, à Clitandre et à Claudine.*

Ne faites pas semblant de rien, et me laissez faire tous deux. (*haut, à Clitandre.*) Quoi! vous osez en user de la sorte, après l'affaire de tantôt; et c'est ainsi que vous dissimulez vos sentiments? On me vient rapporter que vous avez de l'amour pour moi, et que vous faites des desseins de me solliciter; j'en témoigne mon dépit, et m'explique à vous clairement en présence de tout le monde; vous niez hautement la chose, et me donnez parole de n'avoir aucune pensée de m'offenser : et cependant, le même jour, vous prenez la hardiesse de venir chez moi me rendre visite, de me dire que vous m'aimez, et de me faire cent sots contes, pour me persuader de répondre à vos extravagances, comme si j'étois femme à violer la foi que j'ai donnée à un mari, et m'éloigner jamais de la vertu que mes parents m'ont enseignée? Si mon père savoit cela, il vous apprendroit bien à tenter de ces entreprises! mais une honnête femme n'aime point les éclats; je n'ai garde de lui en rien dire;

(*après avoir fait signe à Claudine d'apporter un bâton.*)

et je veux vous montrer que, toute femme que je suis, j'ai assez de courage pour me venger moi-même des offenses que l'on me fait. L'action que vous avez faite n'est pas d'un gentilhomme; et ce n'est pas en gentilhomme aussi que je veux vous traiter.

(*Angélique prend le bâton, et le lève sur Clitandre, qui se range de façon que les coups tombent sur George Dandin.*)

CLITANDRE, *criant comme s'il avoit été frappé.*

Ah! ah! ah! ah! ah! doucement!

SCÈNE XI.

MONSIEUR DE SOTENVILLE, MADAME DE SOTENVILLE, ANGÉLIQUE, GEORGE DANDIN, CLAUDINE.

CLAUDINE.

Fort! madame, frappez comme il faut.

ANGÉLIQUE, *faisant semblant de parler à Clitandre.*

S'il vous demeure quelque chose sur le cœur, je suis pour vous répondre.

CLAUDINE.

Apprenez à qui vous vous jouez.

ANGÉLIQUE, *faisant l'étonnée.*

Ah! mon père, vous êtes là?

M. DE SOTENVILLE.

Oui, ma fille; et je vois qu'en sagesse et en courage tu te montres un digne rejeton de la maison de Sotenville. Viens çà; approche-toi que je t'embrasse.

MADAME DE SOTENVILLE.

Embrasse-moi aussi, ma fille. Las! je pleure de joie, et reconnois mon sang aux choses que tu viens de faire.

M. DE SOTENVILLE.

Mon gendre, que vous devez être ravi! et que cette aventure est pour vous pleine de douceurs! Vous aviez un juste sujet de vous alarmer; mais vos soupçons se trouvent dissipés le plus avantageusement du monde.

MADAME DE SOTENVILLE.

Sans doute, notre gendre, et vous devez maintenant être le plus content des hommes.

ACTE II, SCÈNE XI.

CLAUDINE.

Assurément. Voilà une femme, celle-là! vous êtes trop heureux de l'avoir, et vous devriez baiser les pas où elle passe.

GEORGE DANDIN, *à part*.

Hé! traîtresse!

M. DE SOTENVILLE.

Qu'est-ce, mon gendre? Que ne remerciez-vous un peu votre femme de l'amitié que vous voyez qu'elle montre pour vous?

ANGÉLIQUE.

Non, non, mon père; il n'est pas nécessaire : il ne m'a aucune obligation de ce qu'il vient de voir, et tout ce que j'en fais, n'est que pour l'amour de moi-même.

M. DE SOTENVILLE.

Où allez-vous, ma fille?

ANGÉLIQUE.

Je me retire, mon père, pour ne me voir point obligée de recevoir ses compliments.

CLAUDINE, *à George Dandin*.

Elle a raison d'être en colère. C'est une femme qui mérite d'être adorée; et vous ne la traitez pas comme vous devriez.

GEORGE DANDIN, *à part*.

Scélérate!

SCÈNE XII.

MONSIEUR DE SOTENVILLE, MADAME DE SOTENVILLE, GEORGE DANDIN.

M. DE SOTENVILLE.

C'est un petit ressentiment de l'affaire de tantôt, et cela se passera avec un peu de caresses que vous lui ferez. Adieu, mon gendre; vous voilà en état de ne plus vous inquiéter. Allez-vous-en faire la paix ensemble, et tâchez de l'apaiser par des excuses de votre emportement.

MADAME DE SOTENVILLE.

Vous devez considérer que c'est une jeune fille élevée à la vertu, et qui n'est point accoutumée à se voir soupçonner d'aucune vilaine action. Adieu. Je suis ravie de voir vos désordres finis, et des transports de joie que vous doit donner sa conduite.

SCÈNE XIII.

GEORGE DANDIN.

Je ne dis mot, car je ne gagnerois rien à parler : et jamais il ne s'est rien vu d'égal à ma disgrace. Oui, j'admire mon malheur, et la subtile adresse de ma carogne de femme pour se donner toujours raison et me faire avoir tort. Est-il possible que toujours j'aurai du dessous avec elle, que les apparences toujours tourneront contre moi, et que je ne parviendrai point à convaincre mon effrontée? O ciel, seconde mes desseins, et m'accorde la grâce de faire voir aux gens que l'on me déshonore!

FIN DU SECOND ACTE.

ACTE TROISIÈME.

SCÈNE I.

CLITANDRE, LUBIN.

CLITANDRE.

La nuit est avancée, et j'ai peur qu'il ne soit trop tard. Je ne vois point à me conduire. Lubin !

LUBIN.

Monsieur.

CLITANDRE.

Est-ce par ici ?

LUBIN.

Je pense que oui. Morgué ! voilà une sotte nuit, d'être si noire que cela !

CLITANDRE.

Elle a tort assurément ; mais, si d'un côté elle nous empêche de voir, elle empêche de l'autre que nous ne soyons vus.

LUBIN.

Vous avez raison, elle n'a pas tant de tort. Je voudrois bien savoir, monsieur, vous qui êtes savant, pourquoi il ne fait point jour la nuit.

CLITANDRE.

C'est une grande question, et qui est difficile. Tu es curieux, Lubin.

LUBIN.

Oui. Si j'avois étudié, j'aurois été songer à des choses où l'on n'a jamais songé.

CLITANDRE.

Je le crois. Tu as la mine d'avoir l'esprit subtil et pénétrant.

LUBIN.

Cela est vrai. Tenez, j'explique du latin, quoique jamais je ne l'aie appris; et voyant l'autre jour écrit sur une grande porte, *collegium,* je devinai que cela vouloit dire collége.

CLITANDRE.

Cela est admirable! Tu sais donc lire, Lubin?

LUBIN.

Oui, je sais lire la lettre moulée; mais je n'ai jamais su apprendre à lire l'écriture.

CLITANDRE.

Nous voici contre la maison. (*après avoir frappé dans ses mains.*) C'est le signal que m'a donné Claudine.

LUBIN.

Par ma foi, c'est une fille qui vaut de l'argent; et je l'aime de tout mon cœur.

CLITANDRE.

Aussi t'ai-je amené avec moi pour l'entretenir.

LUBIN.

Monsieur, je vous suis...

CLITANDRE.

Chut. J'entends quelque bruit.

SCÈNE II.

ANGÉLIQUE, CLAUDINE, CLITANDRE, LUBIN.

ANGÉLIQUE.

Claudine?

CLAUDINE.

Hé bien!

ANGÉLIQUE.

Laisse la porte entr'ouverte.

CLAUDINE.

Voilà qui est fait.

(*Scène de nuit. Les acteurs se cherchent les uns les autres dans l'obscurité.*)

CLITANDRE, *à Lubin.*

Ce sont elles. St.

ANGÉLIQUE.

St.

LUBIN.

St.

CLAUDINE.

St.

CLITANDRE, *à Claudine, qu'il prend pour Angélique.*
Madame!

ANGÉLIQUE, *à Lubin, qu'elle prend pour Clitandre.*
Quoi?

LUBIN, *à Angélique, qu'il prend pour Claudine.*
Claudine?

CLAUDINE, *à Clitandre, qu'elle prend pour Lubin.*
Qu'est-ce?

CLITANDRE, *à Claudine, croyant parler à Angélique.*

Ah! madame, que j'ai de joie!

LUBIN, *à Angélique, croyant parler à Claudine.*

Claudine, ma pauvre Claudine!

CLAUDINE, *à Clitandre.*

Doucement, monsieur.

ANGÉLIQUE, *à Lubin.*

Tout beau, Lubin.

CLITANDRE.

Est-ce toi, Claudine?

CLAUDINE.

Oui.

LUBIN.

Est-ce vous, madame?

ANGÉLIQUE.

Oui.

CLAUDINE, *à Clitandre.*

Vous avez pris l'une pour l'autre.

LUBIN, *à Angélique.*

Ma foi, la nuit on n'y voit goutte.

ANGÉLIQUE.

Est-ce pas vous, Clitandre?

CLITANDRE.

Oui, madame.

ANGÉLIQUE.

Mon mari ronfle comme il faut, et j'ai pris ce temps pour nous entretenir ici.

CLITANDRE.

Cherchons quelque lieu pour nous asseoir.

ACTE III, SCÈNE II.

CLAUDINE.

C'est fort bien avisé.

(*Angélique, Clitandre et Claudine, vont s'asseoir dans le fond du théâtre.*)

LUBIN, *cherchant Claudine.*

Claudine, où est-ce que tu es?

SCÈNE III.

ANGÉLIQUE, CLITANDRE, CLAUDINE, *assis au fond du théâtre;* GEORGE DANDIN, *à moitié déshabillé;* LUBIN.

GEORGE DANDIN, *à part.*

J'ai entendu descendre ma femme, et je me suis vite habillé pour descendre après elle. Où peut-elle être allée? Seroit-elle sortie?

LUBIN, *cherchant Claudine.*

Où es-tu donc, Claudine? (*prenant George Dandin pour Claudine.*) Ah! te voilà. Par ma foi, ton maître est plaisamment attrapé, et je trouve ceci aussi drôle que les coups de bâton de tantôt, dont on m'a fait récit. Ta maîtresse dit qu'il ronfle à cette heure comme tous les diantres; et il ne sait pas que monsieur le vicomte et elle sont ensemble pendant qu'il dort. Je voudrois bien savoir quel songe il fait maintenant. Cela est tout-à-fait risible. De quoi s'avise-t-il aussi d'être jaloux de sa femme, et de vouloir qu'elle soit à lui tout seul? C'est un impertinent, et monsieur le vicomte lui fait trop d'honneur. Tu ne dis mot, Claudine? Allons, suivons-les, et me donne ta petite menotte, que je la baise. Ah! que cela est doux! il me semble que je mange des confitures.

(*à George Dandin qu'il prend toujours pour Claudine, et qui le repousse rudement.*)

Tubleu! comme vous y allez! Voilà une petite menotte qui est un peu bien rude.

GEORGE DANDIN.

Qui va là?

LUBIN.

Personne.

GEORGE DANDIN.

Il fuit, et me laisse informé de la nouvelle perfidie de ma coquine. Allons, il faut que, sans tarder, j'envoie appeler son père et sa mère, et que cette aventure me serve à me faire séparer d'elle. Holà! Colin, Colin!

SCÈNE IV.

ANGÉLIQUE ET CLITANDRE AVEC CLAUDINE ET LUBIN, *assis au fond du théâtre;* GEORGE DANDIN, COLIN.

COLIN, *à la fenêtre.*

Monsieur?

GEORGE DANDIN.

Allons, vite, ici bas.

COLIN, *sautant par la fenêtre.*

M'y voilà, on ne peut pas plus vite.

GEORGE DANDIN.

Tu es là?

ACTE III, SCÈNE IV.

COLIN.

Oui, monsieur.

(*Pendant que George Dandin va chercher Colin du côté où il a entendu sa voix, Colin passe de l'autre, et s'endort.*)

GEORGE DANDIN, *se tournant du côté où il croit qu'est Colin.*

Doucement; parle bas. Ecoute. Va-t'en chez mon beau-père et ma belle-mère, et dis que je les prie très-instamment de venir tout-à-l'heure ici. Entends-tu? Hé! Colin, Colin!

COLIN, *de l'autre côté, se réveillant.*

Monsieur?

GEORGE DANDIN.

Où diable es-tu?

COLIN.

Ici.

GEORGE DANDIN.

Peste soit du maroufle qui s'éloigne de moi!

(*Pendant que George Dandin retourne du côté où il croit que Colin est resté, Colin, à moitié endormi, passe de l'autre côté, et se rendort.*)

Je te dis que tu ailles de ce pas trouver mon beau-père et ma belle-mère, et leur dire que je les conjure de se rendre ici tout-à-l'heure. M'entends-tu bien? Réponds. Colin, Colin!

COLIN, *de l'autre côté, se réveillant.*

Monsieur?

GEORGE DANDIN.

Voilà un pendard qui me fera enrager. Viens-t'en à moi.

(*Ils se rencontrent, et tombent tous deux.*)

Ah! le traître! il m'a estropié. Où est-ce que tu es? Approche, que je te donne mille coups. Je pense qu'il me fuit.

COLIN.

Assurément.

GEORGE DANDIN.

Veux-tu venir?

COLIN.

Nenni, ma foi.

GEORGE DANDIN.

Viens, te dis-je.

COLIN.

Point. Vous me voulez battre.

GEORGE DANDIN.

Hé bien! non. Je ne te ferai rien.

COLIN.

Assurément?

GEORGE DANDIN.

Oui. Approche. Bon. (*à Colin, qu'il tient par le bras.*) Tu es bien heureux de ce que j'ai besoin de toi. Va-t'en vite, de ma part, prier mon beau-père et ma belle-mère de se rendre ici le plus tôt qu'ils pourront, et leur dis que c'est pour une affaire de la dernière conséquence; et, s'ils faisoient quelque difficulté à cause de l'heure, ne manque pas de les presser, et de leur bien faire entendre qu'il est très-important qu'ils viennent, en quelque état qu'ils soient. Tu m'entends bien maintenant?

COLIN.

Oui, monsieur.

GEORGE DANDIN.

Va vite, et reviens de même. (*se croyant seul.*) Et moi, je vais rentrer dans ma maison, attendant que... Mais j'entends quelqu'un. Ne seroit-ce point ma femme? Il faut que j'écoute, et me serve de l'obscurité qu'il fait.

(*George Dandin se range près la porte de sa maison.*)

SCÈNE V.

ANGÉLIQUE, CLITANDRE, CLAUDINE, LUBIN, GEORGE DANDIN.

ANGÉLIQUE, *à Clitandre.*

Adieu, il est temps de se retirer.

CLITANDRE.

Quoi! sitôt?

ANGÉLIQUE.

Nous nous sommes assez entretenus.

CLITANDRE.

Ah! madame, puis-je assez vous entretenir, et trouver, en si peu de temps, toutes les paroles dont j'ai besoin? Il me faudroit des journées entières pour me bien expliquer à vous de tout ce que je sens; et je ne vous ai pas dit encore la moindre partie de ce que j'ai à vous dire.

ANGÉLIQUE.

Nous en écouterons une autre fois davantage.

CLITANDRE.

Hélas! de quel coup me percez-vous l'ame, lorsque vous parlez de vous retirer; et avec combien de chagrins m'allez-vous laisser maintenant!

ANGÉLIQUE.

Nous trouverons moyen de nous revoir.

CLITANDRE.

Oui; mais je songe qu'en me quittant vous allez trouver un mari. Cette pensée m'assassine, et les priviléges qu'ont les maris sont des choses cruelles pour un amant qui aime bien.

ANGÉLIQUE.

Serez-vous assez foible pour avoir cette inquiétude? et pensez-vous qu'on soit capable d'aimer de certains maris qu'il y a? On les prend parce qu'on ne s'en peut défendre, et que l'on dépend des parents qui n'ont des yeux que pour le bien; mais on sait leur rendre justice, et l'on se moque fort de les considérer au-delà de ce qu'ils méritent.

GEORGE DANDIN, *à part*.

Voilà nos carognes de femmes!

CLITANDRE.

Ah! qu'il faut avouer que celui qu'on vous a donné étoit peu digne de l'honneur qu'il a reçu! et que c'est une étrange chose que l'assemblage qu'on a fait d'une personne comme vous avec un homme comme lui!

GEORGE DANDIN, *à part*.

Pauvres maris, voilà comme on vous traite!

CLITANDRE.

Vous méritez, sans doute, une tout autre destinée,

et le ciel ne vous a point faite pour être la femme d'un paysan.

GEORGE DANDIN.

Plût au ciel fût-elle la tienne! tu changerois bien de langage. Rentrons, c'en est assez. (*George Dandin, étant rentré, ferme la porte en dedans.*)

SCÈNE VI.

ANGÉLIQUE, CLITANDRE, CLAUDINE, LUBIN.

CLAUDINE.

Madame, si vous avez à dire du mal de votre mari, dépêchez-vous, car il est tard.

CLITANDRE.

Ah! Claudine, que tu es cruelle!

ANGÉLIQUE, *à Clitandre*.

Elle a raison, séparons-nous.

CLITANDRE.

Il faut donc s'y résoudre, puisque vous le voulez; mais au moins je vous conjure de me plaindre un peu des méchants moments que je vais passer.

ANGÉLIQUE.

Adieu.

LUBIN.

Où es-tu, Claudine? que je te donne le bonsoir.

CLAUDINE.

Va, va, je le reçois de loin, et je t'en renvoie autant.

SCÈNE VII.

ANGÉLIQUE, CLAUDINE.

ANGÉLIQUE.

Rentrons sans faire de bruit.

CLAUDINE.

La porte est fermée.

ANGÉLIQUE.

J'ai le passe-partout.

CLAUDINE.

Ouvrez donc doucement.

ANGÉLIQUE.

On a fermé en dedans; et je ne sais comment nous ferons.

CLAUDINE.

Appelez le garçon qui couche là.

ANGÉLIQUE.

Colin! Colin! Colin!

SCÈNE VIII.

GEORGE DANDIN, ANGÉLIQUE, CLAUDINE.

GEORGE DANDIN, *à la fenêtre.*

Colin! Colin! Ah! je vous y prends donc, madame ma femme; et vous faites des *escampativos* pendant que je dors! Je suis bien aise de cela, et de vous voir dehors à l'heure qu'il est.

ANGÉLIQUE.

Hé bien! quel grand mal est-ce qu'il y a à prendre le frais de la nuit?

GEORGE DANDIN.

Oui, oui; l'heure est bonne à prendre le frais! C'est bien plutôt le chaud, madame la coquine; et nous savons toute l'intrigue du rendez-vous et du damoiseau. Nous avons entendu votre galant entretien, et les beaux vers à ma louange, que vous avez dits l'un et l'autre. Mais ma consolation, c'est que je vais être vengé, et que votre père et votre mère seront convaincus maintenant de la justice de mes plaintes, et du déréglement de votre conduite. Je les ai envoyé querir, et ils vont être ici dans un moment.

ANGÉLIQUE, *à part.*

Ah ciel!

CLAUDINE.

Madame!

GEORGE DANDIN.

Voilà un coup sans doute où vous ne vous attendiez pas. C'est maintenant que je triomphe, et j'ai de quoi mettre à bas votre orgueil et détruire vos artifices. Jusqu'ici vous avez joué mes accusations, ébloui vos parents, et plâtré vos malversations. J'ai eu beau voir et beau dire; votre adresse toujours l'a emporté sur mon bon droit, et toujours vous avez trouvé moyen d'avoir raison; mais à cette fois, dieu merci, les choses vont être éclaircies, et votre effronterie sera pleinement confondue.

ANGÉLIQUE.

Hé! je vous prie, faites-moi ouvrir la porte.

GEORGE DANDIN.

Non, non; il faut attendre la venue de ceux que

j'ai mandés, et je veux qu'ils vous trouvent dehors à la belle heure qu'il est. En attendant qu'ils viennent, songez, si vous voulez, à chercher dans votre tête quelque nouveau détour pour vous tirer de cette affaire; à inventer quelque moyen de rhabiller votre escapade; à trouver quelque belle ruse pour éluder ici les gens et paroître innocente; quelque prétexte spécieux de pélerinage nocturne, ou d'amie en travail d'enfant que vous veniez de secourir.

ANGÉLIQUE.

Non; mon intention n'est pas de vous rien déguiser. Je ne prétends point me défendre, ni vous nier les choses, puisque vous les savez.

GEORGE DANDIN.

C'est que vous voyez bien que tous les moyens vous en sont fermés, et que dans cette affaire vous ne sauriez inventer d'excuse qu'il ne me soit facile de convaincre de fausseté.

ANGÉLIQUE.

Oui; je confesse que j'ai tort, et que vous avez sujet de vous plaindre : mais je vous demande par grâce de ne m'exposer point maintenant à la mauvaise humeur de mes parents, et de me faire promptement ouvrir.

GEORGE DANDIN.

Je vous baise les mains.

ANGÉLIQUE.

Hé! mon pauvre petit mari, je vous en conjure.

GEORGE DANDIN.

Ah! mon pauvre petit mari? Je suis votre petit

ACTE III, SCÈNE VIII.

mari maintenant parce que vous vous sentez prise. Je suis bien aise de cela; et vous ne vous étiez jamais avisée de me dire de ces douceurs.

ANGÉLIQUE.

Tenez, je vous promets de ne vous plus donner aucun sujet de déplaisir, et de me...

GEORGE DANDIN.

Tout cela n'est rien. Je ne veux point perdre cette aventure; et il m'importe qu'on soit une fois éclairci à fond de vos déportements.

ANGÉLIQUE.

De grâce, laissez-moi vous dire. Je vous demande un moment d'audience.

GEORGE DANDIN.

Hé bien! quoi?

ANGÉLIQUE.

Il est vrai que j'ai failli, je vous l'avoue encore une fois, et que votre ressentiment est juste; que j'ai pris le temps de sortir pendant que vous dormiez, et que cette sortie est un rendez-vous que j'avois donné à la personne que vous dites : mais enfin ce sont des actions que vous devez pardonner à mon âge, des emportements de jeune personne qui n'a encore rien vu, et ne fait que d'entrer au monde; des libertés où l'on s'abandonne sans y penser de mal, et qui, sans doute, dans le fond n'ont rien de...

GEORGE DANDIN.

Oui; vous le dites, et ce sont de ces choses qui ont besoin qu'on les croie pieusement.

ANGÉLIQUE.

Je ne veux point m'excuser par-là d'être coupable envers vous, et je vous prie seulement d'oublier une offense dont je vous demande pardon de tout mon cœur, et de m'épargner en cette rencontre le déplaisir que me pourroient causer les reproches fâcheux de mon père et de ma mère. Si vous m'accordez généreusement la grâce que je vous demande, ce procédé obligeant, cette bonté que vous me ferez voir, me gagnera entièrement; elle touchera tout-à-fait mon cœur, et y fera naître pour vous ce que tout le pouvoir de mes parents et les liens du mariage n'avoient pu y jeter; en un mot, elle sera cause que je renoncerai à toutes les galanteries, et n'aurai de l'attachement que pour vous. Oui, je vous donne ma parole que vous m'allez voir désormais la meilleure femme du monde, et que je vous témoignerai tant d'amitié, tant d'amitié, que vous en serez satisfait.

GEORGE DANDIN.

Ah! crocodile qui flattes les gens pour les étrangler!

ANGÉLIQUE.

Accordez-moi cette faveur.

GEORGE DANDIN.

Point d'affaire; je suis inexorable.

ANGÉLIQUE.

Montrez-vous généreux.

GEORGE DANDIN.

Non.

ANGÉLIQUE.

De grâce.

GEORGE DANDIN.

Point.

ANGÉLIQUE.

Je vous en conjure de tout mon cœur.

GEORGE DANDIN.

Non, non, non. Je veux qu'on soit détrompé de vous, et que votre confusion éclate.

ANGÉLIQUE.

Hé bien! si vous me réduisez au désespoir, je vous avertis qu'une femme, en cet état, est capable de tout, et que je ferai quelque chose ici dont vous vous repentirez.

GEORGE DANDIN.

Et que ferez-vous, s'il vous plaît?

ANGÉLIQUE.

Mon cœur se portera jusqu'aux extrêmes résolutions; et, de ce couteau que voici, je me tuerai sur la place.

GEORGE DANDIN.

Ah! ah! à la bonne heure.

ANGÉLIQUE.

Pas tant à la bonne heure pour vous que vous vous imaginez. On sait de tous côtés nos différends, et les chagrins perpétuels que vous concevez contre moi. Lorsqu'on me trouvera morte, il n'y aura personne qui mette en doute que ce ne soit vous qui m'aurez tuée; et mes parents ne sont pas gens assurément à laisser cette mort impunie, et ils en feront sur votre personne toute la punition que leur pourront offrir et les poursuites de la justice et la chaleur de leur ressentiment. C'est par-là que je trouverai moyen de me venger de vous; et je ne suis pas la première qui ait su recourir à de pareilles vengeances, qui n'ait pas fait difficulté de se donner la mort pour perdre ceux qui ont la cruauté de nous pousser à la dernière extrémité.

GEORGE DANDIN.

Je suis votre valet. On ne s'avise plus de se tuer soi-même; et la mode en est passée il y a long-temps.

ANGÉLIQUE.

C'est une chose dont vous pouvez vous tenir sûr; et, si vous persistez dans votre refus, si vous ne me faites ouvrir, je vous jure que, tout-à-l'heure, je vais vous faire voir jusqu'où peut aller la résolution d'une personne qu'on met au désespoir.

GEORGE DANDIN.

Bagatelles! bagatelles! c'est pour me faire peur.

ANGÉLIQUE.

Hé bien! puisqu'il le faut, voici qui nous contentera tous deux, et montrera si je me moque. (*après avoir fait semblant de se tuer.*) Ah! c'en est fait! fasse le ciel que ma mort soit vengée comme je le souhaite, et que celui qui en est cause reçoive un juste châtiment de la dureté qu'il a eue pour moi!

GEORGE DANDIN.

Ouais! seroit-elle bien si malicieuse que de s'être tuée pour me faire pendre? Prenons un bout de chandelle pour aller voir.

SCÈNE IX.

ANGÉLIQUE, CLAUDINE.

ANGÉLIQUE, *à Claudine.*
St! Paix! rangeons-nous chacune immédiatement contre un des côtés de la porte.

SCÈNE X.

ANGÉLIQUE ET CLAUDINE, *entrant dans la maison au moment que George Dandin en sort, et fermant la porte en dedans;* GEORGE DANDIN, *une chandelle à la main.*

GEORGE DANDIN.
La méchanceté d'une femme iroit-elle bien jusque là? (*seul, après avoir regardé partout.*) Il n'y a personne. Hé! je m'en étois bien douté; et la pendarde s'est retirée, voyant qu'elle ne gagnoit rien après moi, ni par prières, ni par menaces. Tant mieux, cela rendra ses affaires encore plus mauvaises; et le père et la mère, qui vont venir, en verront mieux son crime. (*après avoir été à la porte de sa maison pour rentrer.*) Ah! ah! la porte s'est fermée! Holà! oh! quelqu'un! qu'on m'ouvre promptement.

SCÈNE XI.

ANGÉLIQUE et CLAUDINE, *à la fenêtre;*
GEORGE DANDIN.

ANGÉLIQUE.

Comment! c'est toi? D'où viens-tu, bon pendard? Est-il l'heure de revenir chez soi, quand le jour est près de paroître? et cette manière de vie est-elle celle que doit suivre un honnête mari?

CLAUDINE.

Cela est-il beau d'aller ivrogner toute la nuit, et de laisser ainsi toute seule une pauvre jeune femme dans la maison?

GEORGE DANDIN.

Comment! vous avez...

ANGÉLIQUE.

Va, va, traître, je suis lasse de tes déportements, et je m'en veux plaindre, sans plus tarder, à mon père et à ma mère.

GEORGE DANDIN.

Quoi! c'est ainsi que vous osez...

SCÈNE XII.

MONSIEUR DE SOTENVILLE et MADAME DE SOTENVILLE, *en déshabillé de nuit;* COLIN, *portant une lanterne;* ANGÉLIQUE et CLAUDINE, *à la fenêtre;* GEORGE DANDIN.

ANGÉLIQUE, *à M. et à madame de Sotenville.*

Approchez, de grâce; et venez me faire raison de l'insolence la plus grande du monde, d'un mari à qui le vin et la jalousie ont troublé de telle sorte la cervelle, qu'il ne sait plus ni ce qu'il dit ni ce qu'il fait, et vous a lui-même envoyé querir pour vous faire témoins de l'extravagance la plus étrange dont on ait jamais ouï parler. Le voilà qui revient, comme vous voyez, après s'être fait attendre toute la nuit : et, si vous voulez l'écouter, il vous dira qu'il a les plus grandes plaintes du monde à vous faire de moi; que, durant qu'il dormoit, je me suis dérobée d'auprès de lui pour m'en aller courir, et cent autres contes de même nature qu'il est allé rêver.

GEORGE DANDIN, *à part*.

Voilà une méchante carogne!

CLAUDINE.

Oui, il nous a voulu faire accroire qu'il étoit dans la maison, et que nous en étions dehors; et c'est une folie qu'il n'y a pas moyen de lui ôter de la tête.

M. DE SOTENVILLE.

Comment! qu'est-ce à dire cela?

MADAME DE SOTENVILLE.

Voilà une furieuse impudence que de nous envoyer querir!

GEORGE DANDIN.

Jamais...

ANGÉLIQUE.

Non, mon père, je ne puis plus souffrir un mari de la sorte : ma patience est poussée à bout; et il vient de me dire cent paroles injurieuses.

M. DE SOTENVILLE, *à George Dandin*.

Corbleu! vous êtes un malhonnête homme.

CLAUDINE.

C'est une conscience de voir une pauvre jeune femme traitée de la façon; et cela crie vengeance au ciel.

GEORGE DANDIN.

Peut-on...?

M. DE SOTENVILLE.

Allez, vous devriez mourir de honte.

GEORGE DANDIN.

Laissez-moi vous dire deux mots.

ANGÉLIQUE.

Vous n'avez qu'à l'écouter; il va vous en conter de belles!

GEORGE DANDIN, à part.

Je désespère.

CLAUDINE.

Il a tant bu, que je ne pense pas qu'on puisse durer contre lui; et l'odeur du vin qu'il souffle est montée jusqu'à nous.

GEORGE DANDIN.

Monsieur mon beau-père, je vous conjure...

M. DE SOTENVILLE.

Retirez-vous, vous puez le vin à pleine bouche.

GEORGE DANDIN.

Madame, je vous prie...

MADAME DE SOTENVILLE.

Fi! ne m'approchez pas; votre haleine est empestée.

GEORGE DANDIN, à M. de Sotenville.

Souffrez que je vous...

ACTE III, SCÈNE XII.

M. DE SOTENVILLE.

Retirez-vous, vous dis-je; on ne peut vous souffrir.

GEORGE DANDIN, *à madame de Sotenville.*

Permettez, de grâce, que...

MADAME DE SOTENVILLE.

Pouah! vous m'engloutissez le cœur. Parlez de loin, si vous voulez.

GEORGE DANDIN.

Hé bien! oui, je parle de loin. Je vous jure que je n'ai bougé de chez moi, et que c'est elle qui est sortie.

ANGÉLIQUE.

Ne voilà pas ce que je vous ai dit?

CLAUDINE.

Vous voyez quelle apparence il y a.

M. DE SOTENVILLE, *à George Dandin.*

Allez, vous vous moquez des gens. Descendez, ma fille, et venez ici.

SCÈNE XIII.

MONSIEUR DE SOTENVILLE, MADAME DE SOTENVILLE, GEORGE DANDIN, COLIN.

GEORGE DANDIN.

J'atteste le ciel que j'étois dans la maison, et que...

M. DE SOTENVILLE.

Taisez-vous, c'est une extravagance qui n'est pas supportable.

GEORGE DANDIN.

Que la foudre m'écrase tout-à-l'heure, si...

GEORGE DANDIN.

M. DE SOTENVILLE.

Ne nous rompez pas davantage la tête, et songez à demander pardon à votre femme.

GEORGE DANDIN.

Moi! demander pardon?

M. DE SOTENVILLE.

Oui, pardon, et sur-le-champ.

GEORGE DANDIN.

Quoi! je...

M. DE SOTENVILLE.

Corbleu! si vous me répliquez, je vous apprendrai ce que c'est que de vous jouer à nous.

GEORGE DANDIN.

Ah! George Dandin!

SCÈNE XIV.

MONSIEUR DE SOTENVILLE, MADAME DE SOTENVILLE, ANGÉLIQUE, GEORGE DANDIN, CLAUDINE, COLIN.

M. DE SOTENVILLE.

Allons, venez, ma fille, que votre mari vous demande pardon.

ANGÉLIQUE.

Moi! lui pardonner tout ce qu'il m'a dit? Non, non, mon père, il m'est impossible de m'y résoudre; et je vous prie de me séparer d'un mari avec lequel je ne saurois plus vivre.

CLAUDINE.

Le moyen d'y résister!

ACTE III, SCÈNE XIV.

M. DE SOTENVILLE.

Ma fille, de semblables séparations ne se font point sans grand scandale; et vous devez vous montrer plus sage que lui, et patienter encore cette fois.

ANGÉLIQUE.

Comment! patienter, après de telles indignités? Non, mon père, c'est une chose où je ne puis consentir.

M. DE SOTENVILLE.

Il le faut, ma fille; et c'est moi qui vous le commande.

ANGÉLIQUE.

Ce mot me ferme la bouche; et vous avez sur moi une puissance absolue.

CLAUDINE.

Quelle douceur!

ANGÉLIQUE.

Il est fâcheux d'être contrainte d'oublier de telles injures; mais, quelque violence que je me fasse, c'est à moi de vous obéir.

CLAUDINE.

Pauvre mouton!

M. DE SOTENVILLE, *à Angélique.*

Approchez.

ANGÉLIQUE.

Tout ce que vous me faites faire ne servira de rien; et vous verrez que ce sera dès demain à recommencer.

M. DE SOTENVILLE.

Nous y donnerons ordre. (*à George Dandin.*) Allons, mettez-vous à genoux.

GEORGE DANDIN.

Á genoux?

M. DE SOTENVILLE.

Oui, à genoux, et sans tarder.

GEORGE DANDIN, *à genoux, une chandelle à la main.*

(*à part.*) (*à M. de Sotenville.*)

O ciel! Que faut-il dire?

M. DE SOTENVILLE.

Madame, je vous prie de me pardonner...

GEORGE DANDIN.

Madame, je vous prie de me pardonner...

M. DE SOTENVILLE.

L'extravagance que j'ai faite...

GEORGE DANDIN.

L'extravagance que j'ai faite... (*à part.*) de vous épouser.

M. DE SOTENVILLE.

Et je vous promets de mieux vivre à l'avenir.

GEORGE DANDIN.

Et je vous promets de mieux vivre à l'avenir.

M. DE SOTENVILLE, *à George Dandin.*

Prenez-y garde, et sachez que c'est ici la dernière de vos impertinences que nous souffrirons.

MADAME DE SOTENVILLE.

Jour de dieu! si vous y retournez, on vous apprendra le respect que vous devez à votre femme, et à ceux de qui elle sort.

M. DE SOTENVILLE.

Voilà le jour qui va paroître. Adieu.

(*à George Dandin.*)

Rentrez chez vous, et songez bien à être sage.

(*à madame de Sotenville.*)

Et nous, m'amour, allons nous mettre au lit.

SCÈNE XV.

GEORGE DANDIN.

Ah! je le quitte maintenant, et je n'y vois plus de remède. Lorsqu'on a, comme moi, épousé une méchante femme, le meilleur parti qu'on puisse prendre, c'est de s'aller jeter dans l'eau la tête la première.

FIN DE LA COMÉDIE.

RELATION
DE
LA FÊTE DE VERSAILLES.

AVERTISSEMENT
DES ÉDITEURS.

La comédie de George Dandin, qui parut pour la première fois devant le Roi en 1668, faisoit une des principales parties de la fête que Louis XIV donna à Versailles le 18 juillet de cette année. Elle y fut représentée avec des Intermèdes qui étoient une espèce de comédie en vers, mêlée de musique et de danses, qu'on avoit, en quelque sorte, liée au sujet principal. En publiant ces Intermèdes à la suite de George Dandin, on n'a pas cru pouvoir les séparer du détail de la fête dont ils forment le ballet, qu'on ne sauroit détacher de la Relation, qui est de *Félibien*, sans la tronquer.

FÊTE

DONNÉE

A VERSAILLES,

A L'OCCASION

DE LA PAIX D'AIX-LA-CHAPELLE.

Le Roi ayant accordé la paix aux instances de ses alliés, et aux vœux de toute l'Europe, et donné des marques d'une modération et d'une bonté sans exemple, même dans le plus fort de ses conquêtes, ne pensoit plus qu'à s'appliquer aux affaires de son royaume, lorsque, pour réparer en quelque sorte ce que la cour avoit perdu de plaisir et de divertissement pendant son absence, il résolut de faire une fête dans les jardins de Versailles, où, parmi les plaisirs que l'on trouve dans un séjour si délicieux, l'esprit fût encore touché de ces beautés surprenantes et extraordinaires, dont ce grand prince sait si bien assaisonner tous ses divertissements.

Pour cet effet, voulant donner la comédie ensuite d'une collation, et après la comédie, le souper, qui fut suivi d'un bal et d'un feu d'artifice, il jeta les yeux sur les personnes qu'il jugea les plus capables pour disposer toutes les choses propres à cela. Il leur marqua lui-même les endroits où la disposition du lieu pouvoit, par sa beauté naturelle, contribuer davantage à leur décoration; et, parce que l'un des plus beaux ornements de cette maison est la quantité des eaux que l'art y a conduites malgré la nature qui les lui avoit refusées, Sa Majesté leur ordonna de s'en servir le plus qu'ils pourroient à l'embellissement de ces lieux, et même leur ouvrit les moyens de les employer, et d'en tirer les effets qu'elles peuvent faire.

Pour l'exécution de cette fête, le duc de Créquy, comme premier gentilhomme de la chambre, fut chargé de ce qui regardoit la comédie; le maréchal de Bellefonds, comme premier maître d'hôtel du Roi, prit soin de la collation, du souper, et de tout ce qui regardoit le service des tables; et M. Colbert, comme surintendant des bâtiments, fit construire et embellir les divers lieux destinés à ce divertissement royal, et donna les ordres pour l'exécution des feux d'artifice.

Le sieur Vigarani eut ordre de dresser le théâtre pour la comédie; le sieur Gissey, d'accommoder un endroit pour le souper, et le sieur Le Vau, premier architecte du Roi, un autre pour le bal.

Le mercredi, dix-huitième jour de juillet, le Roi étant parti de Saint-Germain vint dîner à Versailles avec la Reine, Monseigneur le Dauphin, Monsieur et Madame. Le reste de la cour étant arrivé incontinent après midi, trouva des officiers du Roi qui faisoient les honneurs, et recevoient tout le monde dans les salles du château, où il y avoit en plusieurs endroits des tables dressées, et de quoi se rafraîchir; les principales dames furent conduites dans des chambres particulières pour se reposer.

Sur les six heures du soir, le Roi, ayant commandé au marquis de Gesvres, capitaine de ses gardes, de faire ouvrir toutes les portes, afin qu'il n'y eût personne qui ne prît part au divertissement, sortit du château avec la Reine, et tout le reste de la cour, pour prendre le plaisir de la promenade.

Quand leurs Majestés eurent fait le tour du grand parterre, elles descendirent dans celui du gazon qui est du côté de la grotte, où, après avoir considéré les fontaines qui les embellissent, elles s'arrêtèrent particulièrement à regarder celle qui est au bas du petit parc du côté de la Pompe. Dans le milieu de son bassin, l'on voit un dragon de bronze, qui, percé d'une flèche, semble vomir le sang par la gueule, en poussant en l'air un bouillon d'eau qui retombe en pluie, et couvre tout le bassin.

Autour de ce dragon, il y a quatre petits Amours sur des cygnes qui font chacun un grand jet d'eau, et qui nagent vers le bord comme pour se sauver. Deux de ces Amours qui sont en face du dragon, se cachent le visage avec la main pour ne le pas voir, et sur leur visage l'on aperçoit toutes les marques de la crainte parfaitement exprimées; les deux autres, plus hardis, parce que le monstre n'est pas tourné de leur côté, l'attaquent de leurs armes. Entre ces amours sont des dauphins de bronze, dont la gueule ouverte pousse en l'air de gros bouillons d'eau.

Leurs Majestés allèrent ensuite chercher le frais

dans ces bosquets si délicieux, où l'épaisseur des arbres empêche que le soleil ne se fasse sentir. Lorsqu'elles furent dans celui dont un grand nombre d'agréables allées forme une espèce de labyrinthe, elles arrivèrent, après plusieurs détours, dans un cabinet de verdure pentagone, où aboutissent cinq allées. Au milieu de ce cabinet, il y a une fontaine, dont le bassin est bordé de gazon. De ce bassin sortoient cinq tables en manière de buffets, chargées de toutes les choses qui peuvent composer une collation magnifique.

L'une de ces tables représentoit une montagne, où, dans plusieurs espèces de cavernes, on voyoit diverses sortes de viandes froides, l'autre étoit comme la face d'un palais bâti de massepains et de pâtes sucrées. Il y en avoit une chargée de pyramides de confitures sèches, une autre d'une infinité de vases remplis de toutes sortes de liqueurs; et la dernière étoit composée de caramels. Toutes ces tables, dont les plans étoient ingénieusement formés en divers compartiments, étoient couvertes d'une infinité de choses délicates, et disposées d'une manière toute nouvelle; leurs pieds et leurs dossiers étoient environnés de feuillages, mêlés de festons de fleurs, dont une partie étoit soutenue par des Bacchantes. Il y avoit, entre ces tables, une petite pelouse de mousse verte, qui s'avançoit dans le bassin, et sur laquelle on voyoit, dans de grands vases, des orangers, dont les fruits étoient confits; chacun de ces orangers avoit à côté de lui deux autres arbres de différentes espèces, dont les fruits étoient pareillement confits.

Du milieu de ces tables s'élevoit un jet d'eau de plus de trente pieds de haut, dont la chute faisoit un bruit très-agréable; de sorte qu'en voyant tous ces buffets d'une même hauteur, joints les uns aux autres par les branches d'arbres et les fleurs dont ils étoient revêtus, il sembloit que ce fût une petite montagne, du haut de laquelle sortît une fontaine.

La palissade qui fait l'enceinte de ce cabinet, étoit disposée d'une manière toute particulière ; le jardinier, ayant employé son industrie à bien ployer les branches des arbres, et à les lier ensemble en diverses façons, en avoit formé une espèce d'architecture. Dans le milieu du couronnement, on voyoit un socle de verdure, sur lequel il y avoit un dé, qui portoit un vase rempli de fleurs. Aux côtés du dé, et sur le même socle, étoient deux autres vases de fleurs; et, en cet endroit, le haut de la palissade, venant doucement à s'arrondir en forme de galbe, se terminoit aux deux extrémités par deux autres vases aussi remplis de fleurs.

Au lieu de sièges de gazon, il y avoit, tout autour du cabinet, des couches de melons, dont la quantité, la grosseur et la bonté, étoient surprenantes pour la saison. Ces couches étoient faites d'une manière toute extraordinaire; et, à bien considérer la beauté de ce lieu, l'on auroit pu dire autrefois que les hommes n'auroient point eu de part à un si bel arrangement, mais que quelques divinités de ces bois auroient employé leurs soins pour l'embellir de la sorte.

Comme il y a cinq allées qui se terminent toutes dans ce cabinet, et qui forment une étoile, l'on trouvoit ces allées ornées de chaque côté de vingt-six arcades de cyprès. Sous chaque arcade, et sur des siéges de gazon, il y avoit de grands vases remplis de divers arbres chargés de leurs fruits. Dans la première de ces allées, il n'y avoit que des orangers de Portugal. La seconde étoit toute de bigareautiers et de cerisiers mêlés ensemble. La troisième étoit bordée d'abricotiers et de pêchers. La quatrième, de groseillers de Hollande; et, dans la cinquième, l'on ne voyoit que des poiriers de différentes espèces. Tous ces arbres faisoient un agréable objet à la vue, à cause de leurs fruits, qui paroissoient encore davantage contre l'épaisseur du bois.

Au bout de ces cinq allées, il y a cinq grandes niches de verdure, que l'on voit toutes en face du milieu du cabinet. Ces niches étoient cintrées; et, sur les pilastres des côtés, s'élevoient deux rouleaux qui s'alloient joindre à un carré qui étoit au milieu. Dans ce carré, l'on voyoit les chiffres du Roi, composés de différentes fleurs; et, des deux côtés, pendoient des festons qui s'attachoient à l'extrémité des rouleaux. A côté de la niche, il y avoit deux arcades aussi de verdure, avec leurs pilastres, d'un côté et d'autre; et tous ces pilastres étoient terminés par des vases remplis de fleurs.

Dans l'une de ces niches, étoit la figure du dieu Pan, qui, ayant sur le visage toutes les marques de la joie, sembloit prendre part à celle de toute l'assemblée. Le sculpteur l'avoit disposé dans une action qui faisoit connoître qu'il étoit mis là comme la divinité qui présidoit dans ce lieu.

Dans les quatre autres niches, il y avoit quatre Satyres, deux hommes et deux femmes, qui tous sembloient danser, et témoigner le plaisir qu'ils ressentoient de se voir visités par un si grand Monarque, suivi d'une si belle cour. Toutes ces figures étoient dorées, et faisoient un effet admirable contre le vert de ces palissades.

Après que leurs Majestés eurent été quelque temps dans cet endroit si charmant, et que les dames eurent fait collation, le Roi abandonna les tables au pillage des gens qui suivoient ; et la destruction d'un arrangement si beau, servit encore d'un divertissement agréable à toute la cour, par l'empressement et la confusion de ceux qui démolissoient ces châteaux de massepains, et ces montagnes de confitures.

Au sortir de ce lieu, le Roi rentrant dans une calèche, la Reine dans sa chaise, et tout le reste de la cour dans leurs carrosses, poursuivirent leur promenade pour se rendre à la comédie, et passant dans une grande allée de quatre rangs de tilleuls, firent le tour du bassin de la fontaine des Cygnes, qui termine l'allée Royale vis-à-vis du château. Ce bassin est un carré long finissant par deux demi-ronds. Sa longueur est de soixante toises sur quarante de large. Dans son milieu, il y a une infinité de jets d'eau qui, réunis ensemble, font une gerbe d'une hauteur et d'une grosseur extraordinaires.

A côté de la grande allée Royale, il y en a deux autres qui en sont éloignées d'environ deux cents pas; celle qui est à droite en montant vers le château, s'appelle l'allée du Roi, et celle qui est à gauche, l'allée des Prés. Ces trois allées sont traversées par une autre qui se termine à deux grilles qui font la clôture du petit parc. Les deux allées des côtés et celle qui les traverse ont cinq toises de large; mais, à l'endroit où elles se rencontrent, elles forment un grand espace qui a plus de treize toises en carré. C'est dans cet endroit de l'allée du Roi, que le sieur Vigarani avoit disposé le lieu de la comédie. Le théâtre, qui avançoit un peu dans le carré de la place, s'enfonçoit de dix toises dans l'allée qui monte vers le château, et laissoit pour la salle un espace de treize toises de face, sur neuf de large.

L'exhaussement de ce salon étoit de trente pieds jusqu'à la corniche, d'où les côtés du plafond s'élevoient encore de huit pieds jusqu'au dernier enfoncement. Il étoit couvert de feuillée par dehors; et, par dedans, paré de riches tapisseries que le sieur du Metz, intendant des meubles de la couronne, avoit pris soin de faire disposer de la manière la plus belle et la plus convenable pour la décoration de ce lieu. Du haut du plafond pendoient trente-deux chandeliers de cristal, portant chacun dix bougies de cire blanche. Autour de la salle étoient plusieurs siéges disposés en amphithéâtre, remplis de plus de douze cents personnes; et, dans le parterre, il y avoit encore sur des bancs une plus grande quantité de monde. Cette salle étoit percée par deux grandes arcades, dont l'une étoit vis-à-vis du théâtre, et l'autre, du côté qui va vers la grande allée. L'ouverture du théâtre étoit de trente-six pieds ; et, de chaque côté, il y avoit deux grandes colonnes torses de bronze et de lapis, environnées de branches et de feuilles de vigne d'or ; elles étoient posées sur des piédestaux de marbre, et portoient une grande corniche aussi de marbre, dans le milieu de laquelle on voyoit les armes du Roi sur un cartouche doré, accompagné de trophées ; l'architecture étoit d'ordre ionique. Entre chaque colonne il y avoit une figure ; celle qui étoit à droite représentoit la Paix, et celle qui étoit à gauche figuroit la Victoire ; pour montrer que Sa Majesté est toujours en état de faire que ses peuples jouissent d'une paix heureuse et pleine d'abondance, en établissant le repos dans l'Europe, ou d'une victoire glorieuse et remplie de joie, quand elle est obligée de prendre les armes pour soutenir ses droits.

Lorsque leurs Majestés furent arrivées dans ce lieu, dont la grandeur et la magnificence surprirent toute la cour, et quand elles eurent pris leurs places sous le haut dais qui étoit au milieu du parterre, on leva la toile qui cachoit la décoration du théâtre ; et alors, les yeux se trouvant tout-à-fait trompés, l'on crut voir effectivement un jardin d'une beauté extraordinaire.

A l'entrée de ce jardin, l'on découvroit deux palissades si ingénieusement moulées qu'elles formoient un ordre d'architecture, dont la corniche étoit soutenue par quatre termes qui représentoient des Satyres. La partie d'en bas de ces termes, et ce qu'on appelle gaîne, étoit de jaspe, et le reste de bronze doré. Ces Satyres portoient sur leurs têtes des corbeilles pleines de fleurs; et, sur les piédestaux de marbre qui soutenoient ces mêmes termes, il y avoit de grands vases dorés aussi remplis de fleurs.

Un peu plus loin, paroissoient deux terrasses revêtues de marbre blanc qui environnoient un long canal. Au bord de ces terrasses, il y avoit des masques dorés qui vomissoient de l'eau dans le canal; et, au-dessus de ces masques, on voyoit des vases de bronze doré, d'où sortoient aussi autant de véritables jets d'eau.

On montoit sur ces terrasses par trois degrés; et sur la même ligne où étoient rangés les termes, il y avoit d'un côté et d'autre, une allée de grands arbres entre lesquels paroissoient des cabinets d'une architecture rustique. Chaque cabinet couvroit un grand bassin de marbre, soutenu sur un piédestal de même matière; et de ces bassins sortoient autant de jets d'eau.

Le bout du canal le plus proche étoit bordé de douze jets d'eau qui formoient autant de chandeliers; et, à l'autre extrémité, on voyoit un superbe édifice en forme de dôme. Il étoit percé de trois grands portiques au travers desquels on découvroit une grande étendue de pays.

D'abord l'on vit sur le théâtre une collation magnifique d'oranges de Portugal, et de toutes sortes de fruits chargés à fond et en pyramides dans trente-six corbeilles, qui furent servies à toute la cour par le maréchal de Bellefonds, et par plusieurs seigneurs, pendant que le sieur de Launay, intendant des menus plaisirs et affaires de la chambre, donnoit de tous côtés des imprimés qui contenoient le sujet de la comédie et du ballet.

Bien que la pièce qu'on représenta doive être considérée comme un impromptu et un de ces ouvrages où la nécessité de satisfaire sur-le-champ aux volontés du Roi ne donne pas toujours le loisir d'y apporter la dernière main, et d'en former les derniers traits, néanmoins il est certain qu'elle est composée de parties si diversifiées et si agréables qu'on peut dire qu'il n'en a guère paru sur le théâtre de plus capable de satisfaire tout ensemble l'oreille et les yeux des spectateurs. La prose dont on s'est servi, est un langage très-propre pour l'action qu'on représente; et les vers qui se chantent entre les actes de la comédie, conviennent si bien au sujet et expriment si tendrement les passions dont ceux qui les récitent doivent être émus, qu'il n'y a jamais rien eu de plus touchant. Quoiqu'il semble que ce soient deux comédies que l'on joue en même temps, dont l'une soit en prose et l'autre en vers, elles sont pourtant si bien unies à un même sujet qu'elles ne font qu'une même pièce, et ne représentent qu'une seule action.

PERSONNAGES
DES INTERMÈDES DU BALLET.

GEORGE DANDIN, riche paysan.

BERGERS dansants, déguisés en valets de fête.

BERGERS jouant de la flûte.

CLIMÈNE, bergère chantante.

CHLORIS, bergère chantante.

TIRCIS, berger chantant, amant de Climène.

PHILÈNE, berger chantant, amant de Chloris.

UNE BERGÈRE.

BATELIERS dansants.

UN PAYSAN, ami de George Dandin.

CHŒURS DE BERGERS chantants.

BERGERS ET BERGÈRES dansants.

UN SATYRE chantant.

UN SUIVANT DE BACCHUS, chantant.

CHŒUR DE SUIVANTS DE BACCHUS, chantant.

CHŒUR DE SUIVANTS DE L'AMOUR, chantant.

UN BERGER, chantant.

SUIVANTS DE BACCHUS ET BACCHANTES, dansants.

SUIVANTS DE L'AMOUR, dansants.

PREMIER INTERMÈDE.

L'ouverture du théâtre se fait par quatre bergers déguisés en valets de fête, qui, accompagnés de quatre bergers jouant de la flûte, entrent en dansant, et obligent un riche paysan qu'ils rencontrent de danser avec eux.

Celui-ci, mal satisfait de son mariage, et n'ayant l'esprit rempli que de fâcheuses pensées, quitte bientôt les bergers, avec lesquels il n'est demeuré que par contrainte.

Climène et Chloris, deux bergères amies, entendant le son des flûtes, viennent joindre leurs voix à ces instruments, et chantent :

CLIMÈNE.
L'autre jour, d'Annette
J'entendis la voix,
Qui sur sa musette
Chantoit dans nos bois :
Amour, que sous ton empire
On souffre de maux cuisants !
Je le puis bien dire,
Puisque je le sens.

CHLORIS.
La jeune Lisette,
Au même moment,
Sur le ton d'Annette
Reprit tendrement :
Amour, si sous ton empire
Je souffre des maux cuisants,

C'est de n'oser dire
Tout ce que je sens.

Tircis et Philène, amants de ces deux bergères, les abordent, pour les entretenir de leur passion, et font avec elles une scène en musique.

CHLORIS.
Laisse-nous en repos, Philène.
CLIMÈNE.
Tircis, ne viens point m'arrêter.
TIRCIS ET PHILÈNE ENSEMBLE.
Ah! belle inhumaine,
Daigne un moment m'écouter.
CLIMÈNE ET CHLORIS ENSEMBLE.
Mais que me veux-tu conter?
TIRCIS ET PHILÈNE ENSEMBLE.
Que d'une flamme immortelle
Mon cœur brûle sous tes lois.
CLIMÈNE ET CHLORIS ENSEMBLE.
Ce n'est pas une nouvelle,
Tu me l'as dit mille fois.
PHILÈNE, *à Chloris*.
Quoi! veux-tu, toute ma vie,
Que j'aime, et n'obtienne rien?
CHLORIS.
Non, ce n'est pas mon envie,
N'aime plus; je le veux bien.
TIRCIS, *à Climène*.
Le ciel me force à l'hommage
Dont tous ces bois sont témoins.
CLIMÈNE.
C'est au ciel, puisqu'il t'engage,
A te payer de tes soins.

PHILÈNE, *à Chloris.*
C'est par ton mérite extrême
Que tu captives mes vœux.
CHLORIS.
Si je mérite qu'on m'aime,
Je ne dois rien à tes feux.
TIRCIS ET PHILÈNE ENSEMBLE.
L'éclat de tes yeux me tue.
CHLORIS ET CLIMÈNE ENSEMBLE.
Détourne de moi tes pas.
TIRCIS ET PHILÈNE ENSEMBLE.
Je me plais dans cette vue.
CLIMÈNE ET CHLORIS ENSEMBLE.
Berger ne t'en plains donc pas.
PHILÈNE.
Ah! belle Climène!
TIRCIS.
Ah! belle Chloris!
PHILÈNE, *à Climène.*
Rends-la pour moi plus humaine.
TIRCIS, *à Chloris.*
Dompte pour moi ses mépris.
CLIMÈNE, *à Chloris.*
Sois sensible à l'amour que te porte Philène.
CHLORIS, *à Climène.*
Sois sensible à l'ardeur dont Tircis est épris.
CLIMÈNE, *à Chloris.*
Si tu veux me donner ton exemple, bergère,
Peut-être je le recevrai.
CHLORIS, *à Climène.*
Si tu veux te résoudre à marcher la première,
Possible que je te suivrai.

CLIMÈNE ET CHLORIS ENSEMBLE.

Adieu, berger.

CLIMÈNE, *à Philène.*

Attends un favorable sort.

CHLORIS, *à Tircis.*

Attends un doux succès du mal qui te possède.

TIRCIS.

Je n'attends aucun remède.

PHILÈNE.

Et je n'attends que la mort.

TIRCIS ET PHILÈNE ENSEMBLE.

Puisqu'il nous faut languir en de tels déplaisirs,
Mettons fin, en mourant, à nos tristes soupirs.

Les deux bergers se retirent, l'ame pleine de douleur et de désespoir; et ensuite de cette musique, commence le premier acte de la comédie en prose.

Le sujet est qu'un riche paysan [*] s'étant marié à la fille d'un gentilhomme de campagne, ne reçoit que du mépris de sa femme, aussi-bien que de son beau-père et de sa belle-mère, qui ne l'avoient pris pour leur gendre qu'à cause de ses grands biens.

Toute cette pièce est traitée de la même sorte que le sieur *de Molière* a coutume de faire ses autres pièces de théâtre; c'est-à-dire qu'il y représente avec des couleurs si naturelles le caractère des personnes qu'il introduit, qu'il ne se peut rien voir de plus ressemblant que ce qu'il a fait pour montrer la peine et les chagrins où se trouvent souvent ceux qui s'allient

---

[*] *George Dandin*, dont le personnage est joué par MOLIÈRE.

au-dessus de leur condition ; et quand il dépeint l'humeur et la manière de faire de certains nobles campagnards, il ne forme point de traits qui n'expriment parfaitement leur véritable image.

SECOND INTERMÈDE.

Sur la fin de l'Acte, le paysan est interrompu par une bergère qui lui vient apprendre le désespoir des deux bergers : mais comme il est agité d'autres inquiétudes, il la quitte en colère ; et Chloris entre, qui vient faire une plainte sur la mort de son amant.

CHLORIS.
Ah ! mortelles douleurs !
Qu'ai-je plus à prétendre ?
Coulez, coulez, mes pleurs :
Je n'en puis trop répandre.

Pourquoi faut-il qu'un tyrannique honneur
Tienne notre ame en esclave asservie ?
Hélas ! pour contenter sa barbare rigueur,
J'ai réduit mon amant à sortir de la vie !

Ah ! mortelles douleurs !
Qu'ai-je plus à prétendre ?
Coulez, coulez, mes pleurs :
Je n'en puis trop répandre.

Me puis-je pardonner dans ce funeste sort
Les sévères froideurs dont je m'étois armée ?
Quoi donc ! mon cher amant, je t'ai donné la mort !
Est-ce le prix, hélas ! de m'avoir tant aimée ?

Ah! mortelles douleurs!
Qu'ai-je plus à prétendre?
Coulez, coulez, mes pleurs :
Je n'en puis trop répandre.

Après cette plainte, qui finit le second Intermède, commence le deuxième Acte de la comédie en prose. C'est une suite des déplaisirs du paysan marié, qui se trouve encore interrompu par la même bergère.

TROISIÈME INTERMÈDE.

Cette bergère vient lui dire que Tircis et Philène ne sont point morts, et lui montre six bateliers qui les ont sauvés. Le paysan, importuné de tout cet avis, se retire et quitte la place aux bateliers, qui ravis de la récompense qu'ils ont reçue, expriment leur joie en dansant, et font une manière de son avec leurs crocs.

Après ce ballet, commence le troisième Acte de la comédie en prose.

Dans ce dernier Acte, le paysan est au comble de la douleur par les mauvais traitements de sa femme.

QUATRIÈME INTERMÈDE.

Un des amis de George Dandin lui conseille de noyer dans le vin toutes ses inquiétudes, et l'emmène pour joindre sa troupe, voyant venir toute la foule des bergers amoureux, qui commencent à célébrer, par des chants et des danses, le pouvoir de l'Amour.

DE VERSAILLES. 335

Ici la décoration du théâtre se trouve changée en un instant; et l'on ne peut comprendre comment tant de véritables jets d'eau ne paroissent plus, ni par quel artifice, au lieu de ces cabinets et de ces allées, on ne découvre sur le théâtre que de grandes roches entremêlées d'arbres, où l'on voit plusieurs bergers qui chantent et qui jouent de toutes sortes d'instruments. Chloris commence, la première, à joindre sa voix au son des flûtes et des musettes.

CHLORIS.

Ici l'ombre des ormeaux
Donne un teint frais aux herbettes;
Et les bords de ces ruisseaux
Brillent de mille fleurettes
Qui se mirent dans les eaux.
Prenez, bergers, vos musettes,
Ajustez vos chalumeaux,
Et mêlons nos chansonnettes
Aux chants des petits oiseaux.

Le Zéphyre entre ces eaux
Fait mille courses secrètes;
Et les rossignols nouveaux
De leurs douces amourettes
Parlent aux tendres rameaux.
Prenez, bergers, vos musettes,
Ajustez vos chalumeaux;
Et mêlons nos chansonnettes
Aux chants des petits oiseaux.

Pendant que la musique charme les oreilles, les

yeux sont agréablement occupés à voir danser plusieurs bergers et bergères galamment vêtus.

CLIMÈNE *chante:*
Ah! qu'il est doux, belle Sylvie,
Ah! qu'il est doux de s'enflammer!
Il faut retrancher de la vie
Ce qu'on en passe sans aimer.

CHLORIS.
Ah! les beaux jours qu'Amour nous donne,
Lorsque sa flamme unit les cœurs!
Est-il ni gloire ni couronne
Qui vaille ses moindres douceurs?

TIRCIS.
Qu'avec peu de raison on se plaint d'un martyre
Que suivent de si doux plaisirs!

PHILÈNE.
Un moment de bonheur, dans l'amoureux empire,
Répare dix ans de soupirs.

TOUS ENSEMBLE.
Chantons tous de l'Amour le pouvoir adorable;
Chantons tous dans ces lieux
Ses attraits glorieux:
Il est le plus aimable
Et le plus grand des dieux.

A ces mots l'on voit s'approcher, du fond du théâtre, un grand rocher couvert d'arbres, sur lequel est assise toute la troupe de Bacchus, composée de quarante Satyres. L'un d'eux s'avançant à la tête, chante fièrement ces paroles:

Arrêtez; c'est trop entreprendre;
Un autre dieu dont nous suivons les lois,

S'oppose à cet honneur qu'à l'Amour osent rendre
Vos musettes et vos voix :
A des titres si beaux Bacchus seul peut prétendre;
Et nous sommes ici pour défendre ses droits.

CHŒUR DE SATYRES.

Nous suivons de Bacchus le pouvoir adorable;
Nous suivons en tous lieux
Ses attraits glorieux :
Il est le plus aimable
Et le plus grand des dieux.

Plusieurs du parti de Bacchus mêlent aussi leurs pas à la musique; et l'on voit un combat des danseurs et des chantres de Bacchus contre les danseurs et les chantres qui soutiennent le parti de l'Amour.

CHLORIS.

C'est le printemps qui rend l'ame
A nos champs semés de fleurs;
Mais c'est l'Amour et sa flamme
Qui font revivre nos cœurs.

UN SUIVANT DE BACCHUS.

Le soleil chasse les ombres
Dont le ciel est obscurci;
Et des ames les plus sombres
Bacchus chasse le souci.

CHŒUR DE BACCHUS.

Bacchus est révéré sur la terre et sur l'onde.

CHŒUR DE L'AMOUR.

Et l'Amour est un dieu qu'on adore en tous lieux.

CHŒUR DE BACCHUS.

Bacchus à son pouvoir a soumis tout le monde.

CHŒUR DE L'AMOUR.

Et l'Amour a dompté les hommes et les dieux.

CHŒUR DE BACCHUS.

Rien peut-il égaler sa douceur sans seconde?

CHŒUR DE L'AMOUR.

Rien peut-il égaler ses charmes précieux?

CHŒUR DE BACCHUS.

Fi de l'Amour et de ses feux!

CHŒUR DE L'AMOUR.

Ah! quel plaisir d'aimer!

CHŒUR DE BACCHUS.

Ah! quel plaisir de boire!

CHŒUR DE L'AMOUR.

A qui vit sans amour, la vie est sans appas.

CHŒUR DE BACCHUS.

C'est mourir que de vivre et de ne boire pas.

CHŒUR DE L'AMOUR.

Aimables fers!

CHŒUR DE BACCHUS.

Douce victoire!

CHŒUR DE L'AMOUR.

Ah! quel plaisir d'aimer!

CHŒUR DE BACCHUS.

Ah! quel plaisir de boire!

TOUS ENSEMBLE.

Non, non, c'est un abus :
Le plus grand dieu de tous,

CHŒUR DE L'AMOUR.

C'est l'Amour.

CHŒUR DE BACCHUS.

C'est Bacchus.

Un berger arrive, qui se jette au milieu des deux partis pour les séparer, en chantant ces vers :

> C'est trop, c'est trop, bergers. Hé pourquoi ces débats ?
> Souffrons qu'en un parti la raison nous assemble.
> L'Amour a des douceurs, Bacchus a des appas;
> Ce sont deux déités qui sont fort bien ensemble;
> Ne les séparons pas.

LES DEUX CHŒURS.

> Mêlons donc leurs douceurs aimables.
> Mêlons nos voix dans ces lieux agréables;
> Et faisons répéter aux échos d'alentour
> Qu'il n'est rien de plus doux que Bacchus et l'Amour.

Tous les danseurs se mêlent ensemble; et l'on voit, parmi les bergers et les bergères, quatre des suivants de Bacchus avec des thyrses, et quatre Bacchantes avec des espèces de tambours de basque, qui représentent ces cribles qu'elles portoient anciennement aux fêtes de Bacchus. De ces thyrses, les suivants de Bacchus frappent sur les cribles des Bacchantes, et font différentes postures, pendant que les bergers et les bergères dansent plus sérieusement.

On peut dire que, dans cet ouvrage, le sieur de Lulli a trouvé le secret de satisfaire et de charmer tout le monde; car jamais il n'y a rien eu de si beau et de mieux inventé. Si l'on regarde les danses, il n'y a point de pas qui ne marque l'action que les danseurs doivent faire, et dont les gestes ne soient autant de paroles qui se fassent entendre. Si l'on regarde la musique, il n'y a rien qui n'exprime parfaitement toutes les passions, et qui ne ravisse l'esprit des auditeurs. Mais ce qui n'a jamais été vu, est cette harmonie de voix si agréable, cette symphonie d'instruments, cette belle union de différents chœurs, ces douces chansons, ces dialogues si tendres et si amoureux, ces échos, et enfin cette conduite admirable dans toutes les parties, où, depuis les premiers récits, l'on a vu toujours que la musique s'est augmentée, et qu'enfin, après avoir commencé par une seule voix, elle a fini par un concert de plus de cent personnes, qu'on a vues toutes à-la-fois, sur un même théâtre, joindre ensemble leurs instruments, leurs voix, et leurs pas dans un accord et une cadence qui finit la pièce, en laissant tout le monde dans une admiration qu'on ne peut assez exprimer.

Cet agréable spectacle étant fini de la sorte, le Roi et toute la cour sortirent par le portique du côté gauche du salon, et qui rend dans l'allée de traverse, au bout de laquelle, à l'endroit où elle coupe l'allée des Prés, l'on aperçut de loin un édifice élevé de cinquante pieds de haut. Sa figure étoit octogone, et sur le haut de la couverture s'élevoit une espèce de dôme d'une grandeur et d'une hauteur si belle et si proportionnée, que le tout ensemble ressembloit beaucoup à ces beaux temples antiques, dont l'on voit encore quelques restes ; il étoit couvert de feuillages, et rempli d'une infinité de lumières. A mesure qu'on s'en approchoit, on y découvroit mille différentes beautés. Il étoit isolé, et l'on voyoit dans les huit angles autant de pilastres qui servoient comme de pieds-forts ou d'arc-boutants élevés de quinze pieds de haut. Au-dessus de ces pilastres, il y avoit de grands vases ornés de différentes façons et remplis de lumières. Du haut de ces vases sortoit une fontaine, qui, retombant à l'entour, les environnoit comme d'une cloche de cristal : ce qui faisoit un effet d'autant plus admirable, qu'on voyoit un feu éclairer agréablement au milieu de l'eau.

Cet édifice étoit percé de huit portes. Au-devant de celle par où l'on entroit, et sur deux piédestaux de verdure, étoient deux grandes figures dorées qui représentoient deux Faunes jouant chacun d'un instrument. Au-dessus de ces portes, on voyoit comme une espèce de frise ornée de huit grands bas-reliefs, représentant, par des figures assises, les quatre saisons de l'année, et les quatre parties du jour. A côté des premières, il y avoit de doubles L, et, à côté des autres, des fleurs de lis : elles étoient toutes enchâssées parmi le feuillage, et faites avec un artifice de lumière si beau et si surprenant, qu'il sembloit que toutes ces figures, ces L, et ces fleurs de lis fussent d'un métal lumineux et transparent.

Le tour du dôme étoit aussi orné de huit bas-reliefs éclairés de la même sorte; mais, au lieu de figures, c'étoient des trophées disposés en différentes manières. Sur les angles du principal édifice et du dôme, il y avoit de grosses boules de verdure qui en terminoient les extrémités.

Si l'on fut surpris en voyant par dehors la beauté de ce lieu, on le fut encore davantage en voyant le dedans. Il étoit presque impossible de ne se pas persuader que ce ne fût un enchantement; tant il y paroissoit de choses qui sembloient ne se pouvoir faire que par magie! Sa grandeur étoit de huit toises de diamètre. Au milieu, il y avoit un grand rocher, et autour du rocher une table de figure octogone chargée de soixante et quatre couverts. Ce rocher étoit percé en quatre endroits : il sembloit que la nature eût fait choix de tout ce qu'elle a de plus beau et de plus riche pour la composition de cet ouvrage, et qu'elle eût elle-même pris plaisir d'en faire son chef-d'œuvre, tant les ouvriers avoient bien su cacher l'artifice dont ils s'étoient servis pour l'imiter !

Sur la cime du rocher étoit le cheval Pégase; il sembloit, en se cabrant, faire sortir de l'eau qu'on voyoit couler doucement de dessous ses pieds, mais qui aussitôt tomboit avec abondance, et formoit comme quatre fleuves. Cette eau, qui se précipitoit avec violence et par gros bouillons parmi les pointes du rocher, le rendoit tout blanc d'écume, et ne s'y perdoit que pour paroître ensuite plus belle et plus brillante; car, ressortant avec impétuosité par des endroits cachés, elle faisoit des chutes d'autant plus agréables, qu'elle se séparoit en plusieurs petits ruisseaux parmi les cailloux et les coquilles. Il sortoit de tous les endroits les plus creux du rocher mille gouttes d'eau qui, avec celle des cascades, venoient à inonder une pelouse couverte de mousse et de divers coquillages qui en faisoit l'entrée. C'étoit sur ce beau vert, et à l'entour de ces coquilles, que ces eaux, venant à se répandre et à couler agréablement, faisoient une infinité de retours qui paroissoient autant de petites ondes d'argent, et, avec un murmure doux et agréable qui s'accordoit au bruit des cascades, tomboient en cent différentes manières dans huit canaux qui séparoient la table d'avec le rocher, et en recevoient toutes les eaux. Ces canaux étoient revêtus de carreaux de porcelaine et de mousse, au bord desquels il y avoit de grands vases à l'antique émaillés d'or et d'azur, qui, jetant l'eau par trois différents endroits, remplissoient trois grandes coupes de cristal qui se dégorgeoient encore dans ces mêmes canaux.

Au-dessous du cheval Pégase, et vis-à-vis la porte par où l'on entroit, on voyoit la figure d'Apollon assise, tenant dans sa main une lyre; les neuf Muses étoient au-dessous de lui qui tenoient aussi divers instruments. Dans les quatre coins du rocher, et au-dessous de la chute de ces fleuves, il y avoit quatre figures couchées qui en représentoient les divinités.

De quelque côté qu'on regardât ce rocher, l'on y voyoit toujours différents effets d'eau; et les lumières dont il étoit éclairé, étoient si bien disposées, qu'il n'y en avoit point qui ne contribuassent à faire paroître toutes les figures qui étoient d'argent, et à faire briller davantage les divers éclats de l'eau et les différentes couleurs des pierres et des cristaux dont il étoit composé. Il y avoit même des lumières si industrieusement cachées dans les cavités de ce rocher, qu'elles n'étoient point aperçues, mais qui cependant le faisoient voir partout, et donnoient un lustre et un éclat merveilleux à toutes les gouttes d'eau qui tomboient.

Des huit portes dont ce salon étoit percé, il y en avoit quatre au droit des quatre grandes allées, et quatre autres qui étoient vis-à-vis des petites allées qui sont dans les angles de cette place. A côté de chaque porte il y avoit quatre grandes niches percées à jour, et remplies d'un grand pied d'argent; au-dessus étoit un grand vase de même matière, qui portoit une girandole de cristal, allumée de dix bougies de cire blanche. Dans les huit angles qui forment la figure de ce lieu, il y avoit un corps solide taillé rustiquement, et dont le fond verdâtre brilloit en façon de cristal ou d'eau congelée. Contre ce corps étoient quatre coquilles de marbre les unes au-dessous des autres, et dans des distances fort proportionnées; la plus haute étoit la moins grande, et celles de dessous augmentoient toujours en grandeur, pour mieux recevoir l'eau qui tomboit des unes dans les autres. On avoit mis sur la coquille la plus élevée une girandole de cristal, allumée de dix bougies; et de cette coquille sortoit de l'eau en forme de nappe, qui, tombant dans la seconde coquille, se répandoit dans une troisième, où l'eau d'un masque posé au-dessus venant à se rendre, la remplissoit encore davantage. Cette troisième coquille étoit portée par deux dauphins, dont les écailles étoient de couleur de nacre; ces deux dauphins jetoient de l'eau dans la quatrième coquille, où tomboit aussi en nappe l'eau de la coquille qui étoit au-dessus; et toutes ces eaux venoient enfin à se rendre dans un bassin de marbre, aux deux extrémités duquel étoient deux grands vases remplis d'orangers.

Le plafond de ce lieu n'étoit pas cintré en forme de voûte; il s'élevoit jusqu'à l'ouverture du dôme par huit pans, qui représentoient un compartiment de menuiserie artistement taillé de feuillages dorés. Dans ces compartiments qui paroissoient percés, l'on avoit peint des branches d'arbres au naturel, pour avoir plus d'union avec la feuillée, dont le corps de cet édifice étoit composé. Le haut du dôme étoit aussi un compartiment d'une riche broderie d'or et d'argent sur un fond vert.

Outre vingt-cinq lustres de cristal, chacun de dix bougies, qui éclairoient ce lieu, et qui tomboient du haut de la voûte, il y en avoit encore d'autres au milieu des huit portes, qui étoient attachés avec de grandes écharpes de gaze d'argent entre des festons de fleurs, noués avec de pareilles écharpes enrichies d'une frange de même.

Sur la grande corniche qui régnoit tout autour de ce salon, étoient rangés soixante et quatre vases de porcelaine remplis de diverses fleurs; et, entre ces vases, on avoit mis soixante et quatre boules de cristal de diverses couleurs, et d'un pied de diamètre, soutenues sur des pieds d'argent; elles paroissoient comme autant de pierres précieuses, et étoient éclairées d'une manière si ingénieuse, que la lumière passant au travers, et se trouvant chargée des différentes couleurs de ces cristaux, se répandoit par tout le haut du plafond, où elle faisoit des effets si admirables, qu'il sembloit que ce fussent les couleurs mêmes d'un véritable arc-en-ciel. De cette corniche, et du tour que formoit l'ouverture du dôme, pendoient plusieurs festons de toutes sortes de fleurs, attachés avec de grandes écharpes de gaze d'argent, dont les bouts tombant entre chaque feston, paroissoient avec beaucoup d'éclat et de grâce sur tout le corps de cette architecture qui étoit de feuillages, et dont l'on avoit si bien su former différentes sortes de verdure, que la diversité des arbres qu'on y avoit employés, et que l'on avoit su accommoder les uns auprès des autres, ne faisoit pas une des moindres beautés de la composition de cet agréable édifice.

Au-delà du portique qui étoit vis-à-vis de celui par où l'on entroit, on avoit dressé un buffet d'une beauté et d'une richesse toute extraordinaire. Il étoit enfoncé de dix-huit pieds dans l'allée, et l'on y montoit par trois grands degrés en forme d'estrade. Il y avoit, des deux côtés de ce buffet, deux manières d'ailes élevées d'environ dix pieds de haut, dont le dessous servoit pour passer ceux qui portoient les viandes. Sur le milieu de chacune de ces ailes, étoit un socle de verdure, qui portoit un grand guéridon d'argent, chargé d'une girandole aussi d'argent allumée de bougies de cire blanche, et, à côté de ces guéridons, plusieurs grands vases d'argent; contre ce socle étoit attachée une grande plaque d'argent à trois branches, portant chacune un flambeau de cire blanche.

Sur la table du buffet, il y avoit quatre degrés de deux pieds de large, et de trois à quatre pieds de haut, qui s'élevoient jusqu'à un plafond de feuillée de vingt-cinq pieds d'exhaussement. Sur ce buffet et sur ces degrés, l'on voyoit dans une disposition agréable, vingt-quatre bassins d'argent d'une grandeur extrême et d'un ouvrage merveilleux; ils étoient séparés les uns des autres par autant de grands vases, de cassolettes et de girandoles d'argent d'une pareille beauté. Il y avoit sur la table vingt-quatre grands pots d'argent, remplis de toutes sortes de fleurs, avec la nef du Roi, la vaisselle et les verres destinés pour son service. Au-devant de la table, on voyoit une grande cuvette d'argent en forme de coquille, et aux deux bouts du buffet, quatre guéridons d'argent de six pieds de haut, sur lesquels étoient des girandoles d'argent allumées de dix bougies de cire blanche.

Dans les deux autres arcades qui étoient à côté de celle-ci, étoient deux autres buffets, moins hauts et moins larges que celui du milieu; chaque table avoit deux degrés, sur lesquels étoient dressés quatre grands bassins d'argent, qui accompagnoient un grand vase, chargé d'une girandole allumée de dix bougies; et, entre ces bassins et ce vase, il y avoit plusieurs figures d'argent. Aux deux bouts du buffet, l'on voyoit deux grandes plaques, portant chacune trois flambeaux de cire blanche; au-dessus du dossier, un guéridon d'argent, chargé de plusieurs bougies, et à côté, plusieurs grands vases d'un prix et d'une pesanteur extraordinaires, outre six grands bassins qui servoient de fond. Devant chaque table, il y avoit une grande cuvette d'argent, pesant mille marcs; et ces tables, qui étoient comme deux crédences pour accompagner le grand buffet du Roi, étoient destinées pour le service des dames.

Au-delà de l'arcade qui servoit d'entrée du côté de l'allée qui descend vers les grilles du grand parc, étoit un enfoncement de dix-huit toises de long, qui formoit comme un avant-salon.

Ce lieu étoit terminé d'un grand portique de verdure, au-delà duquel il y avoit une grande salle bornée par les deux côtés des palissades de l'allée, et, par l'autre bout, d'un autre portique de feuillages. Dans cette salle l'on avoit dressé quatre grandes tentes très-magnifiques, sous lesquelles étoient huit tables accompagnées de leurs buffets, chargés de bassins, de verres et de lumières, disposés dans un ordre tout-à-fait singulier.

Lorsque le Roi fut entré dans le salon octogone, et que toute la cour, surprise de la beauté et de la disposition si extraordinaire de ce lieu, en eut bien considéré toutes les parties, Sa Majesté se mit à table, le dos tourné du côté par où elle étoit entrée; et lorsque Monsieur eut pris aussi sa place, les dames qui étoient nommées par Sa Majesté pour y souper, prirent les leurs selon qu'elles se rencontrèrent, sans garder aucun rang. Celles qui eurent cet honneur furent :

Mesdemoiselles d'Angoulême.
Madame Aubry de Courcy.
Madame de Saint-Arbre.
Madame de Broglio.
Madame de Bailleul.
Madame de Bonnelle.
Madame Bignon.
Madame de Bordeaux.
Mademoiselle Borelle.
Madame de Brissac.
Madame de Coulange.
Madame la maréchale de Clérambaut.
Madame la maréchale de Castelnau.
Madame de Comminge.
Madame la marquise de Castelnau.
Mademoiselle d'Elbeuf.
Madame la maréchale d'Albret, et mademoiselle sa fille.
Madame la maréchale d'Estrées.
Madame la maréchale de la Ferté.
Madame de la Fayette.
Madame la comtesse de Fiesque.
Madame de Fontenay Hotman.
Madame de Fieubet.
Madame la maréchale de Grançey, et mesdemoiselles ses deux filles.
Madame des Hameaux.
Madame la maréchale de l'Hôpital.
Madame la Lieutenante civile.
Madame la comtesse de Louvigny.
Mademoiselle de Manicham.

Madame de Meckelbourg.
Madame la grande Maréchale.
Madame de Marré.
Madame de Nemours.
Madame de Richelieu.
Madame la duchesse de Richemont.
Mademoiselle de Tresmes.
Madame Tambonneau.
Madame de la Trousse.
Madame la présidente Tubœuf.
Madame la duchesse de la Vallière.
Madame la marquise de la Vallière.
Madame de Vilacerf.
Madame la duchesse de Wirtemberg, et madame sa fille.
Madame de Valavoire.

Comme la somptuosité de ce festin passe tout ce qu'on en pourroit dire, tant par l'abondance et la délicatesse des viandes qui y furent servies, que par le bel ordre que le maréchal de Bellefonds et le sieur de Valentiné, contrôleur général de la maison du Roi, y apportèrent, je n'entreprendrai point d'en faire le détail; je dirai seulement que le pied du rocher étoit revêtu, parmi les coquilles et la mousse, de quantité de pâtes, de confitures, de conserves, d'herbages, et de fruits sucrés, qui sembloient être crûs parmi les pierres, et en faire partie. Il y avoit sur les huit angles qui marquent la figure du rocher et de la table, huit pyramides de fleurs, dont chacune étoit composée de treize porcelaines remplies de différents mets. Il y eut cinq services, chacun de cinquante-six plats; les plats du dessert étoient chargés de seize porcelaines en pyramides, où tout ce qu'il y a de plus exquis et de plus rare dans la saison, y paroissoit à l'œil et au goût, d'une manière qui secondoit bien ce que l'on avoit fait dans cet agréable lieu pour charmer la vue.

Dans une allée assez proche de là, et sous une tente, étoit la table de la Reine, où mangeoient Madame, Mademoiselle, Madame la Princesse, madame la princesse de Carignan. Monseigneur le Dauphin soupa au château dans son appartement.

Le Roi étoit servi par Monsieur le Duc; et Monsieur, par le sieur de Valentiné. Le sieur Grotteau, contrôleur de la bouche, les sieurs Gaut et Chamois, contrôleurs d'office, mettoient les viandes sur la table.

Le maréchal de Bellefonds servoit la Reine; et le sieur Courtet, contrôleur d'office, servoit Madame. Le sieur de la Grange, aussi contrôleur d'office, mettoit sur la table; les cent Suisses de la garde portoient les viandes, et les pages et valets de pied du Roi, de la Reine, de Monsieur et de Madame, servoient les tables de leurs Majestés.

Dans le même temps que l'on portoit sur ces deux tables, il y en avoit huit autres que l'on servoit de la même manière, qui étoient dressées sous les quatre tentes dont j'ai parlé; et ces tables avoient leurs maîtres d'hôtel, qui faisoient porter les viandes par les gardes Suisses. La première étoit celle,

> De madame la comtesse de Soissons, de.. 20 couverts.
> De madame la princesse de Bade, de..... 20 couverts.
> De madame la duchesse de Créquy, de.... 20 couverts.
> De madame la maréchale de la Mothe, de.. 20 couverts.

De madame de Montausier, de.......... 40 couverts.
De madame la maréchale de Bellefonds, de 65 couverts.
De madame la maréchale d'Humières, de.. 20 couverts.
De madame de Béthune, de............ 20 couverts.

Il y en avoit encore trois autres dans une petite allée à côté de celle que tenoit madame la maréchale de Bellefonds, de quinze à seize couverts chacune, dont les maîtres d'hôtel du Roi avoient le soin.

Quantité d'autres tables se servoient de la desserte de la Reine, et des autres, pour les femmes de la Reine et pour d'autres personnes.

Dans la grotte, proche du château, il y eut trois tables pour les ambassadeurs, qui furent servies en même temps, de vingt-deux couverts chacune.

Il y avoit encore en plusieurs endroits des tables dressées, où l'on donnoit à manger à tout le monde; et l'on peut dire que l'abondance des viandes, des vins et des liqueurs, la beauté et l'excellence des fruits et des confitures, et une infinité d'autres choses délicatement apprêtées, faisoient bien voir que la magnificence du Roi se répandoit de tous côtés.

Le Roi s'étant levé de table pour donner un nouveau divertissement aux dames, et passant par le portique où l'allée monte vers le château, les conduisit dans la salle du bal.

A deux cents pas de l'endroit où l'on avoit soupé, et dans une traverse d'allées qui forme un espace d'une vaste grandeur, l'on avoit dressé un édifice d'une figure octogone, haut de plus de neuf toises, et large de dix. Toute la cour marcha le long de l'allée, sans s'apercevoir du lieu où elle étoit ; mais comme elle eut fait plus de la moitié du chemin, il y eut une palissade de verdure, qui s'ouvrant tout d'un coup de part et d'autre, laissa voir au travers d'un grand portique, un salon rempli d'une infinité de lumières, et une longue allée au-delà, dont l'extraordinaire beauté surprit tout le monde.

Ce bâtiment n'étoit pas tout de feuillages, comme celui où l'on avoit soupé ; il représentoit une superbe salle, revêtue de marbre et de porphire, et ornée seulement en quelques endroits, de verdure et de festons. Un grand portique de seize pieds de large et de trente-deux de haut, servoit d'entrée à ce riche salon ; il avançoit environ trois toises dans l'allée, et cette avance servoit encore de vestibule, et faisoit symétrie aux autres enfoncements qui se rencontroient dans les huit côtés. Du milieu du portique pendoient de grands festons de fleurs, attachés de part et d'autre. Aux deux côtés de l'entrée, et sur deux piédestaux, on voyoit des thermes représentant des Satyres, qui étoient là comme les gardes de ce beau lieu. A la hauteur de huit pieds, ce salon étoit ouvert par les six côtés entre la porte par où l'on entroit, et l'allée du milieu ; ces ouvertures formoient six grandes arcades qui servoient de tribunes, où l'on avoit dressé plusieurs siéges en forme d'amphithéâtres, pour asseoir plus de six-vingt personnes dans chacune. Ces enfoncements étoient ornés de feuillages qui, venant se terminer contre les pilastres et le haut des arcades, y montroient assez que ce bel endroit étoit paré comme à un jour de fête, puisque l'on y mêloit des feuilles et des fleurs pour l'orner; car les impostes et les clefs des arcades étoient marqués par des festons et des ceintures de fleurs.

Du côté droit, dans l'arcade du milieu, et au haut de l'enfoncement étoit une grotte de rocaille, où, dans un large bassin travaillé rustiquement, l'on voyoit Arion porté sur un dauphin, et tenant une lyre; il y avoit à côté de lui deux Tritons : c'étoit dans ce lieu que les musiciens étoient placés. A l'opposite, l'on avoit mis tous les joueurs d'instruments; l'enfoncement de l'arcade où ils étoient, formoit aussi une grotte, où l'on voyoit, sur un rocher, Orphée qui sembloit joindre sa voix à celle de deux Nymphes assises auprès de lui. Dans le fond des quatre autres arcades, il y avoit d'autres grottes, où par la gueule de certains monstres sortoit de l'eau qui tomboit dans des bassins rustiques, d'où elle s'échappoit entre des pierres, et dégouttoit lentement parmi la mousse et les rocailles.

Contre les huit pilastres qui formoient ces arcades, et sur des piédestaux de marbre, l'on avoit posé huit grandes figures de femmes, qui tenoient dans leurs mains divers instruments, dont elles sembloient se servir pour contribuer au divertissement du bal.

Dans le milieu des piédestaux, il y avoit des masqués de bronze doré, qui jetoient de l'eau dans un bassin. Au bas de chaque piédestal, et des deux côtés du même bassin, s'élevoient deux jets d'eau qui formoient deux chandeliers. Tout autour de ce salon, régnoit un siége de marbre, sur lequel, d'espace en espace, étoient plusieurs vases remplis d'orangers.

Dans l'arcade qui étoit vis-à-vis de l'entrée, et qui servoit d'ouverture à une grande allée de verdure, l'on voyoit encore, sur deux piédestaux, deux figures qui représentoient Flore et Pomone. De ces piédestaux, il sortoit de l'eau comme de ceux du salon.

Le haut du salon s'élevoit au-dessus de la corniche par huit pans, jusqu'à la hauteur de douze pieds, puis, formant un plafond de figure octogone, laissoit dans le milieu, une ouverture de pareille forme, dont l'enfoncement étoit de cinq à six pieds. Dans ces huit pans, étoient huit grands soleils d'or, soutenus de huit figures, qui représentoient les douze mois de l'année avec les signes du zodiaque : le fond étoit d'azur, semé de fleurs de lis d'or; et le reste enrichi de roses et d'autres ornements d'or, d'où pendoient trente-deux lustres, portant chacun douze bougies.

Outre toutes ces lumières, qui faisoient le plus beau jour du monde, il y avoit dans les six tribunes, vingt-quatre plaques, dont chacune portoit neuf bougies; et aux deux côtés des huit pilastres, au-dessus des figures, sortoient de la feuillée de grands fleurons d'argent, en forme de branches d'arbres, qui soutenoient treize chandeliers disposés en pyramides. Aux deux côtés de la porte, et dans l'endroit qui servoit comme de vestibule, il y avoit six grandes plaques en ovale, enrichies des chiffres du Roi; chacune de ces plaques portoit seize chandeliers, allumés de seize bougies.

L'allée qui aboutit au milieu de ce salon, avoit

plus de vingt pieds de large; elle étoit toute de feuillée de part et d'autre, et paroissoit découverte par le haut; par les côtés, elle sembloit accompagnée de huit cabinets, où, à chaque encoignure, l'on voyoit, sur des piédestaux de marbre, des thermes qui représentoient des Satyres; à l'endroit où étoient ces thermes, les cabinets se fermoient en berceau.

Au bout de l'allée, il y avoit une grotte de rocaille, où l'art étoit si heureusement joint à la nature, que, parmi les figures qui l'ornoient, on y voyoit cette belle négligence et cet arrangement rustique, qui donne un si grand plaisir à la vue.

Au haut, et dans le lieu le plus enfoncé de la grotte, on découvroit une espèce de masque de bronze doré, représentant la tête d'un monstre marin. Deux Tritons argentés ouvroient les deux côtés de la gueule de ce masque, duquel s'élevoit en forme d'aigrette un gros bouillon d'eau, dont la chute augmentant celle qui tomboit de sa gueule extraordinairement grande, faisoit une nappe qui se répandoit dans un grand bassin d'où ces deux Tritons sembloient sortir.

De ce bassin se formoit une autre grande nappe, accompagnée de deux gros jets d'eau que deux animaux d'une figure monstrueuse vomissoient en se regardant l'un l'autre. Ces deux animaux, qui ne paroissoient qu'à demi hors de la roche, étoient aussi de bronze doré. De cette quantité d'eau qu'ils jetoient, et de celle de ce bassin qui tomboit dans un autre beaucoup plus grand, il se formoit une troisième nappe, qui, couvrant tout le bas du rocher, et se déchirant inégalement contre les pierres d'en bas, faisoit paroître des éclats si beaux et si extraordinaires, qu'on ne les peut bien exprimer.

Cette abondance d'eau, qui, comme un agréable torrent, se précipitoit de la sorte par différentes chutes, sembloit couvrir le rocher de plusieurs voiles d'argent, qui n'empêchoient pas qu'on ne vît la disposition des pierres et des coquillages, dont les couleurs paroissoient encore avec plus de beauté parmi la mousse mouillée, et au travers de l'eau qui tomboit en bas, où elle formoit de gros bouillons d'écume.

De ce dernier endroit, où toute cette eau finissoit sa chute dans un carré qui étoit au pied de la grotte, elle se divisoit en deux canaux, qui, bordant les deux côtés de l'allée, venoient se terminer dans un grand bassin, dont la figure étoit d'un carré long augmenté par les quatre côtés de quatre demi-ronds, lequel séparoit l'allée d'avec le salon : mais cette eau ne couloit pas sans faire paroître mille beaux effets; car, vis-à-vis des huit cabinets, il y avoit dans chaque canal deux jets d'eau, qui formoient de chaque côté seize lances de douze à quinze pieds de haut; et, d'espace en espace, l'eau de ces canaux, venant à tomber, faisoit des cascades qui composoient autant de petites nappes argentées, dont la longueur de chaque canal étoit agréablement interrompue.

Ces canaux étoient bordés de gazon de part et d'autre : du côté des cabinets et entre les thermes qui en marquoient les encoignures, il y avoit, dans de grands vases, des orangers chargés de fleurs et de fruits; et le milieu de l'allée étoit d'un sable jaune qui partageoit les deux lisières de gazon.

Dans le bassin qui séparoit l'allée d'avec le salon, il y avoit un groupe de quatre dauphins dans des coquilles de bronze doré posées sur un petit rocher; ces quatre dauphins ne formoient qu'une seule tête, qui étoit renversée, et qui, ouvrant la gueule en haut, poussoit un jet d'eau d'une grosseur extraordinaire. Après que cette eau qui s'élevoit de plus de trente pieds de haut, avoit frappé la feuillée avec violence, elle retomboit dans le bassin en mille petites boules de cristal.

Aux deux côtés de ce bassin il y avoit quatre grandes plaques en ovale, chargées chacune de quinze bougies; mais comme toutes les autres lumières qui éclairoient cette allée étoient cachées derrière les pilastres et les thermes qui marquoient les cabinets, l'on ne voyoit qu'un jour universel qui se répandoit si agréablement dans tout ce lieu, et en découvroit les parties avec tant de beauté, que tout le monde préféroit cette clarté à la lumière des plus beaux jours. Il n'y avoit point de jet d'eau qui ne fît paroître mille brillants; et l'on reconnoissoit principalement dans ce lieu et dans la grotte où le Roi avoit soupé, une distribution d'eaux si belle et si extraordinaire, que jamais il ne s'est rien vu de pareil. Le sieur Joly, qui en avoit eu la conduite, les avoit si bien ménagées, que, produisant toutes des effets différents, il y avoit encore une union et un certain accord qui faisoit paroître partout une agréable beauté; la chute des unes servant, en plusieurs endroits, à donner plus d'éclat à la chute des autres. Les jets d'eau qui s'élevoient de quinze pieds sur le devant des deux canaux, venoient peu-à-peu à diminuer de hauteur et de force, à mesure qu'ils s'éloignoient de la vue; de sorte que, s'accordant avec la belle manière dont l'on avoit disposé l'allée, il sembloit que cette allée qui n'avoit guère plus de quinze toises de long, en eût quatre fois davantage, tant toutes choses étoient bien conduites !

Pendant que, dans un séjour si charmant, leurs Majestés et toute la cour prenoient le divertissement du bal, à la vue de ces beaux objets, et au bruit de ces eaux qui n'interrompoient qu'agréablement le son des instruments, l'on préparoit ailleurs d'autres spectacles dont personne ne s'étoit aperçu, et qui devoient surprendre tout le monde. Le sieur Gissey, outre le soin qu'il avoit pris du lieu où le Roi avoit soupé, et des dessins de tous les habits de la comédie, se trouvant encore chargé des illuminations qu'on devoit mettre au château et en plusieurs endroits du parc, travailloit à mettre toutes ces choses en ordre, pour faire que ce beau divertissement eût une fin aussi heureuse et aussi agréable que le succès en avoit été favorable jusqu'alors; ce qui arriva en effet par les soins qu'il y prit. Car en un moment toutes les choses furent si bien ordonnées, que quand leurs Majestés sortirent du bal, elles aperçurent le tour du Fer-à-cheval et le château tout en feu; mais d'un feu si agréable, que cet élément qui ne paroît guère dans l'obscurité de la nuit sans donner de la crainte et de la frayeur, ne causoit que du plaisir et de l'admiration. Deux cents vases de quatre pieds de haut de plusieurs façons, et ornés de différentes manières, entouroient ce grand espace qui enferme les parterres de gazon, et qui forme le Fer-à-cheval. Au bas des degrés qui sont au milieu, on voyoit quatre figures représentant quatre fleuves; et au-dessus, sur quatre piédestaux qui sont aux extrémités des rampes, quatre autres figures, qui représentoient les quatre parties du monde. Sur les angles du Fer-à-cheval, et entre les vases, il y avoit trente-huit candélabres ou chandeliers antiques de six pieds de haut; et ces vases, ces candélabres et ces figures étant éclairés de la même sorte que celles qui avoient paru dans la frise du salon où l'on avoit soupé, faisoient un spectacle merveilleux. Mais, la cour étant arrivée au haut du Fer-à-cheval, et découvrant encore mieux tout le château, ce fut alors que tout le monde demeura dans une surprise qui ne se peut connoître qu'en la ressentant.

Il étoit orné de quarante-cinq figures. Dans le milieu de la porte du château, il y en avoit une qui représentoit Janus; et, des deux côtés, dans les quatorze fenêtres d'en bas, l'on voyoit différents trophées de guerre. A l'étage d'en haut, il y avoit quinze figures qui représentoient diverses vertus, et au-dessus, un soleil avec des lyres, et d'autres instruments ayant rapport à Apollon, qui paroissoient en quinze différents endroits. Toutes ces figures étoient de diverses couleurs, mais si brillantes et si belles, que l'on ne pouvoit dire si c'étoient différents métaux allumés, ou des pierres de plusieurs couleurs qui fussent éclairées par un artifice inconnu. Les balustrades qui environnent le fossé du château étoient illuminées de la même sorte; et dans les endroits où durant le jour on avoit vu des vases remplis d'orangers et de fleurs, l'on voyoit cent vases de diverses formes, allumés de différentes couleurs.

De si merveilleux objets arrêtoient la vue de tout le monde, lorsqu'un bruit, qui s'éleva vers la grande allée, fit qu'on se tourna de ce côté-là; aussitôt on la vit éclairée, d'un bout à l'autre, de soixante et douze thermes faits de la même manière que les figures qui étoient au château, et qui la bordèrent des deux côtés. De ces thermes il partit en un moment un si grand nombre de fusées, que les unes, se croisant sur l'allée, faisoient une espèce de berceau, et les autres s'élevant tout droit, et laissant jusqu'en terre une grosse trace de lumière, formoient comme une haute palissade de feu. Dans le temps que ces fusées montoient jusqu'au ciel, et qu'elles remplissoient l'air de mille clartés plus brillantes que les étoiles, l'on voyoit, tout au bas de l'allée, le grand bassin d'eau qui paroissoit une mer de flamme et de lumière, dans laquelle une infinité de feux plus rouges et plus vifs sembloient se jouer au milieu d'une clarté plus blanche et plus claire.

A de si beaux effets, se joignit le bruit de plus de cinq cents boîtes, qui, étant dans le grand parc, et fort éloignées, sembloient être l'écho de ces grands éclats dont les grosses fusées faisoient retentir l'air, lorsqu'elles étoient en haut.

Cette grande allée ne fut guère en cet état, que les trois bassins de fontaines qui sont dans le parterre de gazon, au bas du Fer-à-cheval, parurent trois sources de lumières. Mille feux sortoient du milieu de l'eau, qui, comme furieux et s'échappant d'un lieu où ils auroient été retenus par force, se répandoient de tous côtés sur les bords du parterre. Une infinité d'autres feux sortant de la gueule des lézards, des crocodiles, des grenouilles, et des autres animaux de bronze qui sont sur les bords des fontaines, sembloient aller secourir les premiers, et, se jetant dans l'eau sous la figure de plusieurs serpents, tantôt séparément, tantôt joints ensemble par gros pelotons, lui faisoient une rude guerre. Dans ces combats, accompagnés de bruits épouvantables, et d'un embrasement qu'on ne peut représenter, ces deux éléments étoient si étroitement mêlés ensemble, qu'il étoit impossible de les distinguer. Mille fusées qui s'élevoient en l'air, paroissoient comme des jets d'eau enflammés; et l'eau qui bouillonnoit de toutes parts, ressembloit à des flots de feu, et à des flammes agitées.

Bien que tout le monde sût que l'on préparoit des feux d'artifice, néanmoins, en quelque lieu qu'on allât durant le jour, l'on n'y voyoit nulle disposition; de sorte que, dans le temps que chacun étoit en peine du lieu où ils devoient paroître, l'on s'en trouva tout d'un coup environné : car, non-seulement ils partoient de ces bassins de fontaines, mais encore des grandes allées qui environnent le parterre; et en voyant sortir de terre mille flammes qui s'élevoient de tous côtés, l'on ne savoit s'il y avoit des canaux qui fournissoient cette nuit-là autant de feux, comme pendant le jour on avoit vu de jets d'eau qui rafraîchissoient ce beau parterre. Cette surprise causa un agréable désordre parmi tout le monde, qui, ne sachant où se retirer, se cachoit dans l'épaisseur des bocages, et se jetoit contre terre.

Ce spectacle ne dura qu'autant de temps qu'il en faut pour imprimer dans l'esprit une belle image de ce que l'eau et le feu peuvent faire, quand ils se rencontrent ensemble, et qu'ils se font la guerre; et chacun croyant que la fête se termineroit par un artifice si merveilleux, retournoit vers le château, quand, du côté du grand étang, l'on vit tout d'un coup le ciel rempli d'éclairs, et l'air d'un bruit qui sembloit faire trembler la terre : chacun se rangea vers la grotte pour voir cette nouveauté; et aussitôt il sortit de la tour de la pompe qui élève toutes les eaux, une infinité de grosses fusées, qui remplirent tous les environs de feu et de lumière. A quelque hauteur qu'elles montassent, elles laissoient attachée à la tour une grosse queue, qui ne s'en séparoit point, que la fusée n'eût rempli l'air d'une infinité d'étoiles qu'elle y alloit répandre. Tout le haut de cette tour sembloit être embrasé; et, de moment en moment, elle vomissoit une infinité de feux, dont les uns s'élevoient jusqu'au ciel, et les autres, ne montant pas si haut, sembloient se jouer par mille mouvements agréables qu'ils faisoient. Il y en avoit même qui, marquant les chiffres du Roi par leurs tours et retours, traçoient dans l'air de doubles L, toutes brillantes d'une lumière très-vive et très-pure. Enfin, après que de cette tour il fut sorti, à plusieurs fois, une si grande quantité de fusées que jamais on n'a rien vu de semblable, toutes ces lumières s'éteignirent; et, comme si elles eussent obligé les étoiles du ciel à se retirer, l'on s'aperçut que, de ce côté-là, la plus grande partie ne se voyoit plus, mais que le jour, jaloux des avantages d'une si belle nuit, commençoit à paroître.

Leurs Majestés prirent aussitôt le chemin de Saint-Germain avec toute la cour; et il n'y eut que Monseigneur le Dauphin qui demeura dans le château.

Ainsi finit cette grande fête, de laquelle, si l'on remarque bien toutes les circonstances, on verra qu'elle a surpassé, en quelque façon, ce qui a jamais été fait de plus mémorable. Car, soit que l'on regarde comme en si peu de temps l'on a dressé des lieux d'une grandeur extraordinaire pour la comédie, pour le souper et pour le bal, soit que l'on considère les divers ornements dont on les a embellis, le nombre des lumières dont on les a éclairés, la quantité d'eau qu'il a fallu conduire, et la distribution qui en a été faite, la somptuosité des repas où l'on a vu une quantité de toutes sortes de viandes qui n'est pas concevable; et enfin toutes les choses nécessaires à la magnificence de ces spectacles, et à la conduite de tant de différents ouvriers, on avouera qu'il ne s'est jamais rien fait de plus surprenant et qui ait causé plus d'admiration.

FIN DE LA FÊTE DE VERSAILLES.

MONSIEUR DE POURCEAUGNAC,
COMÉDIE-BALLET EN TROIS ACTES.

1669.

PERSONNAGES DE LA COMÉDIE.

Monsieur de POURCEAUGNAC.
ORONTE, père de Julie.
JULIE, fille d'Oronte.
ÉRASTE, amant de Julie.
NÉRINE, femme d'intrigue, feinte Picarde.
LUCETTE, feinte Languedocienne.
SBRIGANI, Napolitain, homme d'intrigue.
Premier médecin.
Second médecin.
Un apothicaire.
Un paysan.
Une paysanne.
Premier Suisse.
Second Suisse.
Un exempt.
Deux archers.

PERSONNAGES DU BALLET.

Une musicienne.
Deux musiciens.
Troupe de danseurs.
   Deux maîtres a danser.
   Deux pages dansants.
   Quatre curieux de spectacles, dansants.
   Deux Suisses dansants.

Deux médecins grotesques.
Matassins * dansants.
Deux avocats chantants.
Deux procureurs dansants.
Deux sergents dansants.
Troupe de masques.
    Une Égyptienne chantante.
    Un Égyptien chantant.
    Un pantalon ** chantant.
    Chœur de masques chantant.
Sauvages dansants.
Biscaïens dansants.

La scène est à Paris.

---

* Danseurs bouffons espagnols.
** Danseur grotesque italien.

MONSIEUR DE POURCEAUGNAC,

COMÉDIE-BALLET.

ACTE PREMIER.

SCÈNE I.

ÉRASTE ; UNE MUSICIENNE, DEUX MUSICIENS CHANTANTS ; PLUSIEURS AUTRES JOUANT DES INSTRUMENTS ; TROUPE DE DANSEURS.

ÉRASTE, *aux musiciens et aux danseurs.*

Suivez les ordres que je vous ai donnés pour la sérénade. Pour moi, je me retire, et ne veux point paroître ici.

SCÈNE II.

UNE MUSICIENNE, DEUX MUSICIENS CHANTANTS ; PLUSIEURS AUTRES JOUANT DES INSTRUMENTS ; TROUPE DE DANSEURS.

Cette sérénade est composée de chants, d'instruments, et de danses. Les paroles qui s'y chantent ont rapport à la situation où Eraste se trouve avec Julie, et expriment les sentiments de deux amants qui sont traversés dans leur amour par le caprice de leurs parents.

UNE MUSICIENNE.

Répands charmante nuit, répands sur tous les yeux
 De tes pavots la douce violence,
Et ne laisse veiller en ces aimables lieux
Que les cœurs que l'amour soumet à sa puissance.
 Tes ombres et ton silence,
 Plus beaux que le plus beau jour,
Offrent de doux moments à soupirer d'amour.

PREMIER MUSICIEN.

 Que soupirer d'amour
 Est une douce chose,
Quand rien à nos vœux ne s'oppose!
A d'aimables penchants notre cœur nous dispose;
Mais on a des tyrans à qui l'on doit le jour.
 Que soupirer d'amour
 Est une douce chose,
Quand rien à nos vœux ne s'oppose!

SECOND MUSICIEN.

Tout ce qu'à nos vœux on oppose
Contre un parfait amour ne gagne jamais rien;
 Et pour vaincre toute chose
 Il ne faut que s'aimer bien.

TOUS TROIS ENSEMBLE.

Aimons-nous donc d'une ardeur éternelle;
Les rigueurs des parents, la contrainte cruelle,
L'absence, les travaux, la fortune rebelle,
Ne font que redoubler une amitié fidèle.
Aimons-nous donc d'une ardeur éternelle;

ACTE I, SCÈNE II.

Quand deux cœurs s'aiment bien,
Tout le reste n'est rien.

PREMIÈRE ENTRÉE DE BALLET.

Danse de deux maîtres à danser.

SECONDE ENTRÉE DE BALLET.

Danse de deux pages.

TROISIÈME ENTRÉE DE BALLET.

Quatre curieux de spectacles, qui ont pris querelle pendant la danse des deux pages, dansent en se battant l'épée à la main.

QUATRIÈME ENTRÉE DE BALLET.

Deux Suisses séparent les quatre combattants, et, après les avoir mis d'accord, dansent avec eux.

SCÈNE III.

JULIE, ÉRASTE, NÉRINE.

JULIE.

Mon dieu! Eraste, gardons d'être surpris. Je tremble qu'on ne nous voie ensemble; et tout seroit perdu, après la défense que l'on m'a faite.

ÉRASTE.

Je regarde de tous côtés, et je n'aperçois rien.

JULIE, *à Nérine.*

Aie aussi l'œil au guet, Nérine; et prends bien garde qu'il ne vienne personne.

NÉRINE, *se retirant dans le fond du théâtre.*

Reposez-vous sur moi, et dites hardiment ce que vous avez à vous dire.

JULIE.

Avez-vous imaginé pour notre affaire quelque chose de favorable? et croyez-vous, Eraste, pouvoir venir à bout de détourner ce fâcheux mariage que mon père s'est mis en tête?

ÉRASTE.

Au moins y travaillons-nous fortement; et déjà nous avons préparé un bon nombre de batteries pour renverser ce dessein ridicule.

NÉRINE, *accourant à Julie.*

Par ma foi, voilà votre père.

JULIE.

Ah! séparons-nous vite.

NÉRINE.

Non, non, non, ne bougez; je m'étois trompée.

JULIE.

Mon dieu! Nérine, que tu es sotte de nous donner de ces frayeurs!

ÉRASTE.

Oui, belle Julie, nous avons dressé pour cela quantité de machines; et nous ne feignons point de mettre tout en usage, sur la permission que vous m'avez donnée. Ne nous demandez point tous les ressorts que nous ferons jouer, vous en aurez le divertissement; et, comme aux comédies, il est bon de vous laisser le plaisir de la surprise, et de ne vous avertir point de tout ce qu'on vous fera voir : c'est assez de vous dire que nous avons en main divers stratagêmes tout prêts à produire dans l'occasion; et que l'ingénieuse Nérine et l'adroit Sbrigani entreprennent l'affaire.

NÉRINE.

Assurément. Votre père se moque-t-il, de vouloir vous anger* de son avocat de Limoges, monsieur de Pourceaugnac, qu'il n'a vu de sa vie, et qui vient par le coche vous enlever à notre barbe? Faut-il que trois ou quatre mille écus de plus, sur la parole de votre oncle, lui fassent rejeter un amant qui vous agrée? et une personne comme vous est-elle faite pour un Limosin? S'il a envie de se marier, que ne prend-il une Limosine, et ne laisse-t-il en repos les chrétiens? Le seul nom de monsieur de Pourceaugnac m'a mise dans une colère effroyable. J'enrage de monsieur de Pourceaugnac. Quand il n'y auroit que ce nom-là, monsieur de Pourceaugnac, j'y brûlerai mes livres, ou je romprai ce mariage, et vous ne serez point madame de Pourceaugnac. Pourceaugnac! cela se peut-il souffrir? Non, Pourceaugnac est une chose que je ne saurois supporter; et nous lui jouerons tant de pièces, nous lui ferons tant de niches sur niches, que nous renverrons à Limoges monsieur de Pourceaugnac.

ÉRASTE.

Voici notre subtil Napolitain, qui nous dira des nouvelles.

---

* Vieux mot, pour *embarrasser*.

SCÈNE IV.

JULIE, ÉRASTE, SBRIGANI, NÉRINE.

SBRIGANI.

Monsieur, votre homme arrive. Je l'ai vu à trois lieues d'ici, où a couché le coche; et, dans la cuisine, où il est descendu pour déjeûner, je l'ai étudié une bonne grosse demi-heure, et je le sais déjà par cœur. Pour sa figure, je ne veux point vous en parler; vous verrez de quel air la nature l'a dessiné, et si l'ajustement qui l'accompagne y répond comme il faut : mais, pour son esprit, je vous avertis par avance qu'il est des plus épais qui se fassent ; que nous trouvons en lui une matière tout-à-fait disposée pour ce que nous voulons, et qu'il est homme enfin à donner dans tous les panneaux qu'on lui présentera.

ÉRASTE.

Nous dis-tu vrai?

SBRIGANI.

Oui, si je me connois en gens.

NÉRINE.

Madame, voilà un illustre. Votre affaire ne pouvoit être mise en de meilleures mains, et c'est le héros de notre siècle pour les exploits dont il s'agit; un homme qui vingt fois en sa vie, pour servir ses amis, a généreusement affronté les galères; qui, au péril de ses bras et de ses épaules, sait mettre noblement à fin les aventures les plus difficiles, et qui, tel que vous le voyez, est exilé de son pays pour je ne sais combien d'actions honorables qu'il a généreusement entreprises.

SBRIGANI.

Je suis confus des louanges dont vous m'honorez : et je pourrois vous en donner avec plus de justice sur les merveilles de votre vie, et principalement sur la gloire que vous acquîtes, lorsqu'avec tant d'honnêteté vous pipâtes au jeu, pour douze mille écus, ce jeune seigneur étranger que l'on mena chez vous; lorsque vous fîtes galamment ce faux contrat qui ruina toute une famille; lorsqu'avec tant de grandeur d'ame vous sûtes nier le dépôt qu'on vous avoit confié, et que si généreusement on vous vit prêter votre témoignage à faire pendre ces deux personnes qui ne l'avoient pas mérité.

NÉRINE.

Ce sont petites bagatelles qui ne valent pas qu'on en parle; et vos éloges me font rougir.

SBRIGANI.

Je veux bien épargner votre modestie; laissons cela : et, pour commencer notre affaire, allons vite joindre notre provincial, tandis que de votre côté vous nous tiendrez prêts au besoin les autres acteurs de la comédie.

ÉRASTE.

Au moins, madame, souvenez-vous de votre rôle; et, pour mieux couvrir notre jeu, feignez, comme on vous a dit, d'être la plus contente du monde des résolutions de votre père.

JULIE.

S'il ne tient qu'à cela, les choses iront à merveille.

ÉRASTE.

Mais, belle Julie, si toutes nos machines venoient à ne pas réussir?

JULIE.

Je déclarerai à mon père mes véritables sentiments.

ÉRASTE.

Et si, contre vos sentiments, il s'obstinoit à son dessein?

JULIE.

Je le menacerois de me jeter dans un couvent.

ÉRASTE.

Mais si, malgré tout cela, il vouloit vous forcer à ce mariage?

JULIE.

Que voulez-vous que je vous dise?

ÉRASTE.

Ce que je veux que vous me disiez!

JULIE.

Oui.

ÉRASTE.

Ce qu'on dit quand on aime bien.

JULIE.

Mais quoi?

ÉRASTE.

Que rien ne pourra vous contraindre; et que, malgré tous les efforts d'un père, vous me promettez d'être à moi.

ACTE I, SCÈNE IV.

JULIE.

Mon dieu, Eraste, contentez-vous de ce que je fais maintenant ; et n'allez point tenter sur l'avenir les résolutions de mon cœur ; ne fatiguez point mon devoir par les propositions d'une fâcheuse extrémité dont peut-être n'aurons-nous pas besoin ; et, s'il y faut venir, souffrez au moins que j'y sois entraînée par la suite des choses.

ÉRASTE.

Hé bien !...

SBRIGANI.

Ma foi, voici notre homme ; songeons à nous.

NÉRINE.

Ah ! comme il est bâti !

SCÈNE V.

M. DE POURCEAUGNAC, SBRIGANI.

M. DE POURCEAUGNAC, *se retournant du côté d'où il est venu, et parlant à des gens qui le suivent.*

Hé bien ? quoi ? qu'est-ce ? qu'y a-t-il ? Au diantre soient la sotte ville et les sottes gens qui y sont ! Ne pouvoir faire un pas sans trouver des nigauds qui vous regardent et se mettent à rire ! Hé ! messieurs les badauds, faites vos affaires, et laissez passer les personnes sans leur rire au nez. Je me donne au diable, si je ne baille un coup de poing au premier que je verrai rire.

SBRIGANI, *parlant aux mêmes personnes.*

Qu'est-ce que c'est, messieurs ? que veut dire cela ?

A qui en avez-vous? Faut-il se moquer ainsi des honnêtes étrangers qui arrivent ici?

M. DE POURCEAUGNAC.

Voilà un homme raisonnable, celui-là.

SBRIGANI.

Quel procédé est le vôtre! Et qu'avez-vous à rire?

M. DE POURCEAUGNAC.

Fort bien.

SBRIGANI.

Monsieur a-t-il quelque chose de ridicule en soi?

M. DE POURCEAUGNAC.

Oui?...

SBRIGANI.

Est-il autrement que les autres?

M. DE POURCEAUGNAC.

Suis-je tortu ou bossu?

SBRIGANI.

Apprenez à connoître les gens.

M. DE POURCEAUGNAC.

C'est bien dit.

SBRIGANI.

Monsieur est d'une mine à respecter.

M. DE POURCEAUGNAC.

Cela est vrai.

SBRIGANI.

Personne de condition.

M. DE POURCEAUGNAC.

Oui, gentilhomme limosin.

SBRIGANI.

Homme d'esprit.

ACTE I, SCÈNE V.

M. DE POURCEAUGNAC.

Qui a étudié en droit.

SBRIGANI.

Il vous fait trop d'honneur de venir dans votre ville.

M. DE POURCEAUGNAC.

Sans doute.

SBRIGANI.

Monsieur n'est point une personne à faire rire.

M. DE POURCEAUGNAC.

Assurément.

SBRIGANI.

Et quiconque rira de lui aura affaire à moi.

M. DE POURCEAUGNAC, *à Sbrigani.*

Monsieur, je vous suis infiniment obligé.

SBRIGANI.

Je suis fâché, monsieur, de voir recevoir de la sorte une personne comme vous, et je vous demande pardon pour la ville.

M. DE POURCEAUGNAC.

Je suis votre serviteur.

SBRIGANI.

Je vous ai vu ce matin, monsieur, avec le coche, lorsque vous avez déjeûné; et la grâce avec laquelle vous mangiez votre pain m'a fait naître d'abord de l'amitié pour vous : et comme je sais que vous n'êtes jamais venu en ce pays, et que vous y êtes tout neuf, je suis bien aise de vous avoir trouvé pour vous offrir mon service à cette arrivée, et vous aider à vous conduire parmi ce peuple, qui n'a pas parfois pour les honnêtes gens toute la considération qu'il faudroit.

M. DE POURCEAUGNAC.

C'est trop de grâce que vous me faites.

SBRIGANI.

Je vous l'ai déjà dit; du moment que je vous ai vu, je me suis senti pour vous de l'inclination.

M. DE POURCEAUGNAC.

Je vous suis obligé.

SBRIGANI.

Votre physionomie m'a plu.

M. DE POURCEAUGNAC.

Ce m'est beaucoup d'honneur.

SBRIGANI.

J'y ai vu quelque chose d'honnête...

M. DE POURCEAUGNAC.

Je suis votre serviteur.

SBRIGANI.

Quelque chose d'aimable...

M. DE POURCEAUGNAC.

Ah! ah!

SBRIGANI.

De gracieux...

M. DE POURCEAUGNAC.

Ah! ah!

SBRIGANI.

De doux...

M. DE POURCEAUGNAC.

Ah! ah!

SBRIGANI.

De majestueux...

M. DE POURCEAUGNAC.

Ah! ah!

SBRIGANI.

De franc...

M. DE POURCEAUGNAC.

Ah! ah!

SBRIGANI.

Et de cordial.

M. DE POURCEAUGNAC.

Ah! ah!

SBRIGANI.

Je vous assure que je suis tout à vous.

M. DE POURCEAUGNAC.

Je vous ai beaucoup d'obligation.

SBRIGANI.

C'est du fond du cœur que je parle.

M. DE POURCEAUGNAC.

Je le crois.

SBRIGANI.

Si j'avois l'honneur d'être connu de vous, vous sauriez que je suis un homme tout-à-fait sincère...

M. DE POURCEAUGNAC.

Je n'en doute point.

SBRIGANI.

Ennemi de la fourberie...

M. DE POURCEAUGNAC.

J'en suis persuadé.

SBRIGANI.

Et qui n'est pas capable de déguiser ses sentiments.

M. DE POURCEAUGNAC.

C'est ma pensée.

SBRIGANI.

Vous regardez mon habit, qui n'est pas fait comme les autres : mais je suis originaire de Naples, à votre service, et j'ai voulu conserver un peu la manière de s'habiller et la sincérité de mon pays.

M. DE POURCEAUGNAC.

C'est fort bien fait. Pour moi, j'ai voulu me mettre à la mode de la cour pour la campagne.

SBRIGANI.

Ma foi, cela vous va mieux qu'à tous nos courtisans.

M. DE POURCEAUGNAC.

C'est ce que m'a dit mon tailleur. L'habit est propre et riche, et il fera du bruit ici.

SBRIGANI.

Sans doute. N'irez-vous pas au Louvre ?

M. DE POURCEAUGNAC.

Il faudra bien aller faire ma cour.

SBRIGANI.

Le roi sera ravi de vous voir.

M. DE POURCEAUGNAC.

Je le crois.

SBRIGANI.

Avez-vous arrêté un logis ?

M. DE POURCEAUGNAC.

Non; j'allois en chercher un.

SBRIGANI.

Je serai bien aise d'être avec vous pour cela; et je connois tout ce pays-ci.

SCÈNE VI.

ÉRASTE, M. DE POURCEAUGNAC, SBRIGANI.

ÉRASTE.

Ah! qu'est-ce ci? que vois-je? Quelle heureuse rencontre! Monsieur de Pourceaugnac! Que je suis ravi de vous voir! Comment! il semble que vous ayez peine à me reconnoître!

M. DE POURCEAUGNAC.

Monsieur, je suis votre serviteur.

ÉRASTE.

Est-il possible que cinq ou six années m'aient ôté de votre mémoire, et que vous ne reconnoissiez pas le meilleur ami de toute la famille des Pourceaugnacs!

M. DE POURCEAUGNAC.

Pardonnez-moi. (*bas, à Sbrigani.*) Ma foi, je ne sais qui il est.

ÉRASTE.

Il n'y a pas un Pourceaugnac à Limoges que je ne connoisse, depuis le plus grand jusqu'au plus petit; je ne fréquentois qu'eux dans le temps que j'y étois, et j'avois l'honneur de vous voir presque tous les jours.

M. DE POURCEAUGNAC.
C'est moi qui l'ai reçu, monsieur.

ÉRASTE.
Vous ne vous remettez point mon visage?

M. DE POURCEAUGNAC.
Si fait. (*à Sbrigani.*) Je ne le connois point.

ÉRASTE.
Vous ne vous ressouvenez pas que j'ai eu le bonheur de boire avec vous je ne sais combien de fois?

M. DE POURCEAUGNAC.
Excusez-moi. (*à Sbrigani.*) Je ne sais ce que c'est.

ÉRASTE.
Comment appelez-vous ce traiteur de Limoges qui fait si bonne chère?

M. DE POURCEAUGNAC.
Petit-Jean?

ÉRASTE.
Le voilà. Nous allions le plus souvent ensemble chez lui nous réjouir. Comment est-ce que vous nommez à Limoges ce lieu où l'on se promène?

M. DE POURCEAUGNAC.
Le cimetière des Arènes?

ÉRASTE.
Justement. C'est où je passois de si douces heures à jouir de votre agréable conversation. Vous ne vous remettez pas tout cela?

M. DE POURCEAUGNAC.
Excusez-moi, je me le remets. (*à Sbrigani.*) Diable emporte si je m'en souviens.

SBRIGANI, *bas, à M. de Pourceaugnac.*

Il y a cent choses comme cela qui passent de la tête.

ÉRASTE.

Embrassez-moi donc, je vous prie, et resserrons les nœuds de notre ancienne amitié.

SBRIGANI, *à M. de Pourceaugnac.*

Voilà un homme qui vous aime fort.

ÉRASTE.

Dites-moi un peu des nouvelles de toute la parenté. Comment se porte monsieur votre... là... qui est si honnête homme?

M. DE POURCEAUGNAC.

Mon frère le consul?

ÉRASTE.

Oui.

M. DE POURCEAUGNAC.

Il se porte le mieux du monde.

ÉRASTE.

Certes, j'en suis ravi. Et celui qui est de si bonne humeur? là... monsieur votre...

M. DE POURCEAUGNAC.

Mon cousin l'assesseur?

ÉRASTE.

Justement.

M. DE POURCEAUGNAC.

Toujours gai et gaillard.

ÉRASTE.

Ma foi, j'en ai beaucoup de joie. Et monsieur votre oncle, le...?

M. DE POURCEAUGNAC.

Je n'ai point d'oncle.

ÉRASTE.

Vous aviez pourtant en ce temps-là...

M. DE POURCEAUGNAC.

Non, rien qu'une tante.

ÉRASTE.

C'est ce que je voulois dire, madame votre tante : comment se porte-t-elle?

M. DE POURCEAUGNAC.

Elle est morte depuis six mois.

ÉRASTE.

Hélas! la pauvre femme! Elle étoit si bonne personne!

M. DE POURCEAUGNAC.

Nous avons aussi mon neveu le chanoine, qui a pensé mourir de la petite vérole.

ÉRASTE.

Quel dommage c'auroit été!

M. DE POURCEAUGNAC.

Le connoissez-vous aussi?

ÉRASTE.

Vraiment si je le connois! Un grand garçon bien fait.

M. DE POURCEAUGNAC.

Pas des plus grands.

ÉRASTE.

Non, mais de taille bien prise.

M. DE POURCEAUGNAC.

Hé! oui.

ÉRASTE.
Qui est votre neveu...

M. DE POURCEAUGNAC.
Oui.

ÉRASTE.
Fils de votre frère ou de votre sœur...

M. DE POURCEAUGNAC.
Justement.

ÉRASTE.
Chanoine de l'église de... Comment l'appelez-vous?

M. DE POURCEAUGNAC.
De Saint-Etienne.

ÉRASTE.
Le voilà; je ne connois autre.

M. DE POURCEAUGNAC, *à Sbrigani.*
Il dit toute la parenté.

SBRIGANI.
Il vous connoît plus que vous ne croyez.

M. DE POURCEAUGNAC.
A ce que je vois, vous avez demeuré long-temps dans notre ville?

ÉRASTE.
Deux ans entiers.

M. DE POURCEAUGNAC.
Vous étiez donc là quand mon cousin l'élu fit tenir son enfant à monsieur notre gouverneur?

ÉRASTE.
Vraiment oui; j'y fus convié des premiers.

M. DE POURCEAUGNAC.
Cela fut galant.

ÉRASTE.

Très-galant.

M. DE POURCEAUGNAC.

C'étoit un repas bien troussé.

ÉRASTE.

Sans doute.

M. DE POURCEAUGNAC.

Vous vîtes donc aussi la querelle que j'eus avec ce gentilhomme périgordin?

ÉRASTE.

Oui.

M. DE POURCEAUGNAC.

Parbleu! il trouva à qui parler.

ÉRASTE.

Ah! ah!

M. DE POURCEAUGNAC.

Il me donna un soufflet; mais je lui dis bien son fait.

ÉRASTE.

Assurément. Au reste, je ne prétends pas que vous preniez d'autre logis que le mien.

M. DE POURCEAUGNAC.

Je n'ai garde de...

ÉRASTE.

Vous moquez-vous? Je ne souffrirai point du tout que mon meilleur ami soit autre part que dans ma maison.

M. DE POURCEAUGNAC.

Ce seroit vous...

ÉRASTE.

Non; le diable m'emporte! vous logerez chez moi.

SBRIGANI, *à M. de Pourceaugnac.*

Puisqu'il le veut obstinément, je vous conseille d'accepter l'offre.

ÉRASTE.

Où sont vos hardes?

M. DE POURCEAUGNAC.

Je les ai laissées avec mon valet où je suis descendu.

ÉRASTE.

Envoyons-les querir par quelqu'un.

M. DE POURCEAUGNAC.

Non : je lui ai défendu de bouger, à moins que j'y fusse moi-même, de peur de quelque fourberie.

SBRIGANI.

C'est prudemment avisé.

M. DE POURCEAUGNAC.

Ce pays-ci est un peu sujet à caution.

ÉRASTE.

On voit les gens d'esprit en tout.

SBRIGANI.

Je vais accompagner monsieur, et le ramènerai où vous voudrez.

ÉRASTE.

Oui. Je serai bien aise de donner quelques ordres, et vous n'avez qu'à revenir à cette maison-là.

SBRIGANI.

Nous sommes à vous tout-à-l'heure.

ÉRASTE, *à M. de Pourceaugnac.*

Je vous attends avec impatience.

M. DE POURCEAUGNAC, *à Sbrigani.*

Voilà une connoissance où je ne m'attendois point.

SBRIGANI.

Il a la mine d'être honnête homme.

ÉRASTE, *seul.*

Ma foi, monsieur de Pourceaugnac, nous vous en donnerons de toutes les façons : les choses sont préparées, et je n'ai qu'à frapper. Holà !

SCÈNE VII.

ÉRASTE, UN APOTHICAIRE.

ÉRASTE.

Je crois, monsieur, que vous êtes le médecin à qui l'on est venu parler de ma part?

L'APOTHICAIRE.

Non, monsieur, ce n'est pas moi qui suis le médecin; à moi n'appartient pas cet honneur; et je ne suis qu'apothicaire, apothicaire indigne pour vous servir.

ÉRASTE.

Et monsieur le médecin est-il à la maison?

L'APOTHICAIRE.

Oui. Il est là embarrassé à expédier quelques malades; et je vais lui dire que vous êtes ici.

ÉRASTE.

Non : ne bougez; j'attendrai qu'il ait fait. C'est pour lui mettre entre les mains certain parent que nous avons, dont on lui a parlé, et qui se trouve attaqué de quelque folie que nous serions bien aises qu'il pût guérir avant que de le marier.

ACTE I, SCÈNE VII.

L'APOTHICAIRE.

Je sais ce que c'est, je sais ce que c'est, et j'étois avec lui quand on lui a parlé de cette affaire. Ma foi, ma foi, vous ne pouviez pas vous adresser à un médecin plus habile : c'est un homme qui sait la médecine à fond, comme je sais ma croix de par Dieu, et qui, quand on devroit crever, ne démordroit pas d'un *iota* des règles des anciens. Oui, il suit toujours le grand chemin, le grand chemin, et ne va point chercher midi à quatorze heures; et, pour tout l'or du monde, il ne voudroit pas avoir guéri une personne avec d'autres remèdes que ceux que la Faculté permet.

ÉRASTE.

Il fait fort bien. Un malade ne doit point vouloir guérir, que la Faculté n'y consente.

L'APOTHICAIRE.

Ce n'est pas parce que nous sommes grands amis que j'en parle; mais il y a plaisir, il y a plaisir d'être son malade : et j'aimerois mieux mourir de ses remèdes, que de guérir de ceux d'un autre; car, quoi qu'il puisse arriver, on est assuré que les choses sont toujours dans l'ordre; et quand on meurt sous sa conduite, vos héritiers n'ont rien à vous reprocher.

ÉRASTE.

C'est une grande consolation pour un défunt!

L'APOTHICAIRE.

Assurément. On est bien aise au moins d'être mort méthodiquement. Au reste, il n'est pas de ces médecins qui marchandent les maladies : c'est un homme expéditif, expéditif, qui aime à dépêcher ses malades; et quand on a à mourir, cela se fait avec lui le plus vite du monde.

ÉRASTE.

En effet, il n'est rien tel que de sortir promptement d'affaire.

L'APOTHICAIRE.

Cela est vrai. A quoi bon tant barguigner, et tant tourner autour du pot? Il faut savoir vitement le court ou le long d'une maladie.

ÉRASTE.

Vous avez raison.

L'APOTHICAIRE.

Voilà déjà trois de mes enfants dont il m'a fait l'honneur de conduire la maladie, qui sont morts en moins de quatre jours, et qui, entre les mains d'un autre, auroient langui plus de trois mois.

ÉRASTE.

Il est bon d'avoir des amis comme cela.

L'APOTHICAIRE.

Sans doute. Il ne me reste plus que deux enfants dont il prend soin comme des siens; il les traite et gouverne à sa fantaisie, sans que je me mêle de rien; et le plus souvent, quand je reviens de la ville, je suis tout étonné que je les trouve saignés ou purgés par son ordre.

ÉRASTE.

Voilà des soins fort obligeants.

L'APOTHICAIRE.

Le voici, le voici, le voici qui vient.

SCÈNE VIII.

ÉRASTE, PREMIER MÉDECIN, L'APOTHICAIRE,
UN PAYSAN, UNE PAYSANNE,

LE PAYSAN, *au médecin.*

Monsieur, il n'en peut plus; et il dit qu'il sent dans la tête les plus grandes douleurs du monde.

PREMIER MÉDECIN.

Le malade est un sot; d'autant plus que, dans la maladie dont il est attaqué, ce n'est pas la tête, selon Galien, mais la rate, qui lui doit faire mal.

LE PAYSAN.

Quoi que c'en soit, monsieur, il a toujours avec cela son cours de ventre depuis six mois.

PREMIER MÉDECIN.

Bon, c'est signe que le dedans se dégage. Je l'irai visiter dans deux ou trois jours : mais s'il mouroit avant ce temps-là, ne manquez pas de m'en donner avis; car il n'est pas de la civilité qu'un médecin visite un mort.

LA PAYSANNE, *au médecin.*

Mon père, monsieur, est toujours malade de plus en plus.

PREMIER MÉDECIN.

Ce n'est pas ma faute. Je lui donne des remèdes; que ne guérit-il? Combien a-t-il été saigné de fois?

LA PAYSANNE.

Quinze, monsieur, depuis vingt jours.

PREMIER MÉDECIN.

Quinze fois saigné?

LA PAYSANNE.

Oui.

PREMIER MÉDECIN.

Et il ne guérit point?

LA PAYSANNE.

Non, monsieur.

PREMIER MÉDECIN.

C'est signe que la maladie n'est pas dans le sang. Nous le ferons purger autant de fois, pour voir si elle n'est pas dans les humeurs; et, si rien ne nous réussit, nous l'enverrons aux bains.

L'APOTHICAIRE.

Voilà le fin cela, voilà le fin de la médecine.

SCÈNE IX.

ÉRASTE, PREMIER MÉDECIN, L'APOTHICAIRE.

ÉRASTE, *au médecin.*

C'est moi, monsieur, qui vous ai envoyé parler ces jours passés pour un parent un peu troublé d'esprit que je veux vous donner chez vous, afin de le guérir avec plus de commodité, et qu'il soit vu de moins de monde.

PREMIER MÉDECIN.

Oui, monsieur; j'ai déjà disposé tout, et promets d'en avoir tous les soins imaginables.

ÉRASTE.

Le voici.

PREMIER MÉDECIN.

La conjoncture est tout-à-fait heureuse; et j'ai ici un ancien de mes amis avec lequel je serai bien aise de consulter sa maladie.

SCÈNE X.

M. DE POURCEAUGNAC, ÉRASTE, PREMIER MÉDECIN, L'APOTHICAIRE.

ÉRASTE, *à M. de Pourceaugnac.*

Une petite affaire m'est survenue, qui m'oblige à vous quitter; (*montrant le médecin:*) mais voilà une personne entre les mains de qui je vous laisse, qui aura soin pour moi de vous traiter du mieux qu'il lui sera possible.

PREMIER MÉDECIN.

Le devoir de ma profession m'y oblige; et c'est assez que vous me chargiez de ce soin.

M. DE POURCEAUGNAC, *à part.*

C'est son maître-d'hôtel, sans doute; et il faut que ce soit un homme de qualité.

PREMIER MÉDECIN, *à Éraste.*

Oui, je vous assure que je traiterai monsieur méthodiquement, et dans toutes les régularités de notre art.

M. DE POURCEAUGNAC.

Mon dieu! il ne faut point tant de cérémonies; et je ne viens pas ici pour incommoder.

PREMIER MÉDECIN.

Un tel emploi ne me donne que de la joie.

ÉRASTE, *au médecin.*

Voilà toujours six pistoles d'avance, en attendant ce que j'ai promis.

M. DE POURCEAUGNAC.

Non, s'il vous plaît; je n'entends pas que vous fassiez de dépense, et que vous envoyiez rien acheter pour moi.

ÉRASTE.

Mon dieu! laissez faire; ce n'est pas pour ce que vous pensez.

M. DE POURCEAUGNAC.

Je vous demande de ne me traiter qu'en ami.

ÉRASTE.

C'est ce que je veux faire. (*bas, au médecin.*) Je vous recommande surtout de ne le point laisser sortir de vos mains; car parfois il veut s'échapper.

PREMIER MÉDECIN.

Ne vous mettez pas en peine.

ÉRASTE, *à M. de Pourceaugnac.*

Je vous prie de m'excuser de l'incivilité que je commets.

M. DE POURCEAUGNAC.

Vous vous moquez, et c'est trop de grâce que vous me faites.

SCÈNE XI.

M. DE POURCEAUGNAC, PREMIER MÉDECIN,
SECOND MÉDECIN, L'APOTHICAIRE.

PREMIER MÉDECIN.

Ce m'est beaucoup d'honneur, monsieur, d'être choisi pour vous rendre service.

M. DE POURCEAUGNAC.

Je suis votre serviteur.

PREMIER MÉDECIN.

Voici un habile homme, mon confrère, avec lequel je vais consulter la manière dont nous vous traiterons.

M. DE POURCEAUGNAC.

Il ne faut point tant de façons, vous dis-je; je suis homme à me contenter de l'ordinaire.

PREMIER MÉDECIN.

Allons, des siéges.

(*Des laquais entrent et donnent des siéges.*)

M. DE POURCEAUGNAC, *à part.*

Voilà, pour un jeune homme, des domestiques bien lugubres.

PREMIER MÉDECIN.

Allons, monsieur; prenez votre place, monsieur.

(*Les deux médecins font asseoir M. de Pourceaugnac entre eux deux.*)

M. DE POURCEAUGNAC, *s'asseyant.*

Votre très-humble valet. (*Les deux médecins lui*

prenant chacun une main pour lui tâter le pouls.) Que veut dire cela?

PREMIER MÉDECIN.

Mangez-vous bien, monsieur?

M. DE POURCEAUGNAC.

Oui, et bois encore mieux.

PREMIER MÉDECIN.

Tant pis. Cette grande appétition du froid et de l'humide est une indication de la chaleur et sécheresse qui est au-dedans. Dormez-vous fort?

M. DE POURCEAUGNAC.

Oui, quand j'ai bien soupé.

PREMIER MÉDECIN.

Faites-vous des songes?

M. DE POURCEAUGNAC.

Quelquefois.

PREMIER MÉDECIN.

De quelle nature sont-ils?

M. DE POURCEAUGNAC.

De la nature des songes. Quelle diable de conversation est-ce là?

PREMIER MÉDECIN.

Vos déjections, comment sont-elles?

M. DE POURCEAUGNAC.

Ma foi, je ne comprends rien à toutes ces questions; et je veux plutôt boire un coup.

PREMIER MÉDECIN.

Un peu de patience : nous allons raisonner sur votre affaire devant vous; et nous le ferons en françois, pour être plus intelligibles.

M. DE POURCEAUGNAC.

Quel grand raisonnement faut-il pour manger un morceau?

PREMIER MÉDECIN.

Comme ainsi soit qu'on ne puisse guérir une maladie qu'on ne la connoisse parfaitement, et qu'on ne la puisse parfaitement connoître sans en bien établir l'idée particulière et la véritable espèce par ses signes diagnostiques et prognostiques, vous me permettrez, monsieur notre ancien, d'entrer en considération de la maladie dont il s'agit, avant que de toucher à la thérapeutique, et aux remèdes qu'il nous conviendra faire pour la parfaite curation d'icelle. Je dis donc, monsieur, avec votre permission, que notre malade ici présent est malheureusement attaqué, affecté, possédé, travaillé de cette sorte de folie que nous nommons fort bien mélancolie hypocondriaque; espèce de folie très-fâcheuse, et qui ne demande pas moins qu'un Esculape comme vous, consommé dans notre art; vous, dis-je, qui avez blanchi, comme on dit, sous le harnois, et auquel il en a tant passé par les mains de toutes les façons. Je l'appelle mélancolie hypocondriaque, pour la distinguer des deux autres; car le célèbre Galien établit doctement, à son ordinaire, trois espèces de cette maladie que nous nommons mélancolie, ainsi appelée non-seulement par les Latins, mais encore par les Grecs; ce qui est bien à remarquer pour notre affaire : la première, qui vient du propre vice du cerveau; la seconde, qui vient de tout le sang, fait et rendu atrabilaire; la troisième, appelée hypocondriaque, qui est la nôtre, laquelle procède du vice de quelque partie du bas-ventre, et de la région inférieure, mais particulièrement de la rate, dont la chaleur et l'inflammation portent au cerveau de notre malade beaucoup de fuligines épaisses et crasses dont la vapeur noire et maligne cause dépravation aux fonctions de la faculté princesse, et fait la maladie dont, par notre raisonnement, il est manifestement atteint et convaincu. Qu'ainsi ne soit : pour diagnostique incontestable de ce que je dis, vous n'avez qu'à considérer ce grand sérieux que vous voyez, cette tristesse accompagnée de crainte et de défiance, signes pathognomoniques et individuels de cette maladie, si bien marqués chez le divin vieillard Hippocrate; cette physionomie, ces yeux rouges et hagards, cette grande barbe, cette habitude du corps menue, grêle, noire, et velue; lesquels signes le dénotent très-affecté de cette maladie, procédante du vice des hypocondres; laquelle maladie, par laps de temps naturalisée, envieillie, habituée, et ayant pris droit de bourgeoisie chez lui, pourroit bien dégénérer ou en manie, ou en phthisie, ou en apoplexie, ou même en fine frénésie ou fureur. Tout ceci supposé, puisqu'une maladie bien connue est à demi-guérie, car *ignoti nulla est curatio morbi,* il ne vous sera pas difficile de convenir des remèdes que nous devons faire à monsieur. Premièrement, pour remédier à cette pléthore obturante, et à cette cacochymie luxuriante par tout le corps, je suis d'avis qu'il soit phlébotomisé libéralement, c'est-à-dire que les saignées soient fréquentes et plantureuses, en premier lieu de la basilique, puis de la céphalique, et même, si le mal est opiniâtre, de lui ouvrir la veine du front, et que l'ouverture soit large, afin que le gros sang puisse sortir, et en même temps de le purger, désopiler et évacuer par purgatifs propres et convenables, c'est-à-dire par cholagogues *, mélanogogues, *et cætera*; et comme la véritable source de tout le mal est, ou une humeur crasse et féculente, ou une vapeur noire et grossière qui obscurcit, infecte et salit les esprits animaux, il est à propos ensuite qu'il prenne un bain d'eau pure et nette, avec force petit-lait clair, pour purifier par l'eau la féculence de l'humeur crasse, et éclaircir par le lait clair la noirceur de cette vapeur : mais, avant toute chose, je trouve qu'il est bon de le réjouir par agréables conversations, chants et instruments de musique; à quoi il n'y a pas d'inconvénient de joindre des danseurs, afin que leurs mouvements, disposition et agilité, puissent exciter et réveiller la paresse de ses esprits engourdis, qui occasionne l'épaisseur de son sang, d'où procède la maladie. Voilà les remèdes que j'imagine, auxquels pourront être ajoutés beaucoup d'autres meilleurs par monsieur notre maître et ancien, suivant l'expérience, jugement, lumière et suffisance qu'il s'est acquis dans notre art. *Dixi*.

SECOND MÉDECIN.

A dieu ne plaise, monsieur, qu'il me tombe en

---

* Remèdes faisant couler la bile.

pensée d'ajouter rien à ce que vous venez de dire ! Vous avez si bien discouru sur tous les signes, les symptômes et les causes de la maladie de monsieur ; le raisonnement que vous en avez fait est si docte et si beau, qu'il est impossible qu'il ne soit pas fou et mélancolique hypocondriaque ; et, quand il ne le seroit pas, il faudroit qu'il le devînt pour la beauté des choses que vous avez dites, et la justesse du raisonnement que vous avez fait. Oui, monsieur, vous avez dépeint fort graphiquement, *graphice depinxisti*, tout ce qui appartient à cette maladie : il ne se peut rien de plus doctement, sagement, ingénieusement conçu, pensé, imaginé, que ce que vous avez prononcé au sujet de ce mal, soit pour la diagnose, ou la prognose, ou la thérapie ; et il ne me reste rien ici que de féliciter monsieur d'être tombé entre vos mains, et de lui dire qu'il est trop heureux d'être fou, pour éprouver l'efficace et la douceur des remèdes que vous avez si judicieusement proposés. Je les approuve tous, *manibus et pedibus descendo in tuam sententiam*. Tout ce que j'y voudrois, c'est de faire les saignées et les purgations en nombre impair, *numero Deus impare gaudet*, de prendre le lait clair avant le bain ; de lui composer un fronteau * où il entre du sel, le sel est symbole de la sagesse ; de faire blanchir les murailles de sa chambre, pour dissiper les ténèbres de ses esprits, *album est disgregativum visus* ** ; et de lui donner tout-à-l'heure un petit lave-

---

* Bandeau appliqué au front.
** Le blanc dissipe la vue.

ACTE I, SCÈNE XI.

ment, pour servir de prélude et d'introduction à ces judicieux remèdes, dont, s'il a à guérir, il doit recevoir du soulagement. Fasse le ciel que ces remèdes, monsieur, qui sont les vôtres, réussissent au malade selon notre intention !

M. DE POURCEAUGNAC.

Messieurs, il y a une heure que je vous écoute. Est-ce que nous jouons ici une comédie?

PREMIER MÉDECIN.

Non, monsieur, nous ne jouons point.

M. DE POURCEAUGNAC.

Qu'est-ce que tout ceci? et que voulez-vous dire avec votre galimatias et vos sottises?

PREMIER MÉDECIN.

Bon. Dire des injures ! voilà un diagnostique qui nous manquoit pour la confirmation de son mal ; et ceci pourroit bien tourner en manie.

M. DE POURCEAUGNAC, *à part.*

Avec qui m'a-t-on mis ici? (*Il crache deux ou trois fois.*)

PREMIER MÉDECIN.

Autre diagnostique, la sputation fréquente.

M. DE POURCEAUGNAC.

Laissons cela, et sortons d'ici.

PREMIER MÉDECIN.

Autre encore : l'inquiétude de changer de place.

M. DE POURCEAUGNAC.

Qu'est-ce donc que toute cette affaire? et que me voulez-vous?

PREMIER MÉDECIN.

Vous guérir, selon l'ordre qui nous a été donné.

M. DE POURCEAUGNAC.

Me guérir!

PREMIER MÉDECIN.

Oui.

M. DE POURCEAUGNAC.

Parbleu! je ne suis pas malade.

PREMIER MÉDECIN.

Mauvais signe, lorsqu'un malade ne sent pas son mal.

M. DE POURCEAUGNAC.

Je vous dis que je me porte bien.

PREMIER MÉDECIN.

Nous savons mieux que vous comment vous vous portez, et nous sommes médecins qui voyons clair dans votre constitution.

M. DE POURCEAUGNAC.

Si vous êtes médecins, je n'ai que faire de vous; et je me moque de la médecine.

PREMIER MÉDECIN.

Hon! hon! voici un homme plus fou que nous ne pensons.

M. DE POURCEAUGNAC.

Mon père et ma mère n'ont jamais voulu de remèdes; et ils sont morts tous deux sans l'assistance des médecins.

PREMIER MÉDECIN.

Je ne m'étonne pas s'ils ont engendré un fils qui est insensé. (*au second médecin.*) Allons, procédons

ACTE I, SCÈNE XI.

à la curation; et, par la douceur exhilarante de l'harmonie, adoucissons, lénifions, et accoisons* l'aigreur de ses esprits, que je vois prêts à s'enflammer.

SCÈNE XII.

M. DE POURCEAUGNAC.

Que diable est-ce là? Les gens de ce pays-ci sont-ils insensés? je n'ai jamais rien vu de tel, et je n'y comprends rien du tout.

SCÈNE XIII.

M. DE POURCEAUGNAC, DEUX MÉDECINS GROTESQUES.

(Ils s'asseyent d'abord tous trois; les médecins se lèvent à différentes reprises pour saluer M. de Pourceaugnac, qui se lève autant de fois pour les saluer.)

LES DEUX MÉDECINS.
Buon dì, buon dì, buon dì.
Non vi lasciate uccidere
Dal dolor malinconico :
Noi vi faremo ridere
Col nostro canto armonico;
    Sol' per guarirvi
    Siamo venuti qui.
Buon dì, buon dì, buon dì.

PREMIER MÉDECIN.
Altro non è la pazzia.
Che malinconia.

---

* Calmons.

Il malato
Non è disperato,
Si vol pigliar un poco d'allegria.
Altro non è la pazzia
Che malinconia.

SECOND MÉDECIN.

Sù, cantate, ballate, ridete ;
E, se far meglio volete,
Quando sentite il deliro vicino,
Pigliate del vino,
E qualche volta un poco di tabac,
Allegramente, monsu Pourceaugnac.

SCÈNE XIV.

M. DE POURCEAUGNAC, DEUX MÉDECINS GROTESQUES, MATASSINS.

ENTRÉE DE BALLET.

Danse des matassins autour de M. de Pourceaugnac.

SCÈNE XV.

M. DE POURCEAUGNAC, UN APOTHICAIRE
tenant une seringue.

L'APOTHICAIRE.

Monsieur, voici un petit remède, un petit remède qu'il vous faut prendre, s'il vous plaît, s'il vous plaît.

ACTE I, SCÈNE XV.

M. DE POURCEAUGNAC.

Comment! je n'ai que faire de cela.

L'APOTHICAIRE.

Il a été ordonné, monsieur, il a été ordonné.

M. DE POURCEAUGNAC.

Ah! que de bruit!

L'APOTHICAIRE.

Prenez-le, monsieur, prenez-le; il ne vous fera point de mal, il ne vous fera point de mal.

M. DE POURCEAUGNAC.

Ah!

L'APOTHICAIRE.

C'est un petit clystère, un petit clystère, bénin, bénin; il est bénin, bénin; là, prenez, prenez, monsieur; c'est pour déterger, pour déterger, déterger.

SCÈNE XVI.

M. DE POURCEAUGNAC, L'APOTHICAIRE, LES DEUX MÉDECINS GROTESQUES, ET LES MATASSINS AVEC DES SERINGUES.

LES DEUX MÉDECINS.

Piglialo sù,

Signor monsu;

Piglialo, piglialo, piglialo sù,

Che non ti fara male.

Piglialo sù questo servizziale,

Piglialo sù,

Signor monsu;

Piglialo, piglialo, piglialo sù.

M. DE POURCEAUGNAC.

Allez-vous-en au diable.

(*M. de Pourceaugnac, mettant son chapeau pour se garantir des seringues, et suivi par les deux médecins et par les matassins; il passe par derrière le théâtre, et revient se mettre sur sa chaise, auprès de laquelle il trouve l'apothicaire qui l'attendoit; les deux médecins et les matassins rentrent aussi.*)

LES DEUX MÉDECINS.

Piglialo sù,
Signor monsu;
Piglialo, piglialo, piglialo sù,
Che non ti fara male.
Piglialo sù questo servizziale;
Piglialo sù,
Signor monsu;
Piglialo, piglialo, piglialo sù.

(*M. de Pourceaugnac s'enfuit avec la chaise, l'apothicaire appuie sa seringue contre, et les médecins et les matassins le suivent.*)

FIN DU PREMIER ACTE.

ACTE SECOND.

SCÈNE I.

PREMIER MÉDECIN, SBRIGANI.

PREMIER MÉDECIN.

Il a forcé tous les obstacles que j'avois mis, et s'est dérobé aux remèdes que je commençois de lui faire.

SBRIGANI.

C'est être bien ennemi de soi-même que de fuir des remèdes aussi salutaires que les vôtres.

PREMIER MÉDECIN.

Marque d'un cerveau démonté et d'une raison dépravée, que de ne vouloir pas guérir.

SBRIGANI.

Vous l'auriez guéri haut la main.

PREMIER MÉDECIN.

Sans doute; quand il auroit eu complication de douze maladies.

SBRIGANI.

Cependant voilà cinquante pistoles bien acquises qu'il vous fait perdre.

PREMIER MÉDECIN.

Moi, je n'entends point les perdre, et je prétends le guérir en dépit qu'il en ait. Il est lié et engagé à mes remèdes; et je veux le faire saisir où je le trouverai, comme déserteur de la médecine, et infracteur de mes ordonnances.

SBRIGANI.

Vous avez raison. Vos remèdes étoient un coup sûr; et c'est de l'argent qu'il vous vole.

PREMIER MÉDECIN.

Où puis-je en avoir des nouvelles?

SBRIGANI.

Chez le bon homme Oronte, assurément, dont il vient épouser la fille, et qui, ne sachant rien de l'infirmité de son gendre futur, voudra peut-être se hâter de conclure le mariage.

PREMIER MÉDECIN.

Je vais lui parler tout-à-l'heure.

SBRIGANI.

Vous ne ferez point mal.

PREMIER MÉDECIN.

Il est hypothéqué à mes consultations; et un malade ne se moquera pas d'un médecin.

SBRIGANI.

C'est fort bien dit à vous; et, si vous m'en croyez, vous ne souffrirez point qu'il se marie que vous ne l'ayez pansé tout votre soûl.

PREMIER MÉDECIN.

Laissez-moi faire.

SBRIGANI, *à part, en s'en allant.*

Je vais, de mon côté, dresser une autre batterie; et le beau-père est aussi dupe que le gendre.

SCÈNE II.

ORONTE, PREMIER MÉDECIN.

PREMIER MÉDECIN.

Vous avez, monsieur, un certain monsieur de Pourceaugnac qui doit épouser votre fille.

ORONTE.

Oui ; je l'attends de Limoges, et il devroit être arrivé.

PREMIER MÉDECIN.

Aussi l'est-il, et il s'en est fui de chez moi après y avoir été mis : mais je vous défends, de la part de la médecine, de procéder au mariage que vous avez conclu, que je ne l'aie dûment préparé pour cela, et mis en état de procréer des enfants bien conditionnés et de corps et d'esprit.

ORONTE.

Comment donc ?

PREMIER MÉDECIN.

Votre prétendu gendre a été constitué mon malade : sa maladie, qu'on m'a donné à guérir, est un meuble qui m'appartient, et que je compte entre mes effets ; et je vous déclare que je ne prétends point qu'il se marie, qu'au préalable il n'ait satisfait à la médecine, et subi les remèdes que je lui ai ordonnés.

ORONTE.

Il a quelque mal ?

PREMIER MÉDECIN.

Oui.

ORONTE.

Et quel mal, s'il vous plaît?

PREMIER MÉDECIN.

Ne vous en mettez pas en peine.

ORONTE.

Est-ce quelque mal...?

PREMIER MÉDECIN.

Les médecins sont obligés au secret. Il suffit que je vous ordonne, à vous et à votre fille, de ne point célébrer sans mon consentement vos noces avec lui, sur peine d'encourir la disgrâce de la Faculté, et d'être accablés de toutes les maladies qu'il nous plaira.

ORONTE.

Je n'ai garde, si cela est, de faire le mariage.

PREMIER MÉDECIN.

On me l'a mis entre les mains, et il est obligé d'être mon malade.

ORONTE.

A la bonne heure.

PREMIER MÉDECIN.

Il a beau fuir; je le ferai condamner par arrêt à se faire guérir par moi.

ORONTE.

J'y consens.

PREMIER MÉDECIN.

Oui, il faut qu'il crève, ou que je le guérisse.

ORONTE.

Je le veux bien.

ACTE II, SCÈNE II.

PREMIER MÉDECIN.

Et si je ne le trouve, je m'en prendrai à vous; et je vous guérirai au lieu de lui.

ORONTE.

Je me porte bien.

PREMIER MÉDECIN.

Il n'importe; il me faut un malade, et je prendrai qui je pourrai.

ORONTE.

Prenez qui vous voudrez; mais ce ne sera pas moi. (*seul.*) Voyez un peu la belle raison!

SCÈNE III.

ORONTE, SBRIGANI, *en marchand flamand.*

SBRIGANI.

Montsir, avec le fostre permission, je suis un trancher marchand flamane qui foudroit bienne fous temandair un petit nouvel.

ORONTE.

Quoi, monsieur?

SBRIGANI.

Mettez le fostre chapeau sur le tête, montsir, si ve plaît.

ORONTE.

Dites-moi, monsieur, ce que vous voulez.

SBRIGANI.

Moi le dire rien, montsir, si fous le mettre pas le chapeau sur le tête.

ORONTE.

Soit. Qu'y a-t-il, monsieur?

SBRIGANI.

Fous connoître point en sti file un certe montsir Oronte?

ORONTE.

Oui, je le connois.

SBRIGANI.

Et quel homme est-il, montsir, si ve plaît?

ORONTE.

C'est un homme comme les autres.

SBRIGANI.

Je fous temande, montsir, s'il est un homme qui a du bienne.

ORONTE.

Oui.

SBRIGANI.

Mais riche beaucoup grandement, montsir?

ORONTE.

Oui.

SBRIGANI.

J'en suis aise beaucoup, montsir.

ORONTE.

Mais pourquoi cela?

SBRIGANI.

L'est, montsir, pour un petit raisonne de conséquence pour nous.

ORONTE.

Mais encore, pourquoi?

ACTE II, SCÈNE III.

SBRIGANI.

L'est, montsir, que sti montsir Oronte donne son fille en mariage à un certe montsir de Pourcegnac.

ORONTE.

Hé bien?

SBRIGANI.

Et sti montsir de Pourcegnac, montsir, l'est un homme que doive beaucoup grandement à dix ou douze marchanes flamanes qui être venus ici.

ORONTE.

Ce monsieur de Pourceaugnac doit beaucoup à dix ou douze marchands?

SBRIGANI.

Oui, montsir; et depuis huite mois nous afoir obtenir un petit sentence contre lui; et lui a remettre à payer tou ce créanciers de sti mariage que sti montsir Oronte donne pour son fille.

ORONTE.

Hon! hon! il a remis là à payer ses créanciers?

SBRIGANI.

Oui, montsir; et avec un grant défotion nous tous attendre sti mariage.

ORONTE, *à part.*

L'avis n'est pas mauvais. (*haut.*) Je vous donne le bonjour.

SBRIGANI.

Je remercie montsir de la faveur grande.

ORONTE.

Votre très-humble valet.

SBRIGANI.

Je le suis, montsir, obliger plus que beaucoup du bon nouvel que montsir m'avoir donné.

(*seul, après avoir ôté sa barbe, et dépouillé l'habit de Flamand qu'il a par-dessus le sien.*)

Cela ne va pas mal. Quittons notre ajustement de Flamand pour songer à d'autres machines; et tâchons de semer tant de soupçons et de division entre le beau-père et le gendre, que cela rompe le mariage prétendu. Tous deux également sont propres à gober les hameçons qu'on leur veut tendre; et, entre nous autres fourbes de la première classe, nous ne faisons que nous jouer lorsque nous trouvons un gibier aussi facile que celui-là.

SCÈNE IV.

M. DE POURCEAUGNAC, SBRIGANI.

M. DE POURCEAUGNAC, *se croyant seul.*

Piglialo sù, piglialo sù,
Signor monsu...

Que diable est-ce là? (*apercevant Sbrigani.*) Ah!

SBRIGANI.

Qu'est-ce, monsieur? qu'avez-vous?

M. DE POURCEAUGNAC.

Tout ce que je vois me semble lavement.

SBRIGANI.

Comment?

M. DE POURCEAUGNAC.

Vous ne savez pas ce qui m'est arrivé dans ce logis à la porte duquel vous m'avez conduit?

ACTE II, SCÈNE IV.

SBRIGANI.

Non, vraiment. Qu'est-ce que c'est?

M. DE POURCEAUGNAC.

Je pensois y être régalé comme il faut.

SBRIGANI.

Hé bien?

M. DE POURCEAUGNAC.

Je vous laisse entre les mains de monsieur. Des médecins habillés de noir. Dans une chaise. Tâter le pouls. Comme ainsi soit. Il est fou. Deux gros jouflus. Grands chapeaux. *Buon dì, buon dì.* Six pantalons. Ta, ra, ta, ta; ta, ra, ta, ta; *allegramente, monsu Pourceaugnac.* Apothicaire. Lavement. Prenez, monsieur, prenez, prenez. Il est bénin, bénin, bénin. C'est pour déterger, pour déterger, déterger. *Piglialo sù, signor monsu; piglialo, piglialo, piglialo sù.* Jamais je n'ai été si soûl de sottises.

SBRIGANI.

Qu'est-ce que tout cela veut dire?

M. DE POURCEAUGNAC.

Cela veut dire que cet homme-là, avec ses grandes embrassades, est un fourbe, qui m'a mis dans une maison pour se moquer de moi et me faire une pièce.

SBRIGANI.

Cela est-il possible?

M. DE POURCEAUGNAC.

Sans doute. Ils étoient une douzaine de possédés après mes chausses; et j'ai eu toutes les peines du monde à m'échapper de leurs pattes.

SBRIGANI.

Voyez un peu; les mines sont bien trompeuses ! Je l'aurois cru le plus affectionné de vos amis. Voilà un de mes étonnements, comme il est possible qu'il y ait des fourbes comme cela dans le monde.

M. DE POURCEAUGNAC.

Ne sens-je point le lavement? Voyez, je vous prie.

SBRIGANI.

Hé! il y a quelque petite chose qui approche de cela.

M. DE POURCEAUGNAC.

J'ai l'odorat et l'imagination tout remplis de cela; et il me semble toujours que je vois une douzaine de lavements qui me couchent en joue.

SBRIGANI.

Voilà une méchanceté bien grande! et les hommes sont bien traîtres et scélérats!

M. DE POURCEAUGNAC.

Enseignez-moi, de grâce, le logis de monsieur Oronte; je suis bien aise d'y aller tout-à-l'heure.

SBRIGANI.

Ah! ah! vous êtes donc de complexion amoureuse; et vous avez ouï parler que ce monsieur Oronte a une fille...?

M. DE POURCEAUGNAC.

Oui, je viens l'épouser.

SBRIGANI.

L'é... l'épouser?

ACTE II, SCÈNE IV.

M. DE POURCEAUGNAC.

Oui.

SBRIGANI.

En mariage?

M. DE POURCEAUGNAC.

De quelle façon donc?

SBRIGANI.

Ah! c'est une autre chose; et je vous demande pardon.

M. DE POURCEAUGNAC.

Qu'est-ce que cela veut dire?

SBRIGANI.

Rien.

M. DE POURCEAUGNAC.

Mais encore?

SBRIGANI.

Rien, vous dis-je. J'ai un peu parlé trop vite.

M. DE POURCEAUGNAC.

Je vous prie de me dire ce qu'il y a là-dessous.

SBRIGANI.

Non; cela n'est pas nécessaire.

M. DE POURCEAUGNAC.

De grâce.

SBRIGANI.

Point : je vous prie de m'en dispenser.

M. DE POURCEAUGNAC.

Est-ce que vous n'êtes point de mes amis?

SBRIGANI.

Si fait; on ne peut pas l'être davantage.

M. DE POURCEAUGNAC.

Vous devez donc ne me rien cacher.

SBRIGANI.

C'est une chose où il y va de l'intérêt du prochain.

M. DE POURCEAUGNAC.

Afin de vous obliger à m'ouvrir votre cœur, voilà une petite bague que je vous prie de garder pour l'amour de moi.

SBRIGANI.

Laissez-moi consulter un peu si je le puis faire en conscience. (*après s'être un peu éloigné de M. de Pourceaugnac.*) C'est un homme qui cherche son bien, qui tâche de pourvoir sa fille le plus avantageusement qu'il est possible; et il ne faut nuire à personne : ce sont des choses qui sont connues, à la vérité; mais j'irai les découvrir à un homme qui les ignore, et il est défendu de scandaliser son prochain : cela est vrai; mais d'autre part voilà un étranger qu'on veut surprendre, et qui, de bonne-foi, vient se marier avec une fille qu'il ne connoît pas, et qu'il n'a jamais vue; un gentilhomme plein de franchise, pour qui je me sens de l'inclination, qui me fait l'honneur de me tenir pour son ami, prend confiance en moi, et me donne une bague à garder pour l'amour de lui. (*à M. de Pourceaugnac.*) Oui, je trouve que je puis vous dire les choses sans blesser ma conscience : mais tâchons de vous les dire le plus doucement qu'il nous sera possible, et d'épargner les gens le plus que nous pourrons. De vous dire que cette fille-là mène une vie déshonnête, cela seroit un peu trop fort : cherchons, pour nous expliquer, quelques termes plus doux. Le mot de galante aussi n'est pas assez; celui de coquette achevée me semble propre à ce que nous voulons, et je m'en puis servir pour vous dire honnêtement ce qu'elle est.

M. DE POURCEAUGNAC.

L'on me veut donc prendre pour dupe?

SBRIGANI.

Peut-être dans le fond n'y a-t-il pas tant de mal que tout le monde croit; et puis il y a des gens, après tout, qui se mettent au-dessus de ces sortes de choses, et qui ne croient pas que leur honneur dépende...

M. DE POURCEAUGNAC.

Je suis votre serviteur, je ne me veux point mettre sur la tête un chapeau comme celui-là; et l'on aime à aller le front levé dans la famille des Pourceaugnacs.

SBRIGANI.

Voilà le père.

M. DE POURCEAUGNAC, *à part.*

Ce vieillard-là?

SBRIGANI.

Oui, je me retire.

SCÈNE V.

ORONTE, M. DE POURCEAUGNAC.

M. DE POURCEAUGNAC.

Bonjour, monsieur, bonjour.

ORONTE.

Serviteur, monsieur, serviteur.

M. DE POURCEAUGNAC.
Vous êtes monsieur Oronte, n'est-ce pas?
ORONTE.
Oui.
M. DE POURCEAUGNAC.
Et moi, monsieur de Pourceaugnac.
ORONTE.
A la bonne heure.
M. DE POURCEAUGNAC.
Croyez-vous, monsieur Oronte, que les Limosins soient des sots?
ORONTE.
Croyez-vous, monsieur de Pourceaugnac, que les Parisiens soient des bêtes?
M. DE POURCEAUGNAC.
Vous imaginez-vous, monsieur Oronte, qu'un homme comme moi soit si affamé de femme?
ORONTE.
Vous imaginez-vous, monsieur de Pourceaugnac, qu'une fille comme la mienne soit si affamée de mari?

SCÈNE VI.

JULIE, ORONTE, M. DE POURCEAUGNAC.

JULIE.
On vient de me dire, mon père, que monsieur de Pourceaugnac est arrivé. Ah! le voilà sans doute, et mon cœur me le dit. Qu'il est bien fait! Qu'il a bon air! Et que je suis contente d'avoir un tel époux! Souffrez que je l'embrasse, et que je lui témoigne...

ORONTE.

Doucement, ma fille, doucement.

M. DE POURCEAUGNAC, *à part.*

Tudieu! quelle galante! Comme elle prend feu d'abord!

ORONTE.

Je voudrois bien savoir, monsieur de Pourceaugnac, par quelle raison vous venez...

JULIE *s'approche de M. de Pourceaugnac, le regarde d'un air languissant, et lui veut prendre la main.*

Que je suis aise de vous voir! et que je brûle d'impatience...

ORONTE.

Ah! ma fille, ôtez-vous de là, vous dis-je.

M. DE POURCEAUGNAC, *à part.*

Oh! oh! quelle égrillarde!

ORONTE.

Je voudrois bien, dis-je, savoir par quelle raison, s'il vous plaît, vous avez la hardiesse de...

(*Julie continue le même jeu.*)

M. DE POURCEAUGNAC, *à part.*

Vertu de ma vie!

ORONTE, *à Julie.*

Encore! qu'est-ce à dire, cela?

JULIE.

Ne voulez-vous pas que je caresse l'époux que vous m'avez choisi?

ORONTE.

Non. Rentrez là-dedans.

JULIE.

Laissez-moi le regarder.

ORONTE.

Rentrez, vous dis-je.

JULIE.

Je veux demeurer là, s'il vous plaît.

ORONTE.

Je ne veux pas, moi; et si tu ne rentres tout-à-l'heure, je...

JULIE.

Hé bien! je rentre.

ORONTE.

Ma fille est une sotte, qui ne sait pas les choses.

M. DE POURCEAUGNAC.

Comme nous lui plaisons!

ORONTE, *à Julie, qui est restée après avoir fait quelques pas pour s'en aller.*

Tu ne veux pas te retirer?

JULIE.

Quand est-ce donc que vous me marierez avec monsieur?

ORONTE.

Jamais; et tu n'es pas pour lui.

JULIE.

Je le veux avoir, moi, puisque vous me l'avez promis.

ORONTE.

Si je te l'ai promis, je te le dépromets.

M. DE POURCEAUGNAC, *à part.*

Elle voudroit bien me tenir.

JULIE.

Vous avez beau faire ; nous serons mariés ensemble en dépit de tout le monde.

ORONTE.

Je vous en empêcherai bien tous deux, je vous assure. Voyez un peu quel *vertigo* lui prend !

SCÈNE VII.

ORONTE, M. DE POURCEAUGNAC.

M. DE POURCEAUGNAC.

Mon dieu ! notre beau-père prétendu, ne vous fatiguez point tant ; on n'a pas envie de vous enlever votre fille, et vos grimaces n'attraperont rien.

ORONTE.

Toutes les vôtres n'auront pas grand effet.

M. DE POURCEAUGNAC.

Vous êtes-vous mis dans la tête que Léonard de Pourceaugnac soit un homme à acheter chat en poche, et qu'il n'ait pas là-dedans quelque morceau de judiciaire pour se conduire, pour se faire informer de l'histoire du monde, et voir, en se mariant, si son honneur a bien toutes ses sûretés ?

ORONTE.

Je ne sais pas ce que cela veut dire : mais vous êtes-vous mis dans la tête qu'un homme de soixante et trois ans ait si peu de cervelle, et considère si peu sa fille, que de la marier avec un homme qui a ce que vous savez, et qui a été mis chez un médecin pour être pansé ?

M. DE POURCEAUGNAC.

C'est une pièce que l'on m'a faite, et je n'ai aucun mal.

ORONTE.

Le médecin me l'a dit lui-même.

M. DE POURCEAUGNAC.

Le médecin en a menti. Je suis gentilhomme, et je le veux voir l'épée à la main.

ORONTE.

Je sais ce que j'en dois croire; et vous ne m'abuserez pas là-dessus, non plus que sur les dettes que vous avez assignées sur le mariage de ma fille.

M. DE POURCEAUGNAC.

Quelles dettes?

ORONTE.

La feinte ici est inutile; et j'ai vu le marchand flamand qui, avec les autres créanciers, a obtenu depuis huit mois sentence contre vous.

M. DE POURCEAUGNAC.

Quel marchand flamand? Quels créanciers? Quelle sentence obtenue contre moi?

ORONTE.

Vous savez bien ce que je veux dire.

SCÈNE VIII.

LUCETTE, ORONTE, M. DE POURCEAUGNAC.

LUCETTE, *contrefaisant une Languedocienne.*

Ah! tu es assi, et à la fi yeu te trobi après abé fait tant de passés! Podes-tu, scélérat, podes-tu sousteni ma bisto?

ACTE II, SCÈNE VIII.

M. DE POURCEAUGNAC.

Qu'est-ce que veut cette femme-là?

LUCETTE.

Que te boli, infame? Tu fas sémblan de nou me pas connouisse, et nou rougisses pas, impudint que tu sios, tu ne rougisses pas de me beyre? (*à Oronte.*) Nou sabi pas, moussur, saquos bous dont m'an dit que bouillo espousa la fillo ; may yeu bous déclari que yeu soun sa fenno, et que y a set ans, moussur, qu'en passant à Pézénas, el auguet l'adresse, dambé sas mignardisos, commo sap tabla fayre, de me gagna lou cor, et m'oubligel pra quel moueyen à ly donna la man per l'espousa.

ORONTE.

Oh! oh!

M. DE POURCEAUGNAC.

Que diable est-ce ci?

LUCETTE.

Lou trayté me quitel trés ans après, sul préteste de qualques affayres que l'apelabon dins soun pays, et despey noun l'y resçau put quaso de noubelo ; may dins lou tens qu'y soungeabi lous meus, m'an dounat abist que begnio dins aquesto billo per se remarida dambé un autro jouena fillo, que sous parens ly an procurado, sensse saupré res de soun premier mariatge. Yeu ai tout quittat en diligensso, et me souy rendudo dins aqueste loc, lou pu leu qu'ay pouscut, per m'oupousa en aquel criminel mariatge, et confondre as elys de tout le mounde lou plus méchant day hommes.

M. DE POURCEAUGNAC.

Voilà une étrange effrontée !

LUCETTE.

Impudint, n'as pas honte de m'injuria, alloc d'être confus day reproches secrets que ta conssiensso te deu fayre ?

M. DE POURCEAUGNAC.

Moi, je suis votre mari ?

LUCETTE.

Infame, gausos-tu dire lou contrairi ? Hé ! tu sabes bé, per ma penno, que n'es que trop bertat ; et plagnesso al cel qu'aco nou fouguesso pas, et que m'auquesso layssado dins l'état d'innouessenço et dins la tranquillitat oun moun amo bibio daban que tous charmes et tas trompariés oun m'en benguesson malheurousomen fayre sourti ! yeu nou serio pas réduito à fayré lou tristé persounatge que yeu fave présentemen ; à beyre un marit cruel mespresa touto l'ardou que yeu ay per el, et me laissa sensse cap de piétat abandounado à las mourtéles doulous que yeu ressenti de sas perfidos accius.

ORONTE.

Je ne saurois m'empêcher de pleurer. (*à M. de Pourceaugnac.*) Allez, vous êtes un méchant homme.

M. DE POURCEAUGNAC.

Je ne connois rien à tout ceci.

SCÈNE IX.

NÉRINE, LUCETTE, ORONTE, M. DE POURCEAUGNAC.

NÉRINE, *contrefaisant une Picarde.*

Ah! je n'en pis plus, je sis tout essoflée. Ah! finfaron, tu m'as bien fait courir, tu ne m'écaperas mie. Justiche! justiche! je boute empêchement au mariage. (*à Oronte.*) Chés mon méri, monsieu, et je veux faire pindre ché bon pendard-là.

M. DE POURCEAUGNAC.

Encore!

ORONTE, *à part.*

Quel diable d'homme est ce ci!

LUCETTE.

Et que boulez-bous dire ambé bostre empachomen et bostro pendarie? qu'aquel homo es bostre marit?

NÉRINE.

Oui, medéme, et je sis sa femme.

LUCETTE.

Aquo es faus, aquos yeu que soun sa fenno; et se deustre pendut, aquo sera yeu que lou ferai penjat.

NÉRINE.

Je n'entains mie che baragoin-là.

LUCETTE.

Yeu bous disi que yeu soun sa fenno.

NÉRINE.

Sa femme?

LUCETTE.

Oy.

NÉRINE.

Je vous di que chest mi, encore in coup, qui le sis.

LUCETTE.

Et yeu bous sousteni, yeu, qu'aquos yeu.

NÉRINE.

Il y a quetre ans qu'il m'a éposée.

LUCETTE.

Et yeu set ans y a que m'a preso per fenno.

NÉRINE.

J'ai des gairants de tout cho que je di.

LUCETTE.

Tout mon pay lo sap.

NÉRINE.

No ville en est témoin.

LUCETTE.

Tout Pézénas a bist notre mariatge.

NÉRINE.

Tout Chin-Quentin a assisté à nos noches.

LUCETTE.

Nou y a res de tant béritable.

NÉRINE.

Il gn'y a rien de plus chertain.

LUCETTE, *à M. de Pourceaugnac.*

Gausos-tu dire lou contrairi, valisquos?

NÉRINE, *à M. de Pourceaugnac.*

Est-che que tu me démentiras, méchaint homme?

M. DE POURCEAUGNAC.

Il est aussi vrai l'un que l'autre.

ACTE II, SCÈNE IX.

LUCETTE.

Quaingn impudensso! Et coussy, misérable, nou te soubennes plus de la pauro Françon et del pauré Jeannet, que soun lous fruits de nostre mariatge?

NÉRINE.

Bayez un peu l'insolence! Quoi! tu ne te souviens mie de chette pauvre ainfaint, no petite Madelaine, que tu m'as laichée pour gage de ta foi?

M. DE POURCEAUGNAC.

Voilà deux impudentes carognes!

LUCETTE.

Beni, Françon, beni, Jeannet; beni, touston, beni, toustaine, beni, fayre beyre à un payre dénaturat la duretat qu'el a per nostres.

NÉRINE.

Venez, Madelaine, mon ainfaint, venez-ves-en ichi faire honte à vo père de l'impudainche qu'il a.

SCÈNE X.

ORONTE, M. DE POURCEAUGNAC, LUCETTE, NÉRINE, PLUSIEURS ENFANTS.

LES ENFANTS.

Ah! mon papa! mon papa! mon papa!

M. DE POURCEAUGNAC.

Diantre soit des petits fils de putains!

LUCETTE.

Coussy, trayte, tu nou sios pas dins la derniare confusiu de ressaupre à tal tous enfants, et de ferma l'oreillo à la tendresso paternello? Tu nou m'escaperas pas, infame : yeu te boly seguy per-tout, et te reproucha ton crime, jusquos à tant que me sio beniado, et que t'ayo fayt penjat ; couquy, te boly fayre penjat.

NÉRINE.

Ne rougis-tu mie de dire ches mots-là, et d'être insainsible aux cairesses de chette pauvre ainfaint? Tu ne te sauveras mie de mes pattes : et, en dépit de tes dints, je ferai bien voir que je sis ta femme, et je te ferai pindre.

LES ENFANTS.

Mon papa! mon papa! mon papa!

M. DE POURCEAUGNAC.

Au secours! au secours! Où fuirai-je? Je n'en puis plus.

ORONTE, *à Lucette et à Nérine*.

Allez, vous ferez bien de le faire punir; et il mérite d'être pendu.

SCÈNE XI.

SBRIGANI.

Je conduis de l'œil toutes choses, et tout cela ne va pas mal. Nous fatiguerons tant notre provincial, qu'il faudra, ma foi, qu'il déguerpisse.

SCÈNE XII.

M. DE POURCEAUGNAC, SBRIGANI.

M. DE POURCEAUGNAC.

Ah! je suis assommé. Quelle peine! quelle maudite ville! Assassiné de tous côtés!

ACTE II, SCÈNE XII.

SBRIGANI.

Qu'est-ce, monsieur? Est-il encore arrivé quelque chose?

M. DE POURCEAUGNAC.

Oui; il pleut en ce pays des femmes et des lavements.

SBRIGANI.

Comment donc?

M. DE POURCEAUGNAC.

Deux carognes de baragouineuses me sont venues accuser de les avoir épousées toutes deux, et me menacent de la justice.

SBRIGANI.

Voilà une méchante affaire; et la justice en ce pays-ci est rigoureuse en diable contre cette sorte de crime.

M. DE POURCEAUGNAC.

Oui; mais quand il y auroit information, ajournement, décret et jugement obtenu par surprise, défaut et contumace, j'ai la voie du conflit de juridiction pour temporiser et venir aux moyens de nullité qui seront dans les procédures.

SBRIGANI.

Voilà en parler dans tous les termes; et l'on voit bien, monsieur, que vous êtes du métier.

M. DE POURCEAUGNAC.

Moi! point du tout; je suis gentilhomme.

SBRIGANI.

Il faut bien, pour parler ainsi, que vous ayez étudié la pratique.

M. DE POURCEAUGNAC.

Point; ce n'est que le sens commun qui me fait juger que je serai toujours reçu à mes faits justificatifs, et qu'on ne me sauroit condamner sur une simple accusation, sans un récolement et confrontation avec mes parties.

SBRIGANI.

En voilà du plus fin encore.

M. DE POURCEAUGNAC.

Ces mots-là me viennent sans que je les sache.

SBRIGANI.

Il me semble que le sens commun d'un gentilhomme peut bien aller à concevoir ce qui est du droit et de l'ordre de la justice, mais non pas à savoir les vrais termes de la chicane.

M. DE POURCEAUGNAC.

Ce sont quelques mots que j'ai retenus en lisant les romans.

SBRIGANI.

Ah! fort bien.

M. DE POURCEAUGNAC.

Pour vous montrer que je n'entends rien du tout à la chicane, je vous prie de me mener chez quelque avocat pour consulter mon affaire.

SBRIGANI.

Je le veux, et vais vous conduire chez deux hommes fort habiles : mais j'ai auparavant à vous avertir de n'être point surpris de leur manière de parler; ils ont contracté du barreau certaine habitude de déclamation, qui fait que l'on diroit qu'ils chantent, et vous prendrez pour musique tout ce qu'ils vous diront.

M. DE POURCEAUGNAC.

Qu'importe comme ils parlent, pourvu qu'ils me disent ce que je veux savoir?

SCÈNE XIII.

M. DE POURCEAUGNAC, SBRIGANI, DEUX AVOCATS, DEUX PROCUREURS, DEUX SERGENTS.

PREMIER AVOCAT, *traînant ses paroles en chantant.*

La polygamie est un cas,
Est un cas pendable.

SECOND AVOCAT, *chantant fort vite en bredouillant.*

Votre fait
Est clair et net;
Et tout le droit,
Sur cet endroit,
Conclut tout droit.
Si vous consultez nos auteurs,
Législateurs et glossateurs,
Justinian, Papinian,
Ulpian et Tribonian,
Fernand, Rebuffe, Jean Imole,
Paul Castre, Julian, Barthole,
Jason, Alciat, et Cujas
Ce grand homme si capable.
La polygamie est un cas,
Est un cas pendable.

ENTRÉE DE BALLET.

Danse de deux procureurs et de deux sergents, pendant que le SECOND AVOCAT *chante les paroles qui suivent,*

Tous les peuples policés,
Et bien sensés,
Les François, Anglois, Hollandois,
Danois, Suédois, Polonois,
Portugais, Espagnols, Flamands,
Italiens, Allemands,
Sur ce fait tiennent loi semblable;
Et l'affaire est sans embarras.
La polygamie est un cas,
Est un cas pendable.

LE PREMIER AVOCAT *chante celles-ci,*
La polygamie est un cas,
Est un cas pendable.

(M. de Pourceaugnac, impatienté, les chasse.)

FIN DU SECOND ACTE.

ACTE TROISIÈME.

SCÈNE I.

ÉRASTE, SBRIGANI.

SBRIGANI.

Oui, les choses s'acheminent où nous voulons; et comme ses lumières sont fort petites, et son sens le plus borné du monde, je lui ai fait prendre une frayeur si grande de la sévérité de la justice de ce pays, et des apprêts qu'on faisoit déjà pour sa mort, qu'il veut prendre la fuite; et, pour se dérober avec plus de facilité aux gens que je lui ai dit qu'on avoit mis pour l'arrêter aux portes de la ville, il s'est résolu à se déguiser, et le déguisement qu'il a pris est l'habit d'une femme.

ÉRASTE.

Je voudrois bien le voir en cet équipage.

SBRIGANI.

Songez de votre part à achever la comédie; et tandis que je jouerai mes scènes avec lui, allez-vous-en. (*Il lui parle à l'oreille.*) Vous entendez bien?

ÉRASTE.

Oui.

SBRIGANI.

Et lorsque je l'aurai mis où je veux... (*Il lui parle à l'oreille.*)

ÉRASTE.

Fort bien.

SBRIGANI.

Et quand le père aura été averti par moi... (*Il lui parle encore à l'oreille.*)

ÉRASTE.

Cela va le mieux du monde.

SBRIGANI.

Voici notre demoiselle. Allez vite, qu'il ne nous voie ensemble.

SCÈNE II.

M. DE POURCEAUGNAC, *en femme;* SBRIGANI.

SBRIGANI.

Pour moi, je ne crois pas qu'en cet état on puisse jamais vous connoître, et vous avez la mine comme cela d'une femme de condition.

M. DE POURCEAUGNAC.

Voilà qui m'étonne, qu'en ce pays-ci les formes de la justice ne soient point observées.

SBRIGANI.

Oui, je vous l'ai déjà dit, ils commencent ici par faire pendre un homme, et puis ils lui font son procès.

M. DE POURCEAUGNAC.

Voilà une justice bien injuste.

SBRIGANI.

Elle est sévère comme tous les diables, particulièrement sur ces sortes de crimes.

ACTE III, SCÈNE II.

M. DE POURCEAUGNAC.

Mais quand on est innocent?

SBRIGANI.

N'importe, ils ne s'enquêtent point de cela : et puis ils ont en cette ville une haine effroyable pour les gens de votre pays; et ils ne sont pas plus ravis que de voir pendre un Limosin.

M. DE POURCEAUGNAC.

Qu'est-ce que les Limosins leur ont donc fait?

SBRIGANI.

Ce sont des brutaux, ennemis de la gentillesse et du mérite des autres villes. Pour moi, je vous avoue que je suis pour vous dans une peur épouvantable; et je ne me consolerois de ma vie si vous veniez à être pendu.

M. DE POURCEAUGNAC.

Ce n'est pas tant la peur de la mort qui me fait fuir, que de ce qu'il est fâcheux à un gentilhomme d'être pendu, et qu'une preuve comme celle-là feroit tort à nos titres de noblesse.

SBRIGANI.

Vous avez raison; on vous contesteroit après cela le titre d'écuyer. Au reste, étudiez-vous, quand je vous mènerai par la main, à bien marcher comme une femme, et à prendre le langage et toutes les manières d'une personne de qualité.

M. DE POURCEAUGNAC.

Laissez-moi faire; j'ai vu les personnes du bel air. Tout ce qu'il y a, c'est que j'ai un peu de barbe.

SBRIGANI.

Votre barbe n'est rien; il y a des femmes qui en ont

autant que vous. Çà, voyons un peu comme vous ferez. (*après que M. de Pourceaugnac a contrefait la femme de condition.*) Bon.

M. DE POURCEAUGNAC.

Allons donc, mon carrosse; où est-ce qu'est mon carrosse? Mon dieu! qu'on est misérable d'avoir des gens comme cela! Est-ce qu'on me fera attendre toute la journée sur le pavé, et qu'on ne me fera point venir mon carrosse?

SBRIGANI.

Fort bien.

M. DE POURCEAUGNAC.

Holà! ho! cocher, petit laquais. Ah! petit fripon, que de coups de fouet je vous ferai donner tantôt! Petit laquais, petit laquais. Où est-ce donc qu'est ce petit laquais? Ce petit laquais ne se trouvera-t-il point? Ne me fera-t-on point venir ce petit laquais? Est-ce que je n'ai point un petit laquais dans le monde?

SBRIGANI.

Voilà qui va à merveille. Mais je remarque une chose : cette coiffe est un peu trop déliée; j'en vais querir une un peu plus épaisse, pour vous mieux cacher le visage en cas de quelque rencontre.

M. DE POURCEAUGNAC.

Que deviendrai-je cependant?

SBRIGANI.

Attendez-moi là, je suis à vous dans un moment; vous n'avez qu'à vous promener.

(*M. de Pourceaugnac fait plusieurs tours sur le théâtre, en continuant à contrefaire la femme de qualité.*)

SCÈNE III.

M. DE POURCEAUGNAC, DEUX SUISSES.

PREMIER SUISSE, *sans voir M. de Pourceaugnac.*

Allons, dépêchons, camerade; ly faut allair tous deux nous à la Crève, pour regarter un peu chousticier sti montsir de Porcegnac, qui l'a été contané par ortonnance à l'être pendu par son cou.

SECOND SUISSE, *sans voir M. de Pourceaugnac.*

Ly faut nous loër un fenestre pour foir sti choustice.

PREMIER SUISSE.

Ly disent que l'on fait téjà planter un grand potence toute neuve, pour ly accrocher sti Porcegnac.

SECOND SUISSE.

Ly sera, ma foi, un grant plaisir d'y regarter pendre sti Limossin.

PREMIER SUISSE.

Oui, te ly foir gambiller les pieds en haut tefant tout le monde.

SECOND SUISSE.

Ly est un plaisant trôle, oui : ly disent que s'être marié troy foie.

PREMIER SUISSE.

Sti diable ly fouloir troy femmes à ly tout seul; ly être bien assez t'une.

SECOND SUISSE, *en apercevant M. de Pourceaugnac.*

Ah! ponchour, mameselle.

PREMIER SUISSE.

Que faire fous là tout seul?

M. DE POURCEAUGNAC.

J'attends mes gens, messieurs.

SECOND SUISSE.

Ly être belle, par mon foi.

M. DE POURCEAUGNAC.

Doucement, messieurs.

PREMIER SUISSE.

Fous, mameselle, fouloir fenir rechouir fous à la Crève? Nous faire foir à fous un petit pendement pien choli.

M. DE POURCEAUGNAC.

Je vous rends grâce.

SECOND SUISSE.

L'être un gentilhomme limossin, qui sera pendu chentiment à un grand potence.

M. DE POURCEAUGNAC.

Je n'ai pas de curiosité.

PREMIER SUISSE.

Ly être là un petit téton qui l'est trôle.

M. DE POURCEAUGNAC.

Tout beau.

PREMIER SUISSE.

Mon foi, moi couchair pien afec fous.

M. DE POURCEAUGNAC.

Ah! c'en est trop; et ces sortes d'ordures-là ne se disent point à une femme de ma condition.

SECOND SUISSE.

Laisse, toi; l'être moi qui veux couchair afec elle.

PREMIER SUISSE.

Moi, ne fouloir pas laisser.

SECOND SUISSE.

Moi, ly fouloir, moi.

(*Les deux Suisses tirent M. de Pourceaugnac avec violence.*)

PREMIER SUISSE.

Moi, ne faire rien.

SECOND SUISSE.

Toi, l'afoir pien menti.

PREMIER SUISSE.

Parti, toi, l'afoir menti toi-même.

M. DE POURCEAUGNAC.

Au secours! à la force!

SCÈNE IV.

M. DE POURCEAUGNAC, UN EXEMPT, DEUX ARCHERS, DEUX SUISSES.

L'EXEMPT.

Qu'est-ce? Quelle violence est-ce là? Et que voulez-vous faire à madame? Allons, que l'on sorte de là, si vous ne voulez que je vous mette en prison.

PREMIER SUISSE.

Parti, pon, toi ne l'afoir point.

SECOND SUISSE.

Parti, pon aussi, toi ne l'afoir point encore.

SCÈNE V.

M. DE POURCEAUGNAC, UN EXEMPT.

M. DE POURCEAUGNAC.

Je vous suis obligée, monsieur, de m'avoir délivrée de ces insolents.

L'EXEMPT.

Ouais! voilà un visage qui ressemble bien à celui que l'on m'a dépeint.

M. DE POURCEAUGNAC.

Ce n'est pas moi, je vous assure.

L'EXEMPT.

Ah! ah! qu'est-ce que veut dire...?

M. DE POURCEAUGNAC.

Je ne sais pas.

L'EXEMPT.

Pourquoi donc dites-vous cela?

M. DE POURCEAUGNAC.

Pour rien.

L'EXEMPT.

Voilà un discours qui marque quelque chose; et je vous arrête prisonnier.

M. DE POURCEAUGNAC.

Hé! monsieur, de grâce!

L'EXEMPT.

Non, non; à votre mine et à vos discours, il faut que vous soyez ce monsieur de Pourceaugnac que nous cherchons, qui se soit déguisé de la sorte; et vous viendrez en prison tout-à-l'heure.

M. DE POURCEAUGNAC.

Hélas!

SCÈNE VI.

M. DE POURCEAUGNAC, SBRIGANI, UN EXEMPT, DEUX ARCHERS.

SBRIGANI, *à M. de Pourceaugnac.*
Ah ciel! que veut dire cela?

M. DE POURCEAUGNAC.
Ils m'ont reconnu.

L'EXEMPT.
Oui, oui; c'est de quoi je suis ravi.

SBRIGANI, *à l'exempt.*
Hé! monsieur, pour l'amour de moi! vous savez que nous sommes amis depuis long-temps; je vous conjure de ne le point mener en prison.

L'EXEMPT.
Non; il m'est impossible.

SBRIGANI.
Vous êtes homme d'accommodement. N'y a-t-il pas moyen d'ajuster cela avec quelques pistoles?

L'EXEMPT, *à ses archers.*
Retirez-vous un peu.

SCÈNE VII.

M. DE POURCEAUGNAC, SBRIGANI, UN EXEMPT.

SBRIGANI, *à M. de Pourceaugnac.*
Il faut lui donner de l'argent pour vous laisser aller. Faites vite.

M. DE POURCEAUGNAC, *donnant de l'argent
à Sbrigani.*

Ah! maudite ville!

SBRIGANI.

Tenez, monsieur.

L'EXEMPT.

Combien y a-t-il?

SBRIGANI.

Un, deux, trois, quatre, cinq, six, sept, huit, neuf, dix.

L'EXEMPT.

Non; mon ordre est trop exprès.

SBRIGANI, *à l'Exempt, qui veut s'en aller.*

Mon dieu! attendez. (*à M. de Pourceaugnac.*) Dépêchez, donnez-lui-en encore autant.

M. DE POURCEAUGNAC.

Mais...

SBRIGANI.

Dépêchez-vous, vous dis-je, et ne perdez point de temps. Vous auriez un grand plaisir quand vous seriez pendu!

M. DE POURCEAUGNAC.

Ah! (*Il donne encore de l'argent à Sbrigani.*)

SBRIGANI, *à l'Exempt.*

Tenez, monsieur.

L'EXEMPT, *à Sbrigani.*

Il faut donc que je m'enfuie avec lui; car il n'y auroit point ici de sûreté pour moi. Laissez-le-moi conduire, et ne bougez d'ici.

SBRIGANI.

Je vous prie donc d'en avoir un grand soin.

L'EXEMPT.

Je vous promets de ne le point quitter que je ne l'aie mis en lieu de sûreté.

M. DE POURCEAUGNAC, *à Sbrigani.*

Adieu. Voilà le seul honnête homme que j'aie trouvé en cette ville.

SBRIGANI.

Ne perdez point de temps. Je vous aime tant, que je voudrois que vous fussiez déjà bien loin. (*seul.*) Que le ciel te conduise! Par ma foi, voilà une grande dupe. Mais voici...

SCÈNE VIII.

ORONTE, SBRIGANI.

SBRIGANI, *feignant de ne point voir Oronte.*

Ah! quelle étrange aventure! Quelle fâcheuse nouvelle pour un père! Pauvre Oronte, que je te plains! Que diras-tu? et de quelle façon pourras-tu supporter cette douleur mortelle?

ORONTE.

Qu'est-ce? Quel malheur me présages-tu?

SBRIGANI.

Ah! monsieur, ce perfide Limosin, ce traître de monsieur de Pourceaugnac vous enlève votre fille!

ORONTE.

Il m'enlève ma fille?

SBRIGANI.

Oui. Elle en est devenue si folle, qu'elle vous quitte pour le suivre; et l'on dit qu'il a un caractère pour se faire aimer de toutes les femmes.

ORONTE.

Allons vite à la justice. Des archers après eux.

SCÈNE IX.

ORONTE, ÉRASTE, JULIE, SBRIGANI.

ÉRASTE, *à Julie.*

Allons, vous viendrez malgré vous, et je veux vous remettre entre les mains de votre père. Tenez, monsieur, voilà votre fille, que j'ai tirée de force d'entre les mains de l'homme avec qui elle s'enfuyoit : non pas pour l'amour d'elle, mais pour votre seule considération ; car, après l'action qu'elle a faite, je dois la mépriser, et me guérir absolument de l'amour que j'avois pour elle.

ORONTE.

Ah! infame que tu es!

ÉRASTE, *à Julie.*

Comment! me traiter de la sorte après toutes les marques d'amitié que je vous ai données! Je ne vous blâme point de vous être soumise aux volontés de monsieur votre père : il est sage et judicieux dans les choses qu'il fait; et je ne me plains point de lui de m'avoir rejeté pour un autre. S'il a manqué à la parole qu'il m'avoit donnée, il a ses raisons pour cela. On lui a fait croire que cet autre est plus riche que moi de quatre ou cinq mille écus; et quatre ou cinq mille écus est un denier considérable, et qui vaut bien la peine qu'un homme manque à sa parole. Mais oublier en un moment toute l'ardeur que je vous ai montrée, vous laisser d'abord enflammer d'amour pour un nouveau venu, et le suivre honteusement, sans le consentement de monsieur votre père, après les crimes qu'on lui impute, c'est une chose condamnée de tout le monde, et dont mon cœur ne peut vous faire d'assez sanglants reproches.

JULIE.

Hé bien! oui. J'ai conçu de l'amour pour lui, et je l'ai voulu suivre, puisque mon père me l'avoit choisi pour époux. Quoi que vous me disiez, c'est un fort honnête homme; et tous les crimes dont on l'accuse sont faussetés épouvantables.

ORONTE.

Taisez-vous, vous êtes une impertinente; et je sais mieux que vous ce qui en est.

JULIE.

Ce sont sans doute des pièces qu'on lui fait; et c'est peut-être lui (*montrant Eraste.*) qui a trouvé cet artifice pour vous en dégoûter.

ÉRASTE.

Moi! je serois capable de cela?

JULIE.

Oui, vous.

ORONTE.

Taisez-vous, vous dis-je; vous êtes une sotte.

ÉRASTE.

Non, non, ne vous imaginez pas que j'aie aucune envie de détourner ce mariage, et que ce soit ma passion qui m'ait forcé à courir après vous. Je vous l'ai déjà dit, ce n'est que la seule considération que j'ai pour monsieur votre père; et je n'ai pu souffrir qu'un honnête homme comme lui fût exposé à la honte de tous les bruits qui pourroient suivre une action comme la vôtre.

ORONTE.

Je vous suis, seigneur Eraste, infiniment obligé.

ÉRASTE.

Adieu, monsieur. J'avois toutes les ardeurs du monde d'entrer dans votre alliance; j'ai fait tout ce que j'ai pu pour obtenir un tel honneur : mais j'ai été malheureux, et vous ne m'avez pas jugé digne de cette grâce. Cela n'empêchera pas que je ne conserve pour vous les sentiments d'estime et de vénération où votre personne m'oblige; et si je n'ai pu être votre gendre, au moins serai-je éternellement votre serviteur.

ORONTE.

Arrêtez, seigneur Eraste; votre procédé me touche l'ame, et je vous donne ma fille en mariage.

JULIE.

Je ne veux point d'autre mari que monsieur de Pourceaugnac.

ORONTE.

Et je veux, moi, tout-à-l'heure, que tu prennes le seigneur Eraste. Çà, la main.

ACTE III, SCÈNE IX.

JULIE.

Non, je n'en ferai rien.

ORONTE.

Je te donnerai sur les oreilles.

ÉRASTE.

Non, non, monsieur; ne lui faites point de violence, je vous en prie.

ORONTE.

C'est à elle à m'obéir, et je sais me montrer le maître.

ÉRASTE.

Ne voyez-vous pas l'amour qu'elle a pour cet homme-là? et voulez-vous que je possède un corps dont un autre possédera le cœur?

ORONTE.

C'est un sortilège qu'il lui a donné; et vous verrez qu'elle changera de sentiment avant qu'il soit peu. Donnez-moi votre main. Allons.

JULIE.

Je ne...

ORONTE.

Ah! que de bruit! Çà, votre main, vous dis-je. Ah! ah! ah!

ÉRASTE, *à Julie.*

Ne croyez pas que ce soit pour l'amour de vous que je vous donne la main; ce n'est que monsieur votre père dont je suis amoureux, et c'est lui que j'épouse.

ORONTE.

Je vous suis beaucoup obligé; et j'augmente de

dix mille écus le mariage de ma fille. Allons, qu'on fasse venir le notaire pour dresser le contrat.

ÉRASTE.

En attendant qu'il vienne, nous pouvons jouir du divertissement de la saison, et faire entrer les masques que le bruit des noces de monsieur de Pourceaugnac a attirés ici de tous les endroits de la ville.

SCÈNE X.

TROUPE DE MASQUES DANSANTS ET CHANTANTS.

UN MASQUE, *en Egyptienne.*
Sortez, sortez de ces lieux,
Soucis, Chagrins, et Tristesse;
Venez, venez, Ris et Jeux,
Plaisirs, Amours, et Tendresse.
Ne songeons qu'à nous réjouir,
La grande affaire est le plaisir.

CHOEUR DE MASQUES CHANTANTS.
Ne songeons qu'à nous réjouir,
La grande affaire est le plaisir.

L'ÉGYPTIENNE.
A me suivre tous ici
Votre ardeur est non commune;
Et vous êtes en souci
De votre bonne fortune :
Soyez toujours amoureux,
C'est le moyen d'être heureux.

UN MASQUE, *en Egyptien.*
Aimons jusques au trépas;

ACTE III, SCÈNE X.

La raison nous y convie.
Hélas! si l'on n'aimoit pas,
Que seroit-ce de la vie?
Ah! perdons plutôt le jour
Que de perdre notre amour.

L'ÉGYPTIEN.

Les biens,

L'ÉGYPTIENNE.

la gloire,

L'ÉGYPTIEN.

les grandeurs,

L'ÉGYPTIENNE.

Les sceptres, qui font tant d'envie,

L'ÉGYPTIEN.

Tout n'est rien, si l'amour n'y mêle ses ardeurs.

L'ÉGYPTIENNE.

Il n'est point, sans l'amour, de plaisirs dans la vie.

TOUS DEUX ENSEMBLE.

Soyons toujours amoureux,
C'est le moyen d'être heureux.

CHOEUR.

Sus, sus, chantons tous ensemble,
Dansons, sautons, jouons-nous.

UN MASQUE, *en Pantalon.*

Lorsque pour rire on s'assemble,
Les plus sages, ce me semble,
Sont ceux qui sont les plus fous.

TOUS ENSEMBLE.

Ne songeons qu'à nous réjouir,
La grande affaire est le plaisir.

PREMIÈRE ENTRÉE DE BALLET.

Danse de Sauvages.

SECONDE ENTRÉE DE BALLET.

Danse de Biscaïens.

FIN DE POURCEAUGNAC.

TABLE DES PIÈCES

CONTENUES

DANS CE VOLUME.

Amphitryon.......................... Pag. 1
L'Avare................................ 105
George Dandin, ou le Mari confondu........... 257
Relation de la Fête de Versailles............. 315
Monsieur de Pourceaugnac.................. 367

FIN DE LA TABLE.

L.-E. HERHAN, IMPRIMEUR-STÉRÉOTYPE,
RUE TRAÎNÉE, N°. 15, PRÈS DE SAINT-EUSTACHE.

www.ingramcontent.com/pod-product-compliance
Lightning Source LLC
Chambersburg PA
CBHW070530230426
43665CB00014B/1637